Siegfried W. Kerler

BETRIEBLICHES RECHNUNGSWESEN IM TRANSPORTGEWERBE
GÜTER- UND PERSONENBEFÖRDERUNG

Siegfried W. Kerler

BETRIEBLICHES RECHNUNGSWESEN IM TRANSPORTGEWERBE

GÜTER- UND PERSONENBEFÖRDERUNG

18. Auflage 2010

© 1993 Verlag Heinrich Vogel, in der Springer Fachmedien München GmbH,
Aschauer Straße 30, 81549 München

Die Springer Fachmedien München GmbH ist Teil der Fachverlagsgruppe
Springer Science+Business Media.

18. Auflage – 2010
Stand Februar 2010

Umschlaggestaltung: Bernd Walser

Lektorat: Ulf Sundermann

Herstellung: Silvia Hollerbach

Innengestaltung & Satz: Uhl+Massopust, Aalen

Druck: Kessler Druck+Medien, Michael-Schäffer-Str. 1, 86399 Bobingen

Bei der Fülle des Materials sind trotz sorgfältiger Bearbeitung Fehler nicht auszuschließen. Eine rechtliche Gewähr für die Richtigkeit aller Informationen kann daher vom Verlag nicht übernommen werden.

Das Werk einschließlich aller seiner Teile ist urheberrechtlich geschützt. Jede Verwertung außerhalb der engen Grenzen des Urheberrechtsgesetzes ist ohne Zustimmung des Verlages unzulässig und strafbar. Das gilt insbesondere für Vervielfältigungen, Übersetzungen, Mikroverfilmung und die Einspeicherung und Verarbeitung in elektronischen Systemen.

ISBN: 978-3-574-26027-8

Vorwort

Dieses Werk soll Ihnen, verehrte Leser, das notwendige Grundwissen über die betriebswirtschaftlich-steuerorientierte Buchführung und Kostenrechnung praxisgerecht, übersichtlich und einprägsam vermitteln.

Ziel dieses Werkes ist es, Führungskräften, Selbstständigen und denen, die es werden wollen, in den Bereichen Spedition, Güterbeförderung, Omnibus sowie Taxi- und Mietwagen eine Arbeitsunterlage an die Hand zu geben, um damit grundlegende Buchungs- und Kostenrechnungstätigkeiten selbstständig durchführen zu können.

Das Kompendium enthält Beispiele, Textteile und Übungsteile, die zur praktischen Arbeit anregen sollen.

Dieses Buch erhebt nicht den Anspruch wirtschaftswissenschaftlicher Komplexität und Perfektion.

Der Verfasser sieht sein Anliegen erfüllt, wenn Sie, verehrter Leser/verehrte Leserin, der Meinung sind, dass die teilweise trockene Materie des Rechnungswesens hiermit in leicht lesbarer und daher verständlicher Form vermittelt wird.

Siegfried W. Kerler
siegfriedkerler@dlbkerler.de

Teil 1:
Buchführung praxisbezogen für Güter- und Personenbeförderer

Entwicklung der Buchführung	11
Zweck der Buchführung	13
Wesen und Aufgaben der Buchhaltung	17
Grundsätze ordnungsmäßiger Buchführung	20
Das Kassenbuch	21
Das Konto	25
Der Kontenrahmen	26
Der Kontenplan	28
Das Journal	35
Die Buchungen	39
Der Buchungssatz	41
Das Buchen vom Kassenbuch ins Journal	42
Das Buchen von bargeldlosen Vorgängen	43
Der Monatsabschluss	47
Die Abschreibung	49
Die sinnvolle Organisation der Buchhaltung	53
Der Jahresabschluss	55
Die Einnahme-Überschussrechnung	56
Die Gewinn- und Verlustrechnung	59
Die Bilanz	65
Die Betriebsanalyse	78
Die Bewertung des Erfolgs eines Unternehmens mit Hilfe von Kennzahlen	80
Die Steuer	88
Die Aufbewahrungspflichten	91

Teil 2: Kostenrechnung praxisbezogen im Transportgewerbe

Die Bedeutung der Kostenrechnung innerhalb des betrieblichen Rechnungswesens	95
Aufgaben und Elemente der Kosten- und Leistungsrechnung	97
Die Kostenartenrechnung	102
Die Kostenstellenrechnung	112
Die Kostenträgerrechnung	117
Die Prozesskostenrechnung	127
Die Deckungsbeitragsrechnung	131
Betriebswirtschaftliche Statistik und Vergleichsrechnung	134
Controlling in Verkehrsbetrieben	139
Finanzierung	148
Rechenbeispiele für Fachkundeprüfungen	155
Fahrzeugkostenrechnungs-Übungsaufgaben für Fach- und Sachkundeprüfungen	157
Lösungen	193

Anhang

Begriffsdefinitionen	229
Stichwortregister	241

1 Buchführung praxisbezogen für Güter- und Personenverkehr

Entwicklung der Buchführung

Alle Völker dieser Erde, die auf irgendeine Weise Handel durchführten, zeichneten ihre Tausch- oder Verkaufstätigkeiten nach ihrer eigenen Art und Weise auf.

In Europa tauchten im 14. Jahrhundert erstmals einheitliche Handelsbücher auf. Diese Aufzeichnungen enthielten jedoch lediglich Kreditgeschäfte.
Erst nach und nach erfasste man alle Geschäfte, zunächst nur getrennt nach Ein- und Verkäufen; später wurden Leistungen und Gegenleistungen gegenübergestellt und schließlich Personenkonten gebildet.

Ein weiterer Fortschritt war die Erfindung der doppelten Buchhaltung, die allgemein dem italienischen Franziskanermönch **Fra Luca Pacioli** (1445 bis etwa 1515) zugeschrieben wird.

Pacioli, Professor der Theologie und Mathematik, schrieb 1494 eines der bedeutendsten mathematischen Werke der Renaissance: „Summa de Arithmetica, Geometria, Proportioni et Proportionalita".

Der 9. Hauptteil des Werkes beschäftigt sich mit dem Handel, den Pacioli als Hauslehrer bei einem venezianischen Kaufmann kennengelernt hat. Der 11. Traktat dieses Teiles enthält die erste systematische Darstellung der doppelten Buchhaltung, die die gesamte nachfolgende Buchhaltungsliteratur Italiens und Mitteleuropas stark beeinflusst hat.

Das Handelsgeschlecht der **Fugger** hat diese Art der Buchführung übernommen, verfeinert und weiterverbreitet.
Die Fugger waren das Geschlecht der reichsten deutschen Handelsherren um 1500 mit Hauptsitz in Augsburg. Ihr Handel erstreckte sich über alle damaligen Handelszentren Europas. Besonders einträglich, vornehmlich durch Gewürzhandel, war die Faktorei (Handelsniederlassung) in Lissabon. Aber auch die Silberbergwerke in Tirol, Kupfergruben in Ungarn sowie Quecksilberbergwerke in Spanien wurden von ihnen ausgebeutet und brachten unermesslichen Reichtum. Nach und nach wurde das Haus der Fugger zum größten Bankhaus seiner Zeit. Um diese vielfältigen, wirtschaftlichen Aktivitäten zu kontrollieren, mussten die Fugger eine dementsprechend gut strukturierte und organisierte Buchhaltung entwickeln.

In dem Bestreben die Führung Ihrer Bücher immer mehr zu perfektionieren, wurde die italienische Urform der doppelten Buchführung weiterentwickelt. Dies erfolgte über die deutsche, sowie die französische, bis zu der heute gebräuchlichsten Methode, der amerikanischen Buchführung.

Die komplexe wirtschaftliche Entwicklung machte es erforderlich, dass von staatlicher Seite Buchführung und Bilanzierungs-Bestimmungen ergingen und dass der Buchhaltungsaufbau der gesamten Wirtschaft schließlich 1937 durch die Richtlinien zur Organisation der Buchführung planvoll gestaltet und vereinheitlicht wurde.

1 ENTWICKLUNG DER BUCHFÜHRUNG

Heute schreiben den Selbstständigen und Kaufleuten die verschiedensten Rechts- und Gesetzesnormen die für sie zutreffende Buchführungsart vor. Dieser staatliche Zwang wird ergänzt durch die, auch im Güter- und Personenbeförderungsbereich immer wichtiger werdende, betriebswirtschaftliche Notwendigkeit der Kostenrechnung.

❗ Merksätze

→ In Europa gib es seit dem 14. Jahrhundert einheitliche Handelsbücher.

→ Die doppelte Buchführung wurde begründet durch das Werk des Franziskanermönchs Pacioli im Jahr 1494.

→ In Deutschland wurde die doppelte Buchführung durch das Handelsgeschlecht der Fugger verfeinert und verbreitet.

→ Heute ist die Methode der amerikanischen doppelten Buchführung die gebräuchlichste Form.

→ Der heutige Buchhaltungsaufbau wurde durch die 1937 erarbeiteten „Richtlinien zur Organisation der Buchführung" einheitlich gestaltet.

→ Der gesetzlich vorgeschriebene Zwang zur Buchführung wird durch die betriebswirtschaftliche Notwendigkeit der Kostenrechnung ergänzt.

Zweck der Buchführung

1. Zweck der Buchführung aus kaufmännischer Sicht

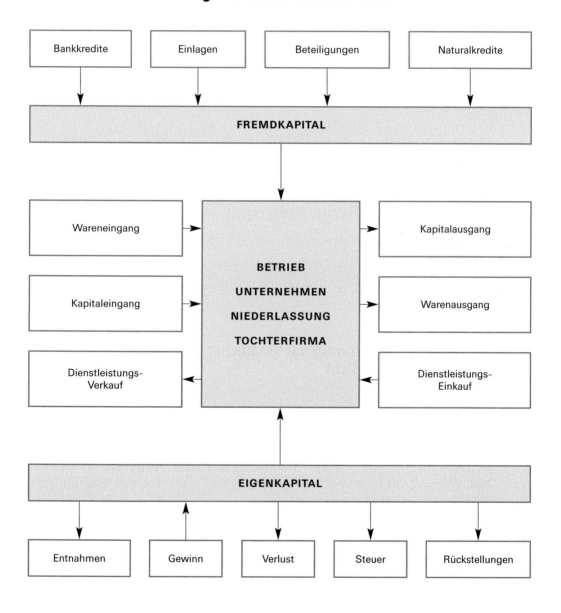

Durch Einkauf und Verkauf, Einnahmen und Ausgaben wird das Anlagevermögen (z. B. Lagerhalle, Lastkraftwagen) und das **Umlaufvermögen** (z. B. Kassenbestand, Dieselvorrat) eines Unternehmens ständig verändert.
Der Unternehmer muss den Überblick über Ursachen und Höhe der Veränderungen haben, um die Möglichkeit zu besitzen, rechtzeitig steuernd einzugreifen, wenn diese Veränderungen nicht den gewünschten Planvorgaben entsprechen.

Es muss überprüfbar sein, ob sich das Vermögen vermehrt oder vermindert hat.

Der Unternehmer muss informiert sein über den Umfang der Betriebs- bzw. Stückkosten (z. B. Kosten pro Kilometer, Kosten pro Einsatztag) und die entstandenen Betriebs- bzw. Stückerlöse. Er muss wissen, ob er mit Gewinn oder Verlust gearbeitet hat.

Ohne Aufzeichnung, d. h. Buchführung, würde er die Übersicht und Orientierung verlieren, eine Kalkulation der Verkaufspreise wäre nicht durchführbar, Rechnungsklarheit würde fehlen.

Eine zukunftsorientierte Verhaltensweise des Unternehmens und dessen Planung ist ohne fundiertes und aktuelles Zahlenmaterial wie ein Glücksspiel ohne Chancen.

2. Zweck der Buchführung aus staatlicher, steuerlicher und gesetzlicher Sicht

Buchführungspflicht aus gesetzlicher Sicht gründet sich auf das **Handelsgesetzbuch (HGB).**
Die beiden großen Säulen unserer Privatrechtsordnung sind das **Bürgerliche Gesetzbuch (BGB)** vom 18. August 1896 und das zugleich mit diesem am 01. Januar 1900 in Kraft getretene **Handelsgesetzbuch (HGB)** vom 10. Mai 1897. Während das BGB und seine Nebengesetze für den privaten Rechtsverkehr aller Beteiligten einschlägig sind, enthält das HGB Sonderrechte/Sonderpflichten für die wirtschaftliche Betätigung bestimmter, gewerblicher Unternehmer/Selbstständiger, womit es den Erfordernissen des Handelsverkehrs gerecht werden soll. Hier wird das allgemeine Zivilrecht von den Sonderformen des Handelsrechts getrennt.

ZWECK DER BUCHFÜHRUNG 1

Der Gesetzgeber unterscheidet in:

- Selbstständige Nichtkaufleute:
  Sogenannte selbstständige Nichtkaufleute sind selbstständige Einzelunternehmen/Personengesellschaften (GbR), deren Geschäftsbetrieb nach Art und Umfang einen, in kaufmännischer Weise eingerichteten Geschäftsbetrieb nicht erfordert (§ 1 Absatz 2 HGB).

  Der nichtselbstständige Kaufmann hat keine Buchführungspflicht im Sinne des HGB, muss aber aus steuerrechtlichen Gründen vereinfachte Aufzeichnungen über seine Einnahmen und Ausgaben sowie seine Umsatzerlöse und seinen Aufwand führen.
  Dies kann er mit Hilfe einer Kassenkladde realisieren, in die er alle Geld- und Warenbewegungen aufzeichnet, wie beim Kassenbuch, nur dass hier auch unbare Geschäftsvorfälle eingetragen werden.

- Kaufmann:
  Die Kaufmannseigenschaft im Sinne des HGB haben alle selbstständigen Einzelunternehmen/Personengesellschaften (GbR), die nachfolgende Grenzen innerhalb eines Jahres überschreiten:

  einen **Umsatz** über € **500.000,–** oder

  einen **Gewinn** über € **50.000,–**

  Unabhängig von diesen Grenzen haben alle Unternehmen, die im Handelsregister eingetragen sind, automatisch die Kaufmannseigenschaft. Dies gilt auch für Einzelunternehmen, die als e.K. (eingetragener Kaufmann) im Handelsregister eingetragen wurden (§ 5 HGB).

Alle Kaufleute im Sinne des Handelsgesetzbuches (HGB) müssen nach den Regelungen des HGB und der Abgabenordnung (AO) eine entsprechend ordnungsmäßige Buchführung nachweisen können.
Kaufleute gemäß HGB und AO müssen ein Wirtschaftsjahr mit einer Bilanz und einer Gewinn- und Verlustrechnung abschließen.

Das HGB unterscheidet in Istkaufleute (§ 1), Kannkaufleute (§ 2 und 3), Kaufleute kraft Eintragung (§ 5) und Formkaufleute (§ 6).

Über diesen Sachverhalt hinaus gibt es, entsprechend ihrer Rechtsform, für folgende Gesellschaftsarten besonders ausgelegte Sondervorschriften:

Für Gesellschaften mit beschränkter Haftung (GmbH) das **GmbH-Gesetz**,

für Genossenschaften das **Genossenschaftsgesetz (GenG)**

und für Aktiengesellschaften (AG) das **Aktiengesetz (AktG)**.

1 ZWECK DER BUCHFÜHRUNG

ⓘ Merksätze

→ Die Buchführung ist eine lückenlose Aufzeichnung aller Geschäftsvorfälle in einem Unternehmen.

→ Mit Hilfe der Buchführung kontrolliert man den Erfolg einer kaufmännischen Unternehmung.

→ Die Buchführung erfasst die vorhandenen Vermögenswerte und Verbindlichkeiten.

→ Sie dient damit der Kontrolle der Zahlungsfähigkeit (Liquidität) einer Unternehmung.

→ Die Buchhaltung bietet die Grundlage für die Beurteilung der Kreditwürdigkeit.

→ Die Buchführung ist die Basis für den Fiskus, um Steuerschuld/Steuerguthaben zu errechnen.

→ Der selbstständige Nichtkaufmann hat nur eine eingeschränkte Buchführungspflicht.

→ Der Kaufmann gemäß HGB muss eine ordnungsmäßige Buchführung nachweisen können.

→ Das Handelsgesetzbuch regelt die Kaufmannseigenschaft.

→ Der selbstständige Nichtkaufmann hat ab einer bestimmten finanziellen Größe auch die Buchführungspflicht eines Kaufmanns gemäß HGB.

→ Es gibt Sondervorschriften für GmbHs, Genossenschaften und Aktiengesellschaften.

Wesen und Aufgaben der Buchhaltung

- Die Aufgabe der Buchhaltung besteht darin, alle in Zahlenwerten festgestellten, wirtschaftlich bedeutsamen Vorgänge (Geschäftsvorfälle) die sich im Betrieb ereignen, in chronologischer Reihenfolge festzuhalten.
  Wirtschaftlich bedeutsam sind alle Vorgänge, die zur Änderung der Höhe und/oder der Zusammensetzung des Vermögens und des Kapitals eines Betriebes führen.

- Um einheitliche Rahmengrößen zu schaffen, werden von den Wirtschaftsverbänden Kontenrahmen als Empfehlungsrichtlinien vorgegeben.
  Um den speziellen Gegebenheiten eines Unternehmens gerecht zu werden, wird aus dem branchenspezifischen Kontenrahmen ein individueller Kontenplan erstellt.

- Die Buchhaltung beginnt mit der **Gründung** und endet mit der **Liquidation** eines Betriebes.

- Als Zwischenkontrollschritt werden im Jahresrhythmus Gewinn- und Verlustrechnung sowie eine Bilanz erstellt.

- Alle in der Buchhaltung und Bilanz erfassten Bestands- und Bewegungsgrößen werden in Geldeinheiten ausgedrückt.

- Die mengenmäßige Erfassung der Bestände erfolgt durch die **Inventur** vor der Bilanzaufstellung und findet ihren Niederschlag in einem Bestandsverzeichnis, das als Inventar bezeichnet wird.
  Das **Inventar** enthält neben den durch körperliche Inventur (zählen, wiegen, messen) ermittelten Beständen, die Forderungen und Verbindlichkeiten des Betriebes, die nur durch eine Buchinventur ermittelt werden können.
  Alle Vermögensbestände und Verbindlichkeiten sind art-, mengen- und wertmäßig aufzuführen.

- Die Bilanz unterscheidet sich vom Inventar dadurch, dass sie in der Regel Kontenform hat und keine mengenmäßige, sondern nur art- und wertmäßige Angaben enthält.

- Die Buchhaltung ist eine über einen vorbestimmten und abgegrenzten Zeitraum fixierte Aufzeichnung (Zeitrechnung).

- Die Buchhaltung kann eine Finanzbuchhaltung oder eine Betriebsbuchhaltung sein.

- In der Praxis werden bei Klein- und Mittelbetrieben aus arbeitstechnischen Gründen beide Buchhaltungsformen in einem Kontenplan fundiert und übergreifend angewandt.

Die Finanzbuchhaltung

Die Finanzbuchhaltung, auch Geschäftsbuchhaltung oder pagatorische Buchhaltung genannt, erfasst den gesamten Wertzuwachs oder Wertverbrauch sowie Änderungen der Vermögens- und Kapitalstruktur während einer Zeitperiode (Monat, Quartal, Jahr).

Den gesamten Wertverbrauch einer Abrechnungsperiode bezeichnet man als **Aufwand**, den gesamten Wertzuwachs als **Ertrag**.

Form und Inhalt der Finanzbuchhaltung wird weitgehend vom Gesetzgeber bestimmt.

Die Betriebsbuchhaltung

Die Betriebsbuchhaltung, auch als kalkulatorische Buchhaltung bezeichnet, umfasst das innerbetriebliche Rechnungswesen, d.h. den inneren Kreis. In ihr wird die besondere Eigenart der jeweiligen Leistungserstellung sichtbar.

Hier wird eingehend und schrittweise die Erzeugung von Leistung und Material rechnerisch durchleuchtet, der Aufwandsprozess in seine Einzelheiten aufgespalten und die Ertragsbildung analysiert, so dass die Quellen und Elemente des Erfolges bzw. Misserfolges sichtbar werden.

Form und Inhalt werden in erster Linie von den volks- und betriebswirtschaftlichen Notwendigkeiten des Betriebes bzw. der Branche festgelegt.

- Die in der Buchhaltung an einem Stichtag (Bilanzstichtag) erfassten Bestände an Vermögen und an Kapital (Eigenkapital, Fremdkapital) werden in der **Bilanz**, die erfassten Aufwendungen und Erträge einer Abrechnungsperiode in einer Erfolgsrechnung, der **Gewinn- und Verlustrechnung** (GuV-Rechnung), gegenübergestellt.

Unterscheidungsmerkmale von Finanzbuchhaltung und Betriebsbuchhaltung graphisch dargestellt:

Die Finanzbuchführung ist vom Gesetzgeber in Form und Inhalt grundsätzlich vorgegeben.

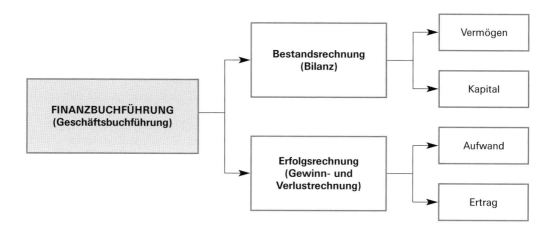

Die Betriebsbuchführung gründet sich auf die kaufmännische Notwendigkeit der Transparenz von betriebswirtschaftlichem Handeln.

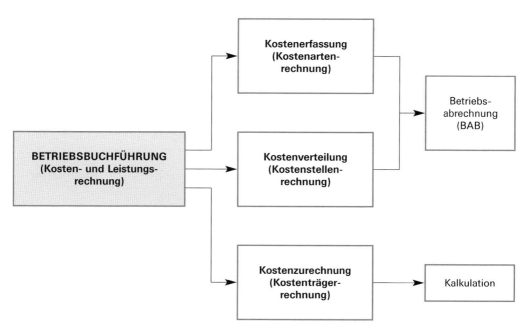

Grundsätze ordnungsmäßiger Buchführung

Das Handelsgesetzbuch (HGB) schreibt dem Kaufmann in § 238 (1) vor:

„Jeder Kaufmann ist verpflichtet, Bücher zu führen und in diesen seine Handelsgeschäfte und die Lage seines Vermögens nach den Grundsätzen ordnungsmäßiger Buchführung ersichtlich zu machen".

Die Eigenschaft „Kaufmann" oder „Nichtkaufmann" regelt das HGB in den Paragrafen 1 bis 7 in Verbindung mit der Abgabenordnung (AO) Paragraf 141.
Somit ergibt sich die Schlussfolgerung: Nur der Kaufmann gemäß HGB ist buchführungspflichtig. Der selbstständige Nichtkaufmann hat dagegen nur Aufzeichnungspflichten gemäß Abgabenordnung (AO) und Umsatzsteuergesetz (UStG).

Die Formulierung „Grundsätzen ordnungsmäßiger Buchführung" im HGB weist auf gesetzliche Regelungen hin, die zu beachten sind. Derartige Regelungen sind im **HGB**, der Abgabenordnung **(AO)**, dem Umsatzsteuergesetz **(UStG)** und diversen anderen gesetzlichen Vorschriften verankert.
Als „Buchführung" ist die Rechenschaftslegung des Kaufmanns an verschiedene Adressaten (zum Beispiel Finanzamt, Teilhaber, Aktionär) zu verstehen.

Das Wort „ordnungsmäßiger" zeigt, dass der Buchführung bestimmte Ordnungsvorstellungen oder -vorschriften zu Grunde liegen.

Die Buchführung muss:

- übersichtlich geordnet,

- zeitlich und sachlich lückenlos,

- nachprüfbar (Rechnungen, Quittungen) sein;

- der ursprüngliche Inhalt darf nicht unkenntlich sein (z.B. bei Streichungen),

- nachträgliche Eintragungen müssen mit dem Namenszeichen des Buchhalters kenntlich gemacht werden,

- nicht benutzte Zeilen oder Blätter sind durch eine sogenannte **„Buchhalternase"** zu sperren,

- die Buchführung muss sauber und sorgfältig aufbewahrt werden;

- die sachliche Richtigkeit muss einmal im Rechnungsjahr, am Bilanzstichtag, durch eine Inventur nachgeprüft werden.

Das Kassenbuch

Das Kassenbuch ist ein Bericht über den täglichen Bargeldverkehr. Darin wird der gesamte Bargeldzu- und Bargeldabfluss der Firma registriert.
Die Tageseinnahmen und Tagesausgaben sind dabei getrennt und einzeln aufzuzeichnen. Nur ausnahmsweise können diese auch als (durch Kassenzettel oder Registrierstreifen) belegte Tagessummen in das Kassenbuch übernommen werden (z.B. Barverkauf an unbekannte Kunden im Einzelhandel).

Die Übernahme in das Kassen-Sachkonto hat dagegen lediglich zeitgerecht zu erfolgen.

Durch das Festhalten des jeweiligen Bargeldbestandes zum Beginn eines Tages oder eines Wirtschaftsabschnitts, weist das Kassenbuch gleichzeitig durch Aufaddieren und Saldieren den jeweiligen Kassenbestand nach und erfüllt auf diese Weise die Aufgaben eines Hilfsbuches mit.

Der nicht buchführungspflichtige Selbstständige hat die Möglichkeit statt eines Kassenbuches eine Kassenkladde zu führen. In einer Kassenkladde werden nicht nur Bargeldbewegungen sondern auch der bargeldlose Geldverkehr festgehalten, womit die Aufzeichnungspflicht gemäß AO erfüllt wird.

Die **Kassenbuchblätter** können von dem Buchführungspflichtigen mit Hilfe eines Textprogrammes der elektronischen Datenverarbeitung oder durch handschriftliche Eigenaufzeichnungen auch selbst gestaltet werden, es müssen jedoch folgende Grundbestandteile berücksichtigt werden:

- Die Bezeichnung „Kassenbuch" auf den Kassenbuchblättern und/oder den Belegordnern, sofern diese nicht zusammen abgelegt wurden;
- der **Registrierzeitraum** des Wirtschaftsabschnittes (Monat, Quartal, Jahr) „vom..... bis.....";
- die **Seitennummerierung**, beginnend im Wirtschaftsjahr mit der Seite 1, 2 usw.;
- **Datum** der Kassenbewegung;
- die **Belegnummer**;
- die Bezeichnung der Kassenbewegung **in Worten**;
- die **Spaltentrennung** nach Einnahmen und Ausgaben;
- der **Umsatz-** bzw. **Vorsteuersatz**;
- der **Kassenanfangsbestand**;
- die **Summenbildung**;
- der **Kassenendbestand**.

Kassenbuch-Muster

Als praktisches Beispiel wird nachfolgend die Kurzdarstellung eines Kassenbuch-Eintrages der Firma Spedition Hinz & Kunz gezeigt:

- Kassenbestand zum 01.02. € 830,-
- der Kauf von Briefmarken in Höhe von am 03.02. € 20,-
- Barzahlung einer Rechnung von der Firma Holzwurm für einen Bürostuhl am 03.02. € 790,-
- Barzahlung einer Transportrechnung der Firma Ringelpitz am 04.02. € 950,-
- Bankeinzahlung am 04.02. € 500,-
- Privatentnahme am 05.02. € 100,-
- der Barkauf von Büromaterial von der Firma Tintenfleck am 06.02. € 45,-
- Aushilfslohn für Egon Pneu am 07.02. € 250,-
- am 08.02. kassierte der Fahrer für einen Kunden per Nachnahme eine Rechnung über € 840,-
- Spesen bar an den Fahrer Zipfel am 09.02. € 120,-

✏️ Kassenbuch-Mustereintrag

K A S S E N B U C H der Spedition Hinz & Kunz

vom: 01.02.   bis: 28.02.   Seite: 8

Datum	Beleg Nr.	Text	USt. VSt.	Einnahmen	Ausgaben	Konto
01.	–	Kassenbestand	–	830,–		
03.	23	Briefmarken	–		20,–	
03.	24	ER Fa. Holzwurm	19 %		790,–	
04.	25	AR Fa. Ringelpitz	19 %	950,–		
04.	26	Bankeinzahlung	–		500,–	
05.	27	Privatentnahme	–		100,–	
06.	28	ER Fa. Tintenfleck	19 %		45,–	
07.	29	Aushilfslohn	–		250,–	
08.	30	Kunden-Nachnahme	–	840,–		
09.	31	Fahrer-Spesen	–		120,–	
		SUMME der Einnahmen		2.620,–	1.825,–	
		./. SUMME der Ausgaben		1.825,–		
		KASSENBESTAND		795,–		

Erläuterungen zum Kassenbuch-Muster

Ein Kassenbuch kann bei einem Büroartikel-Fachgeschäft gekauft und die Barbelege können nach Datum geordnet, in einem entsprechenden Ordner abgelegt werden. Oder aber es werden, was praktikabler ist, einzelne Kassenbuchblätter per EDV (siehe Muster Seite 23) bzw. per Einzelzeichnung erstellt und je nach Bedarf die entsprechende Stückzahl kopiert. Der Vorteil der 2. Methode ist, dass die Barbelege hinter den ausgefüllten Kassenbuchblättern in einem Ordner aufbewahrt werden können und die Wirtschaftsperioden (Monate, Jahre) ohne Probleme getrennt werden können.

In diesem **Kassenbuch-Ordner** werden Belege und Kassenbuchblätter nach Datum und Seiten-Nummerierung sortiert und per Trennblatt in entsprechende Monate gegliedert.

Es ist möglich, je nach Bedarf auf den Kassenbuchblättern bei den Betriebseinnahmen die Umsatzsteuer bzw. bei Betriebsausgaben die Vorsteuer und den Nettobetrag separat aufzuführen oder aber den Bruttobetrag und den Umsatz- bzw. Vorsteuersatz ohne die Nettobeträge zu registrieren (siehe Musterbeispiel).

Eine Buchungs-Beleg-Nummer ist vom Gesetzgeber nicht vorgeschrieben. Aufgrund der besseren Nachvollziehbarkeit der einzelnen Buchungsschritte auf den Belegen in Verbindung mit den einzelnen Büchern hat sich im Laufe der Zeit der Buchungsgrundsatz: „Jeder Beleg bekommt eine Nummer" in den Betrieben durchgesetzt.

Im Buchungstext können die Abkürzungen **ER** für Eingangsrechnungen (Lieferantenrechnungen) sowie **AR** für Ausgangsrechnungen (Kundenrechnungen) verwendet werden.

Das Konto

Alle in der Buchhaltung ermittelten Zahlen müssen nach ihrer Herkunft und Verwendung sortiert werden. Einzelne Sammelbecken für die entsprechend gleichartigen Einnahmen und Ausgaben sowie Aufwendungen und Erträge werden als Konten bezeichnet. Diese Konten werden nach ihrer Art entsprechend benannt und mit einer Kennzahl versehen, um sie datentechnisch besser verarbeiten zu können. Je nach Betriebsgröße bzw. Bedarf werden für die Kennung vier-, fünf- oder sechsstellige Zahlen verwendet.

Ein zentrales Thema in der Buchführung ist die **„formelle Ordnungsmäßigkeit der Buchungsarbeiten"**. Dies bedeutet, dass die Führung der Bücher so klar und übersichtlich sein muss, dass ein sachkundiger Dritter die Buchführung ohne Schwierigkeiten übersehen kann und die Aufzeichnungen somit jederzeit nachprüfbar sind.

Die formelle Ordnungsmäßigkeit der Buchführung setzt voraus, dass die Gliederung der Konten sich an einem branchenüblichen Kontenrahmen orientiert.

Der Kontenrahmen

Der für jeden Wirtschaftszweig gesondert ausgearbeitete Kontenrahmen bezeichnet alle Konten der Buchhaltung ihrem Inhalt nach und trennt sie scharf voneinander ab.

Der Kontenrahmen ist eine **Organisations-Empfehlung**, ein Vorschlag für die Gliederung des Kontenplanes der einzelnen Betriebe, erarbeitet von Berufs- bzw. Branchenverbänden.

Entwicklung des Kontenrahmens

Ein Kontenrahmen wurde in Deutschland erstmals von **Johann Friedrich Schär** aufgestellt. In seinem Werk „Einführung in das Wesen der doppelten Buchführung" von 1911 entwickelte er sein berühmtes „Geschlossenes Kontensystem", das in Kreisform dargestellt wird. Dies war allerdings nur für Handelsbetriebe gedacht. Später hat er in seinem Kontenrahmen die Betriebsbuchhaltung mit eingebaut, jedoch nicht in einer geschlossenen Form.

Dies tat dann 1927 **Eugen Schmalenbach** in seinem Werk „Der Kontenrahmen". In diesem Buch hat Schmalenbach auf der Grundlage seiner dynamischen Bilanzauffassung ein geschlossenes Buchhaltungssystem aufgebaut.
Dieses Werk hat auf die weitere Entwicklung des Kontenrahmens und der Betriebsbuchhaltung nicht nur in Deutschland, sondern auch im Ausland wesentlichen Einfluss ausgeübt. Der Kontenrahmen ist seit dieser Zeit ein Organisations- und Gliederungsplan für das gesamte Rechnungswesen.

Er wurde im Jahr 1937 durch einen Erlass des Reichswirtschaftsministeriums (Wirtschaftlichkeitserlass) für verbindlich erklärt. Nach diesem sogenannten „Erlasskontenrahmen" wurden in Deutschland mehr als 200 Kontenrahmen für einzelne Branchen aufgestellt.

Die Verbindlichkeit des **„Erlasskontenrahmens"** und der von ihm abgeleitete Branchenkontenrahmen wurde im Jahre 1953 durch das Bundeswirtschaftsministerium aufgehoben.

Heute besteht also kein Zwang mehr zur Anwendung eines Kontenrahmens, jedoch hat der Bundesverband der Deutschen Industrie einen sogenannten **„Gemeinschafts-Kontenrahmen"** (GKR) entwickelt, welcher eine Empfehlung darstellt.

Aufbau des „Gemeinschafts-Kontenrahmens"

Über die mehrstellige Zahlenkennung des Kontos wird mit Hilfe der ersten Zahl eine Grobgliederung vorgenommen. Wenn man also von der Klasse 0 spricht, ist die vorderste Zahl der Kontennummer gemeint.

Der Gemeinschafts-Kontenrahmen hat folgenden Aufbau:

Klasse 0: Anlagevermögen und langfristiges Kapital
z. B. Grundstücke, Gebäude, Maschinen (über € 60,– bzw. € 410,–), langfristige Darlehen.

Klasse 1: Finanzvermögen, Umlaufvermögen und kurzfristige Verbindlichkeiten
z. B. Kasse, Bank, Privatkonten, Beteiligungen, Umsatzsteuer, Vorsteuer.

Klasse 2: Neutrale Aufwendungen und neutrale Erträge
z. B. Skonto, Rabatte, Zinserträge, Zinszahlungen.

Klasse 3: Stoff-Bestände
z. B. Roh-, Hilfs- und Betriebsstoffe, unfertige Erzeugnisse, Waren für den Weiterverkauf.

Klasse 4: Kostenarten, verschiedene Kosten
z. B. Fahrzeugreparaturen, Schmierstoffe, Personalkosten, Versicherungen, Werbungskosten, Bürobedarf, Beratungskosten, Instandhaltungskosten und sonstige Verbrauchskosten.

Klasse 5 und 6: Sind freie Klassen, die in erster Linie für Kostenstellen-Kontierungen und die Betriebsabrechnung verwendet werden.

Klasse 7: Bestände an halbfertigen und fertigen Erzeugnissen (Kontenklasse für Hersteller/Industriebetriebe).

Klasse 8: Erträge
z. B. Erlöse 19 %, Erlöse 7 % und sonstige Erlöse.

Klasse 9: Abschlusskonten.

Der Kontenplan

Der Kontenrahmen ist eine Empfehlung der Verbände, nach dem der einzelne Betrieb unter Berücksichtigung seiner individuellen Eigenart einen Kontenplan entwickelt.

Der Kontenplan ist eine Übersicht über alle in der Buchführung eines einzelnen Unternehmens geführten Konten. Auf diese Konten werden die Zu- und Abgänge des Betriebes in Form von Zahlenwerten entsprechend ihrem Ursprung und ihrer Art verteilt.

Er trägt den besonderen Verhältnissen eines Betriebes Rechnung und fungiert unter anderem als ein Instrument der Kostenerfassung für die Kostenrechnung.

Der Kontenplan sollte nach seiner Gliederung und Kontenklasse dem branchenüblichen Kontenrahmen angepasst sein.

DER KONTENPLAN 1

 Kontenplan-Muster

Damit eine praxisnahe Darstellung der einzelnen Buchungsschritte möglich ist, wird nachfolgend ein möglicher Kontenplan einer fiktiven Güter- und Personenbeförderungsfirma dargestellt.
Dieser Kontenplan richtet sich nicht nur nach entsprechenden gesetzlichen Vorgaben, sondern berücksichtigt auch die für die Kostenrechnung notwendigen Kostentrennungen der einzelnen Kostenstellen bzw. Kostenträger, um eine Kostenerfassung für die betriebswirtschaftliche Kalkulation zu ermöglichen.

Kontenplan Donald Hinz & Dagobert Kunz GbR,
der Firma Spedition und Omnibusreisen
Plattfußstr. 12, 89153 Pneuhausen

Klasse 0: **Anlage- und Kapitalkonten**

0001 Grund und Boden

0010 Gebäude
0011 Im Bau befindliche Gebäude (Lagerhalle)

0020 Betriebsvorrichtung, Betriebsausstattung

0030 Personenkraftwagen (Pkw)
0031 Lastkraftwagen (Lkw)
0032 Omnibusse

0040 Geschäftsausstattung
0041 Geringwertige Anlagegüter (€ 150,– bis € 1.000,–)
0042 Büroeinrichtung

0050 Geschäftsguthaben
0051 Konzessionen

0060 Darlehen Deutsche Bank, Darlehen-Nr. 08/15-4711
0061 Darlehen Raiffeisenbank, Darlehen-Nr. 007

0070 Wertberichtigung auf Forderungen
0071 Steuerrückstellungen
0072 Sonstige Rückstellungen
0073 Aktive Rechnungsabgrenzungen
0074 Passive Rechnungsabgrenzungen

1 DER KONTENPLAN

Kontenplan der Firma Donald Hinz & Dagobert Kunz

Klasse 1: **Finanz- und Privatkonten**

1000 Kasse, Spedition
1001 Kasse, Omnibusbetrieb

1200 Sparkasse Pneuhausen
1210 Volksbank Klesdorf

1400 Forderungen aus Lieferungen und Leistungen
1490 Berichtigungskonto Debitoren

1500 Forderungen an Personal
1550 Vorsteuer
1560 Noch nicht verrechenbare Vorsteuer
1580 Durchlaufende Posten
1590 Sonstige Forderungen

1600 Verbindlichkeiten aus Lieferungen und Leistungen
1610 Berichtigungskonto Kreditoren

1700 Schuldwechsel

1830 Umsatzsteuer 7 %
1840 Umsatzsteuer 19 %
1870 Umsatzsteuer-Zahllast-Konto
1890 Sonstige Verbindlichkeiten

1900 Private Steuern
1901 Private Versicherungen
1902 Eigenverbrauch Bewirtungskosten (30 %)
1903 Eigenverbrauch Kfz
1904 Private Spenden
1905 Einlagen (Rückzahlungen)
1906 Hausaufwendungen
1910 Sonstige Entnahmen

Klasse 2: **Abgrenzungskonten**

2000 A.O. Aufwendungen
2010 Verluste aus Anlagenverkäufen
2030 Aufwendungen aus Haftpflichtschäden

2100 Bankzinsen
2101 Darlehenszinsen
2103 Sonstige Zinsaufwendungen

2200 A.O. Erträge (betriebsfremd)
2201 Investitionszulage
2202 Erträge aus Haftpflichtschäden

2300 Zinserträge
2301 Lieferantenskonti

Kontenplan der Firma Donald Hinz & Dagobert Kunz

Klasse 3: **Stoffe/Bestände/Warenkonten**

3001 Alkoholfreie Getränke (Busreisen)
3002 Alkoholische Getränke (Busreisen)
3003 Lebensmittel (Busreisen)
3004 Ankauf von Bruchware
3010 Sonstige Handelswaren

3100 Kommissionswaren

Klasse 4: **Kostenarten**

Kostenstelle Personalkosten 40000

Kostenträger Personalkosten Spedition 4000
4001 Löhne und Gehälter
4002 Aushilfslöhne
4003 Lohn- und Kirchensteuer
4004 Gesetzliche soziale Aufwendungen
4005 Fahrerspesen
4006 Berufsgenossenschaft
4007 Freiwillige soziale Aufwendungen
4008 Umlage nach dem Lohnfortzahlungsgesetz (LfzG)
4009 Erstattung nach LfzG.

Kostenträger Personalkosten Lagerei 4010
4011 Löhne und Gehälter
4012 Aushilfslöhne
4013 Lohn- und Kirchensteuer
4014 Gesetzliche soziale Aufwendungen
4015 Berufsgenossenschaft
4016 Freiwillige soziale Aufwendungen
4017 Umlage nach LfzG.
4018 Erstattung nach LfzG.

Kostenträger Personalkosten Omnibusbetrieb 4020
4021 Löhne und Gehälter
4022 Aushilfslöhne
4023 Lohn- und Kirchensteuer
4024 Gesetzliche soziale Aufwendungen
4025 Fahrerspesen
4026 Berufsgenossenschaft
4027 Freiwillige soziale Aufwendungen
4028 Umlage nach LfzG.
4029 Erstattung nach LfzG.

Kontenplan der Firma Donald Hinz & Dagobert Kunz

Kostenträger Personalkosten Verwaltung 4030
4031 Löhne und Gehälter
4032 Aushilfslöhne
4033 Lohn- und Kirchensteuer
4034 Gesetzliche soziale Aufwendungen
4035 Berufsgenossenschaft
4036 Freiwillige soziale Aufwendungen
4037 Umlage nach LfzG.
4038 Erstattung nach LfzG.

Haus/Raumkosten 40100

Lager 4100
4101 Miete
4102 Heizung
4103 Strom, Wasser, Müll
4104 Instandhaltung

Büro 4110
4111 Miete
4112 Heizung
4113 Strom, Wasser, Müll
4114 Instandhaltung

Steuern, Beiträge, Versicherungen 40200

4201 Gewerbesteuer
4202 Grundsteuer
4203 Betriebliche Versicherungen
4204 Spenden der Firma
4205 Beiträge an Berufsverbände

Besondere Kosten 40300

4301 Geschenke (bis € 35,–, § 4 Abs. 5 EStG)
4302 Repräsentations- und Bewirtungskosten (70 %)
4303 Werbekosten
4304 Gebühren (behördlich)

Kostenstelle Fahrzeugkosten 40400

Kostenträger Fahrzeugkosten Pkw 4400
4401 Kfz-Steuer
4402 Kfz-Versicherung
4403 Treibstoffe-Öle-Fette
4404 Reifen
4405 Kfz-Reparaturen-Ersatzteile
4406 Kfz-Leasing-Raten
4407 Sonstige Kfz-Kosten

Kontenplan der Firma Donald Hinz & Dagobert Kunz

    Kostenträger Fahrzeugkosten Lkw-Nr. 1, 4410
    4411 Kfz-Steuer
    4412 Kfz-Versicherung
    4413 Treibstoffe-Öle-Fette
    4414 Reifen
    4415 Kfz-Reparaturen-Ersatzteile
    4416 Sonstige Kfz-Kosten

    Kostenträger Fahrzeugkosten Lkw-Nr. 2, 4420
    4421 Kfz-Steuer
    4422 Kfz-Versicherung
    4423 Treibstoffe-Öle-Fette
    4424 Reifen
    4425 Kfz-Reparaturen-Ersatzteile
    4426 Sonstige Kfz-Kosten

    Kostenträger Fahrzeugkosten Omnibus Nr. 1, 4430
    4431 Kfz-Steuer
    4432 Kfz-Versicherung
    4433 Treibstoffe-Öle-Fette
    4434 Reifen
    4435 Kfz-Reparaturen-Ersatzteile
    4436 Sonstige Kfz-Kosten

    Kostenträger Fahrzeugkosten Omnibus Nr. 2, 4440
    4441 Kfz-Steuer
    4442 Kfz-Versicherung
    4443 Treibstoffe-Öle-Fette
    4444 Reifen
    4445 Kfz-Reparaturen-Ersatzteile
    4446 Sonstige Kfz-Kosten

    Kostenträger Lager-Fahrzeug-Kosten 4500
    4501 Versicherungen
    4502 Treibstoffe-Öle-Fette
    4503 Reifen
    4504 Reparaturen-Ersatzteile
    4505 Sonstige Lager-Fahrzeug-Kosten

Reisekosten 40600

    4601 Reisekosten Unternehmer
    4610 Andere Reisekosten

Verschiedene Kosten 40700

    4701 Porto
    4702 Telefon
    4703 Bürobedarf
    4704 Fachzeitschriften/Fachbücher
    4705 Rechts- und Beratungskosten
    4706 Nebenkosten des Geldverkehrs (Kontoführungsgebühren etc.)
    4710 Sonstige Kosten

Kontenplan der Firma Donald Hinz & Dagobert Kunz

    Kalkulatorische Kosten 40800 (nur für die Kostenrechnung)

        4801   Kalkulatorische Zinsen
        4802   Kalkulatorischer Unternehmerlohn
        4803   Kalkulatorisches Risiko
        4804   Sonstige kalkulatorische Kosten

Klasse 8:   **Erlöskonten**

        8000   Erlöse Spedition
        8001   Erlöse Lagerei
        8002   Erlöse Omnibus Gelegenheitsverkehr
        8003   Erlöse Omnibus Linienverkehr § 42 PBefG (7 %)
        8004   Erlöse Omnibus-Bewirtung
        8010   Sonstige Erlöse
        8020   Forderungsverluste

    Kreditoren (Lieferanten) 1600

        50000   Reifen-Karl
        50001   Diesel-Fritz
        50002   Kfz-Reparaturen-Schorsch
        50003   Büroartikel-Otto
        50004   Sattlerei-Stoffel
        50005   Marketing-Heini
        50100   Diverse Kreditoren

    Debitoren (Kunden) 1400

        60000   Reisebüro Hagelschlag
        60001   Fruchthof-Kurti
        60002   Städtischer-Linienverkehrs-Verbund Schlotterhausen
        60003   Spedition Schnecke
        60004   Brauerei Sauerbier
        60005   Großbäckerei Teigtatze
        60100   Diverse Debitoren

Anmerkungen zum Kontenplan

Bei der Kontenklasse 4 fungieren die Überkonten als Sammelkonten für die Kostenstellenrechnung bzw. der Kostenträgerrechnung, um auf einfache Art und Weise die Kosten für die Weiterverarbeitung zu registrieren. Die kalkulatorischen Kosten-Konten sind nicht Bestandteil der handelsrechtlichen und steuerlichen Buchführungspflicht, ihre Funktionen werden im Kapitel **„Kostenartenrechnung"** näher erläutert.

Das Journal

Die Grundlage jeder ordnungsgemäßen Buchführung sind die zeitlich oder chronologisch geordneten Belege. Sie werden in dem jeweils zutreffenden **Grundbuch** täglich erfasst. Die Grundbücher registrieren lediglich den Zu- und Abfluss der Buchungsdaten, ohne sie zu gliedern bzw. zu sortieren.
Die Zahl der Grundbücher richtet sich nach den technischen und organisatorischen Gegebenheiten des jeweiligen Betriebes, es sind in der Regel die Kassenbücher, Wareneingangs- und Warenausgangsbücher, sowie Bank- und Postscheckbücher. Alle **Grundbuchposten** werden gesammelt und im Journal eingetragen. Dort werden die Betriebsvorfälle (Bewegungen) nach Einnahmen und Ausgaben, nach Arten und Gruppen gegliedert/sortiert.

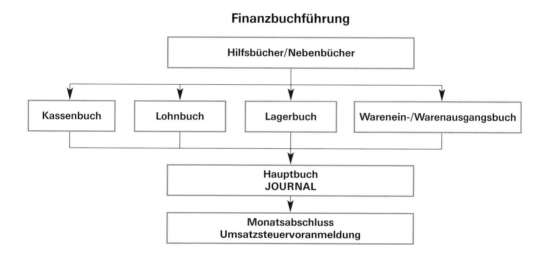

Das Journal kann entweder in gebundener Form manuell gestaltet/gezeichnet beim Bürobedarf-Fachhandel gekauft oder in Form eines EDV-Ausdruckes verwendet werden. Es sollte jedoch als Minimalanforderung nachfolgende Bestandteile enthalten:

- Die Bezeichnung „Journal" auf den einzelnen Blättern oder auf dem Sammelordner bzw. auf dem gebundenen Buch,
- die Firmenbezeichnung der bebuchten Firma auf dem Sammelordner bzw. auf dem gebundenen Journalbuch,
- den Monat und das Jahr auf jeder Journalseite,
- eine durchlaufende Seitennummerierung,
- das Datum des bebuchten Beleges,
- die Belegnummer,
- die Bezeichnung der Buchung bzw. des Grundbuchpostens,
- die Kontenbezeichnung in Worten und Zahlen,
- die Spaltentrennung nach „Soll" und „Haben",

- den Summenvortrag der einzelnen Spalten vom vorangegangenen Journalblatt,
- die Gesamt-Summenbildung der einzelnen Spalten.

Jeder Beleg, der als Grundlage für eine Buchung im Journal dient, sollte mit einer **Belegnummer** des Buchhalters gekennzeichnet sein, um eine eventuelle Nachprüfung des Buchungsvorganges bei einer Fehlersuche oder Buchungsüberprüfung einfacher zu gestalten. Diese Beleg-Buchungs-Nummer wird der Einfachheit halber über dem Buchungskreuz platziert.

 ## Gestaltungsbeispiel für ein Buchungskreuz

Beleg-Nr.:	45/2005
60100	8000/1840
1200	60100

Auf dem Buchungskreuz wird nicht nur die Belegnummer platziert, sondern der gesamte Buchungsvorgang beziehungsweise Buchungsstand dokumentiert. Die Konten-Nummern werden entsprechend des Buchungsvorganges auf der rechten (Haben) oder auf der linken (Soll) Seite platziert. Dieses Kontenkreuz kann manuell auf den Beleg gezeichnet werden oder aber es wird per entsprechendem Stempel auf den Beleg gestempelt.

Die Nummern der Belege sowie die Zahlen der Buchungskonten sollten in einer auffälligen Farbe wie rot oder grün auf die Buchungsbelege geschrieben werden, um bei Bedarf schnell den Buchungsstand auf den Belegen zu entdecken. Diesen Vorgang nennt man das **„Vorkontieren von Belegen"**.
Vorkontieren deshalb, weil dieser Arbeitsgang zweckmäßigerweise vor dem Eintrag ins Journal vorgenommen wird und die zu bebuchenden Konten daraus zu erkennen sind.

(!) Merksätze

→ Das Kassenbuch ist ein Grundbuch.

→ Im Kassenbuch wird der tägliche Bargeldverkehr registriert.

→ Bareinnahmen müssen von Barausgaben getrennt im Kassenbuch eingetragen werden.

→ Bareinnahmen können auch als Tageseinnahmen mit Kassenzettel oder Registrierstreifen übernommen werden.

→ Auch selbstständige Nichtkaufleute müssen gemäß Abgabenordnung (AO) Kassenbücher führen, alternativ eine Kassenkladde (siehe Seite 17).

→ Der Kontenrahmen ist eine branchenbezogene Empfehlung von Wirtschaftsverbänden und kann als Anhalt für die Gliederung des Kontenplanes verwendet werden.

→ Der Kontenplan ist ein Organisations- und Gliederungsplan für die Finanz- bzw. Betriebsbuchführung des eigenen Unternehmens.

1 DAS JOURNAL

 Journalbuch-Muster

Auszug:

Tag	Beleg Nr.	Buchungstext	Kto: 1000 Soll	Kto: 1000 Haben	Kto: 4701 Soll	Kto: 4701 Haben	Kto: Soll	Kto: Haben
	JOURNAL der Firma Hinz & Kunz GbR. Monat: Februar Jahr: 2007 Seite 9
03.	23	Briefmarken		20,-	20,-			
Übertrag:								
Gesamtsumme:								

Die Buchungen

Die Buchführung zeichnet die Gesamtheit aller Güter- und Geldbewegungen des Unternehmens auf. Das zahlenmäßige Fixieren von Ereignissen bezeichnet man als **„Buchen von Geschäftsvorfällen"** Dies geschieht systematisch nach bestimmten, historisch bzw. gesetzlich vorgegebenen Regeln und Ordnungskriterien.

Als Finanzbuchhaltung erbringt die Buchführung den Nachweis über Vermögens- und Kapitalveränderungen und liefert unter Beachtung der Rechtsvorschriften periodische Abschlüsse.

Ziel der doppelten Buchführung ist die Entwicklung einer Vermögens- (Bilanz) und Erfolgsübersicht (Gewinn- und Verlustrechnung). Der Weg zu diesem Ziel führt durch das Buchen über das Konto und dem geschlossenen Kontensystem der doppelten Buchführung.

Das rechnerische Darstellungsmittel der Buchführung ist das Konto. Es ist eine zweiseitige Verrechnungsstelle, das sogenannte **T-Konto** oder **Kontenkreuz** (Buchungsstempel), bei der Zu- und Abgänge getrennt voneinander aufgezeichnet werden. Dabei bezeichnet man die linke Seite als **„Soll"** und die rechte Seite als **„Haben"**.

Die Zu- und Abgangsbuchungen erfolgen auf der Grundlage der Bilanzkonten. Nachfolgende Darstellung veranschaulicht den Zusammenhang zwischen Soll und Haben, von Aktiva und Passiva mit Hilfe einer Kreditaufnahme-Buchung.

S o l l	BILANZKONTO	H a b e n
Aktiva = Vermögen		Passiva = Kapital

	Aktiv-Konto z. B.			Passiv-Konto z. B.	
Soll	Bank	Haben	Soll	Kredit	Haben
€ 5.000,– (Gutschrift)					€ 5.000,– (Belastung)

Dazugehörendes **Buchungskreuz** (Buchungsstempel) auf dem Beleg:

Beleg-Nr.:	46/2007
(Bankkonto Sparkasse) 1200	0061 (Darlehen Raiffeisenbank)

1 DIE BUCHUNGEN

Jede Aufzeichnung erfolgt paarweise als Doppelbuchung und zwar auf den entgegengesetzten Seiten zweier Konten zum gleichen absoluten Betrag. Diesen Vorgang bezeichnet man als Buchung und Gegenbuchung oder Lastschrift und Gutschrift. Wenn beispielsweise der Kasse € 20,– entnommen wird, um Briefmarken zu kaufen, nimmt der Kassenbestand um € 20,– ab, wobei das Konto Kasse auf der Haben-Seite um € 20,– belastet wird und das Konto Porto auf der Soll-Seite um € 20,– zunimmt.

Somit wurden jeweils auf der Soll-Seite wie auf der Haben-Seite € 20,– gebucht. In der Summe aller Konten muss folglich die Soll- und Habenseite übereinstimmen. Das ist das **Prinzip der ausgeglichenen Waage**.

Prinzip der ausgeglichenen Waage

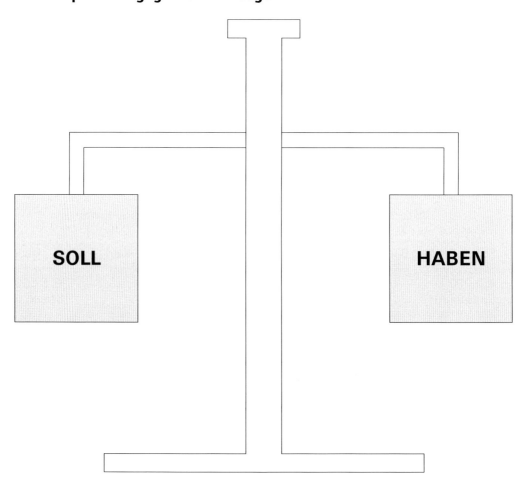

Der Buchungssatz

Der Buchungssatz, auch als **Kontenbenennung** oder **Kontenanruf** bezeichnet, beginnt mit dem Sollposten und nennt den Habenposten an zweiter Stelle. Beide Kontenbenennungen werden durch „an" verbunden. Der Buchungssatz hat daher folgende allgemeine Form:

Konto Soll   an   Konto Haben

Beispiel: Barkauf von Briefmarken in Höhe von € 20,-

Vorkontierung auf dem Buchungsbeleg (Quittung von der Post):

Beleg-Nr.:	23
4701	1000

Buchungssatz: Konto Porto   an   Konto Kasse

Kontenbelegung in der Buchhaltung:

Soll	Kasse	Haben	Soll	Porto	Haben
		€ 20,– (Entnahme)		€ 20,– (Zunahme)	

Bei der Buchungssatzbildung sollte man folgende gedankliche Vorgehensweise verfolgen:

a) Welche Konten werden durch den Geschäftsvorgang berührt?

b) Handelt es sich dabei um Aktiv- oder Passivkonten?

c) Erfolgt ein Zugang (Mehrung) oder Abgang (Minderung) auf dem betreffenden Konto?

d) Wie lautet demnach der Buchungssatz?

Das Buchen vom Kassenbuch ins Journal

Die Bargeldeinnahmen und -ausgaben werden im Grundbuch „Kassenbuch" erfasst und müssen anschließend im Hauptbuch „Journal" eingetragen bzw. gebucht werden. Der jeweilige Übertrag des Kassenbestandes (Endbestand) von einem Kassenbuchblatt auf das nächste (Anfangsbestand) wird nicht als Buchung ins Journal übernommen, da hier nur die Saldierung der Kassenbewegungen vorgenommen wird.

Beispiel eines Buchungsvorganges vom Kassenbuch ins Journal

Die Firma Hinz & Kunz bekam von der Firma Ringelpitz am 03.02. eine Rechnung über € 790,– inklusive 19% MwSt. Geliefert wurde ein Tischrechner der Marke Pratze. Diese Rechnung wurde am 03.02. sofort bar bezahlt. Der Vorgang wurde unter dem Bezahl-Datum im Kassenbuch, Spalte „Ausgaben", registriert.

Die nächsten Schritte sind die Vorkontierung auf dem Rechnungs-Beleg und der Buchungsvorgang im Journal. Sie werden zweckmäßigerweise folgendermaßen vorgenommen:

— Auf der Lieferantenrechnung wird das Buchungskreuz angebracht und folgende Vorkontierung vorgenommen:

Beleg-Nr.:	24
1550/0041	1000

— Der Buchungssatz lautet:
   Geringwertige Anlagegüter und Vorsteuer an Kasse
— Der Eintrag ins Journalbuch lautet:

		JOURNAL der Firma Hinz & Kunz GbR.						
		Monat: Februar Jahr: Seite 2						
Tag	Beleg Nr.	Buchungstext	Kto: 1000 Soll	Haben	Kto: 0041 Soll	Haben	Kto: 1550 Soll	Haben
03.	24	ER Ringelpitz		790,–	663,87		126,13	

Das Buchen von bargeldlosen Vorgängen

Nach dem Übertrag der Bargeldbewegungen vom Grundbuch „Kassenbuch" ins Hauptbuch „Journal" sind die unbaren Betriebsvorfälle wie Lieferantenrechnungen (auch Eingangsrechnungen [ER] genannt) und die Kundenrechnungen (auch Ausgangsrechnungen [AR] genannt), die per Scheck oder Überweisung bezahlt wurden, vom Beleg ins Journal zu buchen.

Dabei sind zwei Termine zu beachten:
Das Belegdatum und der Zeitpunkt der Bezahlung.

Da hier beim bargeldlosen Zahlungsverkehr zeitliche Differenzen entstehen, das zeitgleiche, datumsbezogene Buchen aber eine vom Staat vorgegebene Pflicht ist, muss man hier im Gegensatz zur Kassenbuchung in zwei Schritten vorgehen:

- Der erste Buchungsschritt orientiert sich an dem Belegdatum und hat bei Ausgangsrechnungen statt dem Gegenkonto „Kasse" den „Debitor", bei Eingangsrechnungen den „Kreditor" als Ersatz zur Folge.

- Der zweite Buchungsschritt dokumentiert den Zeitpunkt der Bezahlung, belegt durch den Kontoauszug der Bank, und gleicht das **Personenkonto** „Kreditor" bzw. „Debitor" als Gegenbuchung zum „Bankkonto" wieder aus.

 Bargeldlose Buchungsvorgänge

a) Buchen einer EINGANGSRECHNUNG (Lieferantenrechnung)

Die Firma Hinz & Kunz bekommt eine Rechnung von der Firma Reifen-Karl über die Lieferung von einem Reifen der Marke Zitterprofil für den Firmen-Lastkraftwagen mit der Kfz-Kostenträger-Nummer 1.
Dieser Beleg hat als Rechnungsdatum den 12.02. Der Nettobetrag lautet € 600,–, extra aufgeführt sind € 114,– Mehrwertsteuer (19%); der Bruttobetrag beträgt folglich € 714,–.
Diese Rechnung wird per Überweisung bezahlt.
Am 02.03. kann man diesen Geldtransfer aus dem Kontoauszug der Sparkasse von der Firma Hinz & Kunz als Lastschrift dokumentiert ersehen.

Der erste Buchungssatz lautet:

Lkw-Reifen und Vorsteuer   an   Kreditor Reifen-Karl

Folglich muss die Beleg-Vorkontierung lauten:

Beleg-Nr.:	30
1550/4414	50000

Der Eintrag ins Journalbuch:

			Kto: 50000		Kto: 4414		Kto: 1550	
Tag	Beleg Nr.	Buchungstext	Soll	Haben	Soll	Haben	Soll	Haben
12.	30	ER Fa. Karl		714,–	600,–		114,–	

JOURNAL der Firma Hinz & Kunz GbR. Monat: Februar   Jahr: Seite 3

Die erste Buchung der unbezahlten Lieferantenrechnung wurde im Journal Februar, nach Rechnungsdatum, eingetragen.
Nach der Reduzierung des Bankkontos der Firma Hinz & Kunz um den Rechnungsbetrag (Bezahlungsvermerk) werden nun folgende Arbeitsschritte getätigt:

Buchungssatz der Gegenbuchung (zweiter Buchungssatz):

Kreditor Reifen-Karl an Sparkasse

Folglich muss die Beleg-Vorkontierung erweitert bzw. abgeschlossen werden:

Beleg-Nr.:	30
1550/4414	50000
50000	**1200**

Der Eintrag ins Journalbuch im Monat des Bezahldatums März:

JOURNAL der Firma Hinz & Kunz GbR.   Monat: März Jahr: Seite 4

			Kto: 50000		Kto: 1200		Kto:	
Tag	Beleg Nr.	Buchungstext	Soll	Haben	Soll	Haben	Soll	Haben
02.	30	Überw. an Fa. Karl	714,–			714,–		

b) Buchen einer AUSGANGSRECHNUNG (Kundenrechnung)

Die Firma Hinz & Kunz erstellt mit Datum 10.04. folgende Fracht-Rechnung an die Großbäckerei Teigtatze:

Wir erlauben uns für den Transport von Backwaren am 25.03. von Tupfenhausen nach Schnapfdorf über 2.100 kg zu berechnen:

2.100 kg Stückgut	225 km	€ 400,–
+ 19 % MwSt.		€ 76,–
Gesamtbetrag		€ 476,–

Am Monatsende wird nun von der Firma Hinz & Kunz diese Rechnung in der Buchhaltung folgendermaßen registriert:

Der erste Buchungssatz lautet:

Debitor Teigtatze an Frachterlöse und Umsatzsteuer 19 %

Folglich muss auf dieser Ausgangsrechnung (Kundenrechnung) die Beleg-Vorkontierung lauten:

Beleg-Nr.:	42
60005	8000/1840

Gemäß Vorkontierung wird nun dieser Beleg im Journal des Monats April folgendermaßen registriert:

		JOURNAL der Firma Hinz & Kunz GbR.						
		Monat: April		Jahr:			Seite 6	
Tag	Beleg Nr.	Buchungstext	Kto: 60005		Kto: 8000		Kto: 1840	
			Soll	Haben	Soll	Haben	Soll	Haben
10.	42	AR an Teigtatze	476,–			400,–		76,–

1 DAS BUCHEN VON BARGELDLOSEN VORGÄNGEN

Die Frachtrechnung bezahlt die Großbäckerei Teigtatze per Scheck.
Den Scheck reicht die Firma Hinz & Kunz bei der Sparkasse ein.
Dieser Scheck wird als Guthaben der Firma Hinz & Kunz von der Sparkasse auf dem Firmen-Konto registriert.
Ersichtlich ist dieser Vorgang auf dem Bankkonto-Auszug mit Datum 10.05.

Nun muss dieser Kapitalzugang sowie der Forderungsrückgang mit dem Zahlungseingangsdatum gebucht werden.

Der zweite Buchungssatz lautet:

Sparkasse an Debitor Großbäckerei Teigtatze

Folglich muss auf dem Rechnungsbeleg das Buchungskreuz folgendermaßen ergänzt bzw. abgeschlossen werden:

Beleg-Nr.:	42
60005	8000/1840
1200	**60005**

Der Eintrag ins Journalbuch Mai schließt diesen Buchungsvorgang folgendermaßen ab:

	J O U R N A L der Firma Hinz & Kunz GbR.

			Monat: Mai		Jahr:		Seite 9	
Tag	Beleg Nr.	Buchungstext	Kto: 60005		Kto: 1200		Kto:	
			Soll	Haben	Soll	Haben	Soll	Haben
10.	42	Scheck von Teigtatze		476,–	476,–			

Der Monatsabschluss

Umsatzsteuerpflichtige Gewerbetreibende, die unterhalb der fiskalischen Grenze bleiben, haben die Möglichkeit, nach Antrag beim zuständigen Finanzamt einen **Vierteljahresabschluss** zu tätigen. Alle anderen Selbstständigen müssen monatlich statt vierteljährlich eine **Umsatzsteuer-Voranmeldung** über den vorangegangenen Buchungsmonat bis zum 10. des Folgemonats bei dem für sie zuständigen Finanzamt abgeben.

Um diese Meldung abgeben zu können, bedarf es zunächst einmal diverser Vorarbeiten.

Zuerst wird das Journal abgeschlossen, indem zunächst alle Soll- und Habenkonten zu jeweils einer Summe addiert werden. Nun müssten, sofern korrekt gebucht wurde, beide Summen **absolut gleich groß** sein. Ist das nicht der Fall, müssen notwendigerweise die gebuchten Summen überprüft und eventuelle Fehler beseitigt werden.

Als nächster Schritt erfolgt die Überprüfung der Kontostände Kasse/Bank. Hierbei werden jeweils Soll- und Habensummen dieser Buchführungskonten miteinander verrechnet, um den aktuellen Kontenstand zu erhalten. Zuvor muss der nicht gebuchte Anfangsbestand sowohl vom Kassenbuch als auch von den Bankkonten auf der Sollseite bzw. Habenseite hinzugezählt werden.

Sofern diese nun errechneten Summen mit dem Kassenbuch-Endbestand und dem jeweiligen Kontoauszug-Endbestand der Banken übereinstimmen, ist die **Monatsüberprüfung** beendet.

Nächster Schritt ist das **Errechnen aller Erlöse**, getrennt nach Umsatzsteuer-Satz (19 % usw.) und Nettobetrag.

Separat addiert werden Nettobeträge verschiedener Erlöskonten: Erlöse mit 19 % Umsatzsteuer, Erlöse mit 7 % Umsatzsteuer und umsatzsteuerfreie Erlöse (z. B. auslandsanteilige Erlöse). Gleiche Rechenarbeit wie bei den Erlöskonten muss auch beim getrennten Addieren der Umsatzsteuer nach Steuersätzen vorgenommen werden. Erfasst werden – aber nicht nach ihrer Höhe getrennt – muss die Vorsteuer (Kontenplan-Beispiel: Konto-Nummer 1550).

Die Endsalden der Nettoerlöse sowie die der Umsatz- und Vorsteuer werden in den entsprechenden Spalten des Umsatzsteuer-Voranmeldung-Formblattes eingetragen. In diesem Formular wird anschließend **von der Umsatzsteuer die Vorsteuer abgezogen**; bleibt ein positiver Betrag übrig, muss die Summe dem zuständigen Finanzamt bezahlt werden, bei einem negativen Betrag bekommt der Unternehmer die betreffende Summe vom Finanzamt erstattet. Dies bedeutet, dass die Summe der Vorsteuer höher war als die Summe der Umsatzsteuer, dies ist nur dann der Fall wenn die Erlöse niedriger waren als die Betriebsausgaben.

1 DER MONATSABSCHLUSS

Am Ende des jeweiligen Monats werden im Journal zu den aktuellen Soll- und Habenbeständen die Bestände des Vormonats übertragen und hinzugezählt (Saldenvortrag), um am Jahresende über den gesamten Bestand der einzelnen Konten für den Jahresabschluss zu verfügen. Diese Addiersalden werden allerdings bei der Umsatzsteuer-Voranmeldung nicht berücksichtigt! Diese Monatsabschlussarbeiten werden – sofern mit elektronischer Datenverarbeitung gebucht wird – automatisch getätigt. Jedoch muss die Überprüfung der Kassen- und Bankkonten auch hier manuell erfolgen.

Die Abschreibung

Die **Abschreibung für Anlagegüter (AfA)** ist ein Verfahren, um im Rechnungswesen einer Unternehmung die Anschaffungs- oder Herstellungskosten abnutzbarer Anlagegegenstände auf Zeit und/oder Leistungseinheiten zu verteilen.

Da diese Gegenstände der Unternehmung über mehrere Perioden zur Nutzung bestimmt sind, werden die Anschaffungs- oder Herstellungskosten nicht im Anschaffungszeitraum Gewinn mindernd geltend gemacht, sondern methodisch (planmäßig) verteilt.

Die Abschreibungsmethoden

Es wird unterschieden zwischen den gesetzlich zulässigen Abschreibungsmethoden des Steuer- und Handelsrechts sowie der betriebswirtschaftlichen Abschreibung. Die betriebswirtschaftliche Abschreibung orientiert sich am tatsächlichen Wertverlust des Anlagegutes.

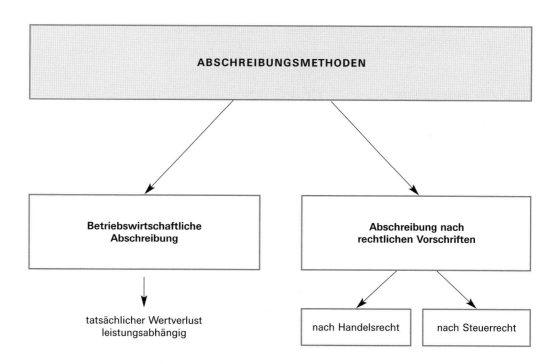

Die leistungsabhängige Abschreibung

Bei dieser Abschreibungsmethode wird die Wertminderung durch die Einsatzintensität bestimmt. Das heißt, dass bei jedem Fahrkilometer Lastkraftwagen/Taxi/Omnibus usw. an Wert verliert. Der Alterungsaspekt wird dabei nicht berücksichtigt.

Ein Nachteil dieses Verfahrens ist, dass der natürliche Zeitverschleiß, die wirtschaftlich begründete Wertminderung sowie der technische Alterungsprozess keine Berücksichtigung finden, da nur auf die Leistung abgestellt wird.

Die Methode:

Die Anschaffungs- bzw. Herstellungskosten werden durch die Gesamtleistung des Abschreibungsgegenstandes geteilt. Der so ermittelte Satz ergibt den Abschreibungsbetrag. Voraussetzung dafür ist die Erstellung eines möglichst genauen Nutzungsplans der Anlage.

Die Formel:

$$\text{AfA-Betrag} = \frac{(\text{Anschaffungskosten ./. eventueller Restwert})}{\text{Gesamtleistungsvermögen (Bsp: Lkw = km)}}$$

Die Anwendung:

Die leistungsabhängige Abschreibung wird in erster Linie bei der Kostenrechnung in der Kalkulation verwendet. Diese Abschreibungsform ist auch nach dem Handelsrecht zulässig, kann aber steuerrechtlich nur im Ausnahmefall angewendet werden. In der Praxis wird bei der Kostenrechnung, vor allem in der Fahrzeugkostenrechnung, nur die Hälfte des Abschreibungsbetrages nach Leistung (Kilometer) und die andere Hälfte auf den Faktor Zeit (Tage, Stunden) verwendet. Dies ist notwendig, um beim Anlagegut die nutzenabhängige **und** die zeitabhängige Wertminderung zu berücksichtigen.

Die zeitabhängigen Abschreibungen

Die zeitabhängigen Methoden der Abschreibung stellen den Versuch dar, die vielfältigen Einflussfaktoren, die zur Wertminderung von Anlagegütern beitragen, auf die Dimension „Zeit" zu fixieren.

Die Methode:
Die Anschaffungs- bzw. Erstellungskosten der Anlagegüter werden auf die voraussichtliche Nutzungszeit bezogen. Hierbei verwendet man der Einfachheit halber die steuerrechtliche Abschreibung.

Abschreibung nach steuerrechtlichen Gesichtspunkten

AfA als steuerrechtlicher Begriff bedeutet: **„Absetzung für Abnutzung"**.
Sie ist die steuerliche Verteilung von Anschaffungs- oder Herstellungskosten abnutzbarer Anlagegüter auf die Jahre der Güternutzung.

Im Rahmen der steuerlichen Gewinnermittlung und der Ermittlung des Überschusses von Einnahmen über die Werbungskosten kann der Steuerpflichtige nach § 7 Einkommensteuergesetz die Anschaffungs- oder Herstellungskosten abnutzbarer Wirtschaftsgüter des Anlagevermögens, deren Nutzung sich erfahrungsgemäß auf einen Zeitraum von mehr als einem Jahr erstreckt, auf die Jahre der Nutzung verteilt absetzen.

Güter, die voraussichtlich länger als ein Jahr verwendet werden können, sind bis € 150,– Aufwand sofort abesetzbar. Haben sie einen Beschaffungswert zwischen € 150,– und € 1.000,– Euro, sind es **geringwertige Anlagegüter**, die am Jahresende in einem Pool zusammengefasst werden und nur gemeinsam über fünf Jahre hinweg abgeschrieben werden müssen (unabhängig von der tatsächlichen Einsatzzeit).

Alternativ ermöglicht der Gesetzgeber die sofortige Abschreibung von Wirtschaftsgütern mit einem Beschaffungswert von bis zu 410,– Euro. Hierbei besteht ein Wahlrecht für eine der beiden Regelungen. Allerdings können die geringwertigen Wirtschaftsgüter eines Unternehmens immer nur komplett auf die eine oder andere Art abgeschrieben werden.

Hochwertige Wirtschaftsgüter des **Anlagevermögens** sind Anschaffungen, deren Kaufpreis über € 1.000,– netto (ohne Mehrwertsteuer) liegt. Diese müssen über mehrere Jahre verteilt abgeschrieben werden.

Wird ein solches Wirtschaftsgut gekauft – z.B. ein betrieblich genutztes Kraftfahrzeug – und ist zur Komplettierung noch ein Teil (z.B. das Kennzeichen) notwendig, dessen Anschaffungspreis unter € 1.000,– liegt, zählt diese Anschaffung ebenfalls zum langlebigen Wirtschaftsgut.

Die Anwendungsmöglichkeiten:

Nach steuerrechtlichen Gesichtspunkten ist ausschließlich die lineare Abschreibung möglich. Hierbei werden die Anschaffungs- und Herstellungskosten gleichmäßig über die Nutzungsdauer als Aufwand verrechnet, d.h. es handelt sich um jährlich gleich bleibende Abschreibungsbeträge.

$$\text{Abschreibungsbetrag:} \quad \frac{\text{Anschaffungswert}}{\text{Nutzungsjahre}}$$

Beispiel einer linearen Abschreibung:

Neukauf eines Lastkraftwagens in der ersten Hälfte eines Wirtschaftsjahres.
Kaufpreis: € 180.000,–
gewählte Abschreibungszeit: 6 Jahre

Anschaffungswert	€ 180.000,–
AfA-Betrag, € 180.000,– : 6 Jahre =	€ 30.000,–
Restwert (Bilanzwert) nach dem 1. Jahr	€ 150.000,–
Anfangswert im 2. Wirtschaftsjahr	€ 150.000,–
AfA-Betrag, € 180.000,– : 6 Jahre =	€ 30.000,–
Restbuchwert nach dem 2. Jahr	€ 120.000,–
Anfangswert im 3. Wirtschaftsjahr	€ 120.000,–
AfA-Betrag (Aufwand) im 3. Jahr	€ 30.000,–
Restbuchwert nach dem 3. Jahr	€ 90.000,–
Anfangswert im 4. Wirtschaftsjahr	€ 90.000,–
AfA-Betrag (Aufwand) im 4. Jahr	€ 30.000,–
Restbuchwert nach dem 4. Jahr	€ 60.000,–
Anfangswert im 5. Wirtschaftsjahr	€ 60.000,–
AfA-Betrag (Aufwand) im 5. Jahr	€ 30.000,–
Restbuchwert nach dem 5. Jahr	€ 30.000,–
AfA-Betrag (Aufwand) im 6. Jahr	€ 29.999,–
Restbuchwert nach dem 6. Jahr und Erinnerungswert für die folgenden Jahre	€ 1,–

Die Abschreibung von hochwertigen Wirtschaftsgütern geht immer nur bis auf den **Restwert** von € 1,– zurück, der in der Buchführung (Inventarbuch, Bilanz) festzuhalten ist. Dieser Restwert wird auch als Erinnerungswert bezeichnet.

Die sinnvolle Organisation der Buchhaltung

Um den vom Gesetzgeber im Handelsgesetzbuch vorgegebenen „Grundsätzen ordnungsmäßiger Buchführung" sowie den betriebswirtschaftlich notwendigen Ordnungskriterien zu genügen, sollte ein auf den Betrieb zugeschnittenes **Buchhaltungs-Organisationssystem** errichtet werden.

Nachfolgend ist eine Organisationsmöglichkeit aufgezeigt, die als Grundlage/Vorschlag für eine praxisbezogene, eigene Buchhaltung verwendet werden kann.

Ordner „KASSENBUCH"

- Registrieren von Bargeldeinnahmen und Bargeldausgaben.
- Belege werden nach Datum sortiert und hinter einem losen Kassenbuchblatt abgelegt.
- Der/das Buchungsmonat/-quartal wird durch ein Trennblatt separiert.
- Das jeweilige Wirtschaftsjahr wird getrennt abgelegt.

Ordner „EINGANGSRECHNUNGEN"

1. Trennblatt „Eingangsrechnungen"
   Ablage aller eingehenden, ungebuchten und unbezahlten Lieferantenrechnungen (Kreditoren) nach Rechnungsdatum.

2. Trennblatt „Eingangsrechnungen gebucht"
   Ablage aller gebuchten und unbezahlten Lieferantenrechnungen, geordnet nach dem Alphabet.

3. Trennblatt „Eingangsrechnungen bezahlt"
   Ablage aller bezahlten und nicht voll gebuchten Eingangsrechnungen in alphabetischer Reihenfolge.

Ordner „ABLAGE EINGANGSRECHNUNGEN"

- Abheften aller bezahlten und gebuchten Lieferantenrechnungen nach dem Alphabet.
- Auf dem Ordnerrücken von Ordnern mit gleichem Inhalt wird das Jahresdatum und die Nummer angebracht.
- Aufbewahrungszeit siehe Kapitel Aufbewahrungspflichten.

Ordner „AUSGANGSRECHNUNGEN"

1. Trennblatt „Ausgangsrechnungen"

   Ablage aller nicht gebuchten und nicht bezahlten Rechnungen an Kunden (Debitoren), nach Ausstellungsdatum.

2. Trennblatt „Ausgangsrechnungen gebucht"

   Ablage aller gebuchten und nicht bezahlten Rechnungen an Kunden, in alphabetischer Reihenfolge geordnet.

3. Trennblatt „Ausgangsrechnungen bezahlt"

   Ablage aller bezahlten und nicht voll gebuchten (Gegenbuchung) Kundenrechnungen, geordnet in alphabetischer Reihenfolge.

Ordner „ABLAGE AUSGANGSRECHNUNGEN"

- Abheften aller bezahlten und gebuchten Rechnungen an Kunden in alphabetischer Reihenfolge.
- Auf dem Ordnerrücken das Jahresdatum anbringen sowie die Anzahl (Nummern) der Ordner mit gleichem Inhalt.
- Aufbewahrungszeit siehe Kapitel Aufbewahrungspflichten.

Ordner „INVENTUR/INVENTAR"

1. Trennblatt „Inventarlisten"

   Hier werden alle Inventarlisten abgelegt. Auf den Listen sind das Datum der Inventur, die Menge, Art und Wert sowie der Erfasser und Zweiterfasser des gezählten Inventars festgehalten.

2. Trennblatt „Forderungen/Verbindlichkeiten"

   Ablage aller Forderungen u. Verbindlichkeiten des Unternehmens zum Bilanzstichtag.

3. Trennblatt „AfA"

   AfA ist die Abkürzung für „Absetzung für Abnutzung". Hier werden alle Anlagegüter mit Anschaffungswert über € 410,– detailliert erfasst und der steuerliche Abschreibungsvorgang dokumentiert (siehe Kapitel „Die Abschreibung"). Hier wird auch ein eventueller Verkauf dieser Anlagegüter registriert.

Ordner „WARENEINGANGSBUCH"

- Nur selbstständige Nichtkaufleute, die nicht buchführungspflichtig sind und kein Journal führen, müssen dieses Buch führen. Hier werden alle Wareneingänge nach Art, Menge, Wert, Eingangsdatum und Lieferantenanschrift erfasst.

Ordner „WARENAUSGANGSBUCH"

- Dieses Buch müssen Großhändler auf Grund der §§ 144, 148 AO führen. Einzutragen sind Waren, die ein Großhändler an einen anderen gewerblichen Unternehmer zur Weiterveräußerung liefert.

Der Jahresabschluss

Das Ziel einer Finanzbuchführung ist in erster Linie die Darstellung einer Übersicht über Vermögen, Kapital, Aufwand und Ertrag. Diese Darstellung wird in der Regel am Ende eines zeitlich fixierten Wirtschaftsabschnitts vorgenommen. Hierbei soll das Unternehmen auf seinen Erfolg hin durchleuchtet werden und die Höhe von steuerlichen Zahlungen wie Einkommensteuer, Körperschaftsteuer, Gewerbesteuer usw. festgelegt werden.

Der Jahresabschluss besteht handelsrechtlich und steuerrechtlich aus:

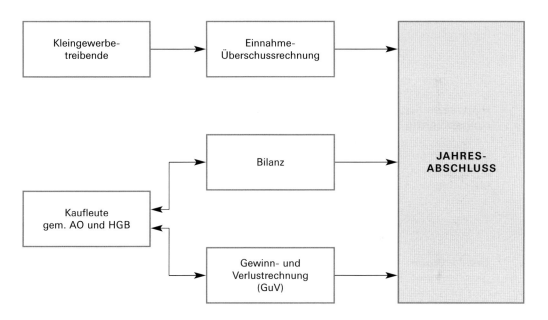

Die **Einnahme-Überschussrechnung** stellt **keine Vermögensaufstellung** dar, sie ist lediglich eine betriebsbezogene Verrechnung von Aufwand und Ertrag, die der selbstständige Nichtkaufmann bzw. Kleingewerbetreibende gemäß Abgabeordnung (AO) durchführen muss. Kaufleute gemäß AO und HGB müssen dagegen eine Gewinn- und Verlustrechnung sowie eine Bilanz erstellen.

Die Verrechnung von **Aufwand** und **Ertrag** eines Unternehmens geschieht in der **Erfolgsrechnung** (Gewinn- und Verlustrechnung); sie ist zeitraumbezogen und ermittelt durch Saldierung den Erfolg der Periode (Gewinn oder Verlust).

Die Bestände des Betriebes an **Vermögen** und **Kapital** werden für einen bestimmten Stichtag in der **Bilanz** (Bestandsrechnung) erfasst; auch sie ermittelt den Erfolg, jedoch aus der Gegenüberstellung von Vermögens- und Kapitalteilen. Bilanz und Erfolgsrechnung bilden zusammen den **Jahresabschluss** des Unternehmens.

Die Einnahme-Überschussrechnung

Die Einnahme-Überschussrechnung nach § 4 Abs. 3 EStG stellt eine vereinfachte Form der Gewinnermittlung durch einen Betriebsvermögensvergleich dar.
Sie wurde in der Absicht eingeführt, gewissen Klein- und Kleinstbetrieben durch Verzicht auf bestimmte steuerliche Buchführungsarbeiten eine wesentliche Erleichterung zu verschaffen.

Der Anwendungsbereich für die Einnahme-Überschussrechnung erstreckt sich auf selbstständige Steuerpflichtige, die nicht auf Grund gesetzlicher Vorschriften verpflichtet sind, Bücher zu führen und Abschlüsse zu tätigen.
Es sind in erster Linie Kleingewerbetreibende, freiberuflich Tätige und nicht buchführungspflichtige Land- und Forstwirte.

Verkehrsunternehmen wie Speditionen, Frachtführer und Omnibusunternehmen überschreiten in der Regel – bedingt durch den notwendigen Gewinn oder den Umsatz – die Grenze vom selbstständigen Nichtkaufmann zum Kaufmann gemäß HGB (siehe Kapitel „Zweck der Buchführung"). Sie sind deshalb **voll buchführungspflichtig**.

Die Einnahme-Überschussrechnung ist nicht anwendbar von im Handelsregister eingetragenen Kaufleuten und Selbstständigen, die bestimmte fiskalische Grenzen überschreiten. (siehe Kapitel „Zweck der Buchführung").

Die Methode:
Gewinne oder Verluste werden errechnet durch die Erfassung der Betriebseinnahmen abzüglich der Betriebsausgaben und Abschreibungen. Betriebsausgaben sind Aufwendungen bedingt durch eine betriebliche Tätigkeit.

Einnahme-Überschussrechnung

Nachfolgend wird ein etwas verkürztes Beispiel eines selbstständigen Nichtkaufmannes aufgezeigt:

Der Taxiunternehmer Egon Blechle erstellt am 20.04. eine Einnahme-Überschussrechnung für das vorangegangene Jahr. Diese Rechnung ist Bestandteil seiner Einkommensteuererklärung. Er fügt sie der Anlage GSE – Einkünfte aus Gewerbebetrieb – der Einkommensteuererklärung bei.

MUSTER

Egon Blechle / Taxiunternehmen Steuernummer 4711/08 15
Dünnbrettweg 3 Zur Anlage GSE der
80075 Sperrholzhausen Einkommensteuererklärung

EINNAHME- ÜBERSCHUSSRECHNUNG
für die Zeit vom 01.01. – 31.12.

Betriebseinnahmen:
- aus Erlöse aus Pflichtfahrbereich (7 %) € 80.000,-
- aus Erlöse Genehmigungsbereich (19 %) € 5.000,-
- aus Erlöse Kleinguttransport (19 %) € 15.000,-
- aus sonstige Erlöse (Fahrzeugverkauf) € 10.000,-

Summe der Betriebseinnahmen € 110.000,-

Betriebsausgaben:
- Personalkosten (Aushilfslöhne) € 10.000,-
- Beiträge an Berufsverbände € 2.000,-
- Fahrzeugkosten € 32.000,-
- Reisekosten € 500,-
- Bürobedarf € 2.500,-
- Fachzeitschriften € 250,-
- betriebliche Versicherungen € 2.750,-
- Nebenkosten des Geldverkehrs € 600,-
- Zinsen € 8.400,-
- Gebühren € 700,-
- Garagenmiete € 5.300,-

Summe der Betriebsausgaben € 65.000,-

Abschreibungen:
- Taxi-AfA (lineare AfA)
  Kaufpreis € 60.000,- : 4 Jahre € 15.000,-
  Computer-AfA (für die Buchhaltung)
  Kaufpreis € 5.000,- : 5 Jahre (lineare AfA) € 1.000,-

Summe der Abschreibungen € 16.000,-

Gesamtsumme Betriebsaufwand € 81.000,-

Überschuss der Betriebseinnahmen über
die Betriebsausgaben (Gewinn) € 29.000,-

Bemerkungen zur Einnahme-Überschussrechnung:

- Private Einlagen bzw. Entnahmen werden bei dieser Form des Jahresabschlusses nicht berücksichtigt, da sie weder positive noch negative Auswirkungen auf die Einkommensteuer des Unternehmers haben und keine Vermögensübersicht (bis auf das Führen eines Inventarbuches) notwendig ist.

- Bei selbstständigen Nichtkaufleuten/Kleingewerbetreibenden ist aus kostenrechnungstechnischen Gründen eine vollkaufmännische Buchführung zu empfehlen, jedoch genügt beim Jahresabschluss die Einnahme-Überschussrechnung.

Die Gewinn- und Verlustrechnung

Die Aufgaben der Gewinn- und Verlustrechnung (GuV-Rechnung)

Die GuV-Rechnung ist neben der Bilanz ein Teil des buchhalterischen Abschlusses (**Jahresabschluss**), der im Rahmen der kaufmännischen doppelten Buchführung zum Ende einer Rechnungsperiode (bzw. eines Geschäftsjahres) vorgenommen wird.
Dabei wird eine bestimmte Periode, in der Regel ein Jahr, in Bezug gesetzt. Sie ist eine zeitraumbezogene Rechnung.

Die Hauptaufgabe der GuV-Rechnung ist es, den im Verlauf der Periode erzielten Erfolg (Gewinn oder Verlust) zu erläutern, d.h. sein Zustandekommen nach den Erfolgsquellen und damit seine Zusammensetzung aufzuzeigen.
Bei einem Zeitraumvergleich mit anderen Wirtschaftsabschnitten, Niederlassungen, Tochtergesellschaften, Betrieben oder Wirtschaftsbereichen können negative wie positive Tendenzen erkannt und analysiert werden.

Je nach Ursache bzw. Grund der Betriebsanalyse wird entweder der GuV-Rechnung (**dynamische Auffassung**) oder der Bilanz (**statische Auffassung**) größere Bedeutung beigemessen.

Realisierung der Gewinn- und Verlustrechnung

Der Gewinn oder Verlust einer Unternehmung lässt sich durch einen Vergleich der Schlussbestände mit den Anfangsbeständen ermitteln (so genannter Bestandsvergleich).

Außerdem lässt sich der Gewinn auf dem Kapitalkonto durch eine Gegenüberstellung der Soll- und Habenbuchungen während der Periode nachweisen.

Nachfolgend eine Darstellung über die Einbindung der Gewinn- und Verlustrechnung in den Jahresabschluss.

1 DIE GEWINN- UND VERLUSTRECHNUNG

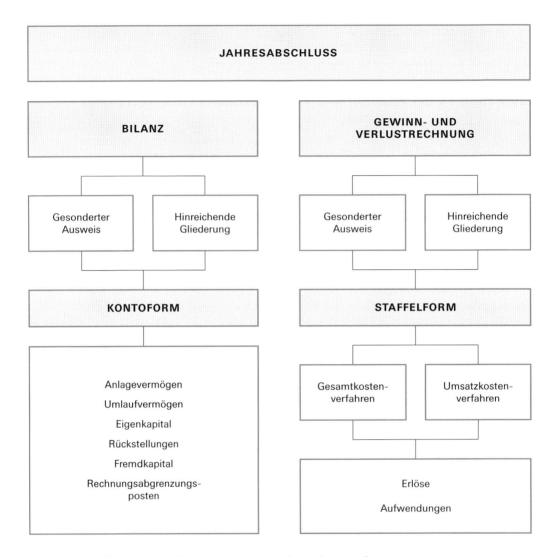

Die Gliederung der Gewinn- und Verlustrechnung

Die Gliederung der GuV-Rechnung ist im § 275 Handelsgesetzbuch (HGB) festgelegt. Wichtig ist hierbei, dass das HGB eine bruttoweise, also unsaldierte Darstellungsweise vorschreibt. Das bedeutet, dass kein Aufrechnen von Aufwendungen und Erträgen zulässig ist. Im Gegensatz zur Kontenform der Bilanz ist für die GuV-Rechnung die **Staffelform** vorgeschrieben. Von den Umsatzerlösen ausgehend werden die einzelnen Aufwandsarten staffelmäßig abgesetzt bzw. die Ertragsarten zugesetzt. Dabei sind bestimmte Zwischensummen zu bilden.

Das Handelsgesetzbuch ermöglicht zwei verschiedene Gliederungen der Gewinn- und Verlustrechnung. Zum einen nach dem **Gesamtkostenverfahren** zum anderen nach dem **Umsatzkostenverfahren** (§ 275 Abs. 1 HGB).

DIE GEWINN- UND VERLUSTRECHUNG 1

Beim **Gesamtkostenverfahren** (§ 275 Abs. 2 HGB) werden den erzielten Umsätzen die Kosten aller hergestellten Erzeugnisse (Dienstleistungen) gegenübergestellt, wobei die Bestandsänderungen Gegenstand der GuV-Rechnung sind.

Beim **Umsatzkostenverfahren** werden dagegen nur die Kosten der abgesetzten Erzeugnisse (Dienstleistungen) in die GuV-Rechnung aufgenommen.

Die GuV-Rechnung hat nach § 275 Abs. 2 HGB **Gesamtkostenverfahren** folgenden Aufbau:

1. Umsatzerlöse
2. Erhöhung oder Verminderung des Bestands an fertigen und unfertigen Erzeugnissen
3. andere aktivierte Eigenleistungen
4. sonstige betriebliche Erträge
5. Materialaufwand:
   a) Aufwendungen für Roh-, Hilfs- und Betriebsstoffe sowie für bezogene Waren
   b) Aufwendungen für bezogene Leistungen
6. Personalaufwand:
   a) Löhne und Gehälter
   b) soziale Abgaben und Aufwendungen für Altersversorgung und für Unterstützung, davon für Altersversorgung
7. Abschreibungen:
   a) auf immaterielle Vermögensgegenstände des Anlagevermögens und Sachanlagen sowie auf aktivierte Aufwendungen für die Ingangsetzung und Erweiterung des Geschäftsbetriebs
   b) auf Vermögensgegenstände des Umlaufvermögens soweit diese die in der Kapitalgesellschaft üblichen Abschreibungen überschreiten
8. sonstige betriebliche Aufwendungen
9. Erträge aus Beteiligungen, davon aus verbundenen Unternehmen
10. Erträge aus anderen Wertpapieren und Ausleihungen des Finanzanlagevermögens, davon aus verbundenen Unternehmen
11. sonstige Zinsen und ähnliche Erträge, davon aus verbundenen Unternehmen
12. Abschreibungen auf Finanzanlagen und auf Wertpapiere des Umlaufvermögens
13. Zinsen und ähnliche Aufwendungen, davon an verbundene Unternehmen
14. **Ergebnis der gewöhnlichen Geschäftstätigkeit**
15. außerordentliche Erträge
16. außerordentliche Aufwendungen
17. **Außerordentliches Ergebnis**
18. Steuern vom Einkommen und vom Ertrag
19. sonstige Steuern
20. **Jahresüberschuss/Jahresfehlbetrag**

1 DIE GEWINN- UND VERLUSTRECHUNG

Die Gewinn- und Verlustrechnung hat nach § 275 Abs. 3 Handelsgesetzbuch **Umsatzkostenverfahren** folgenden Aufbau:

1. Umsatzerlöse
2. Herstellungskosten der zur Erzielung der Umsatzerlöse erbrachten Leistungen
3. **Bruttoergebnis vom Umsatz**
4. Vertriebskosten
5. allgemeine Verwaltungskosten
6. sonstige betriebliche Erträge
7. sonstige betriebliche Aufwendungen
8. Erträge aus Beteiligungen, davon aus verbundenen Unternehmen
9. Erträge aus anderen Wertpapieren und Ausleihungen des Finanzanlagevermögens
10. sonstige Zinsen und ähnliche Erträge, davon aus verbundenen Unternehmen
11. Abschreibungen auf Finanzanlagen und auf Wertpapiere des Umlaufvermögens
12. Zinsen und ähnliche Aufwendungen, davon an verbundene Unternehmen
13. **Ergebnis der gewöhnlichen Geschäftätigkeit**
14. außerordentliche Erträge
15. außerordentliche Aufwendungen
16. **Außerordentliches Ergebnis**
17. Steuern vom Einkommen und vom Ertrag
18. sonstige Steuern
19. **Jahresüberschuss/Jahresfehlbetrag**

DIE GEWINN- UND VERLUSTRECHUNG 1

Anmerkungen zur Gliederung der Gewinn- und Verlustrechnung:

- Veränderungen der Kapital- und Gewinnrücklagen dürfen in der GuV-Rechnung erst nach dem Posten „Jahresüberschuss/Jahresfehlbetrag" ausgewiesen werden (§ 275 Abs. 4 HGB).

- Kleine und mittelgroße Kapitalgesellschaften dürfen die Posten:
  a) beim Gesamtkostenverfahren Nr. 1 bis 5
  b) beim Umsatzkostenverfahren Nr. 1 bis 3 und 6
  zu einem Posten unter der Bezeichnung **„Rohergebnis"** zusammenfassen.

  Kleine Kapitalgesellschaften sind solche, die mindestens zwei der drei nachstehenden Merkmale nicht überschreiten (§ 267 Abs. 1 HGB):
  1. € 4.015.000,– Bilanzsumme nach Abzug eines auf der Aktivseite ausgewiesenen Fehlbetrags (§ 268 Abs. 3 HGB).
  2. € 8.030.000,– Umsatzerlöse in den zwölf Monaten vor dem Abschlussstichtag.
  3. Im Jahresdurchschnitt fünfzig Arbeitnehmer.

  Mittelgroße Kapitalgesellschaften sind solche, die mindestens zwei der oben bezeichneten Merkmale und jeweils mindestens zwei der drei nachfolgenden Merkmale nicht überschreiten (§ 267 Abs. 2 HGB):

  1. € 16.060.000,– Bilanzsumme nach Abzug eines auf der Aktivseite ausgewiesenen Fehlbetrages (§ 268 Abs. 3 HGB).
  2. € 32.120.000,– Umsatzerlöse in den zwölf Monaten vor dem Abschlussstichtag.
  3. Im Jahresdurchschnitt zweihundertfünfzig Arbeitnehmer.

  Große Kapitalgesellschaften sind solche, die mindestens zwei der oben aufgeführten Merkmale überschreiten.

1 DIE GEWINN- UND VERLUSTRECHNUNG

 Gewinn- und Verlustrechnung

Der Güterkraftverkehrsunternehmer Karl Napf erstellt am 20.03. .... eine Gewinn- und Verlustrechnung für das vorangegangene Geschäftsjahr. Er wählt für sein Dienstleistungsunternehmen das zweckmäßige Umsatzkostenverfahren.
Diese GuV-Rechnung fügt er inklusive seiner Bilanz der Einkommensteuererklärung (Anlage GSE, Einkünfte aus Gewerbebetrieb) bei.

MUSTER

Karl Napf / Güterverkehr   Steuernummer 007/08-15
Schleichpfadweg 13   Zur Anlage GSE der
89130 Schmugglerdorf, den 20.03.   Einkommensteuererklärung

GEWINN- UND VERLUSTRECHNUNG
für die Zeit vom 01.01. bis 31.12. ....

Transporterlöse	€ 215.000,–	
Lagererlöse	€ 25.000,–	
Bruttoergebnis vom Umsatz		€ 240.000,–
Kraftfahrzeugaufwand:		
Reparaturen u. Ersatzteile	€ 14.000,–	
Diesel/Öle	€ 35.000,–	
Versicherungen	€ 5.400,–	
Steuer	€ 3.800,–	
Reifen	€ 8.000,–	
Personalaufwand:		
Löhne	€ 36.000,–	
Aushilfslöhne	€ 12.000,–	
gesetzliche soziale Aufwendungen	€ 14.000,–	
Lohn- und Kirchensteuer	€ 11.000,–	
Sonstiger betrieblicher Erlös:		
Erlös aus Lkw-Verkauf	€ 12.000,–	
Sonstiger Aufwand:		
Büromaterial	€ 215,–	
Postgebühren	€ 125,–	
Beiträge/Gebühren	€ 890,–	
Büromiete	€ 10.000,–	
Heizung/Strom/Wasser/Müll	€ 2.500,–	
Reisekosten Unternehmer	€ 1.230,–	
Abschreibungen für Lkw	€ 5.500,–	
Schuldzinsen	€ 220,–	€ 147.880,–
Ergebnis gewöhnlicher Geschäftstätigkeit		€ 92.120,–
Erlös aus Aktienverkauf	€ 4.500,–	
Außerordentliches Ergebnis		€ 96.620,–
Einkommensteuer	€ 6.000,–	
Jahresüberschuss		€ 90.620,–

Die Bilanz

Das Wort Bilanz kommt vom italienischen Wort *bilancia* und bedeutet Waage. Die Bilanz ist ein Teil des Buchhaltungsabschlusses am Ende einer Periode. Diese Periode bezieht sich in der Regel auf ein Wirtschaftsjahr der Unternehmung. Im Gegensatz zur Gewinn- und Verlustrechnung ist die Bilanz statischer Natur, d. h. es wird hier das **Vermögen** und **Kapital** zum **Bilanzstichtag** gegenübergestellt. Es handelt sich also nicht um eine Zeitraumrechnung wie bei der GuV-Rechnung.

Die wichtigsten Merkmale der Bilanz sind:

- die Bilanz ist die **Gegenüberstellung zweier Größen**,
- die Summe der beiden Größen, d.h. beide Seiten der Bilanz sind gleich (Prinzip der ausgeglichenen Waage);
- die Bilanz zeigt auf ihrer **Passiv**-Seite die **Herkunft** der finanziellen Mittel und
- auf ihrer **Aktiv**-Seite die **Verwendung** dieser Mittel.

Der Bilanzaufbau

Aktiva	Bilanz zum 31.12.	Passiva
Anlagevermögen		Eigenkapital
Umlaufvermögen		Fremdkapital

Neben den vier Hauptpositionen – Anlagevermögen, Umlaufvermögen in Aktiva und Eigenkapital, sowie Fremdkapital in Passiva – sind weitere Positionen von erheblichem Interesse und zwar:

- Der erwirtschaftete Erfolg in Form eines Jahresüberschusses bzw. eines Bilanzgewinnes
- oder eines **Jahresfehlbetrages** bzw. Bilanzverlustes, der auf der Passivseite unter der Rubrik Eigenkapital geführt wird.
- Die **Rückstellungen** (z. B. für voraussichtlich zu leistende Steuernachzahlungen).
- Die **Rechnungsabgrenzungsposten** (z. B. bei Versicherungsvorleistungen über das Wirtschaftsjahresende hinaus).

Aktiva	Bilanz zum 31.12.	Passiva
A. Anlagevermögen		A. Eigenkapital – Gewinn/Verlust
B. Umlaufvermögen		B. Rückstellungen
		C. Verbindlichkeiten
C. Rechnungsabgrenzungsposten		D. Rechnungsabgrenzungsposten

Aufgaben der Bilanz

Die Bilanz ist zweckbestimmt, d.h. es gibt keine Bilanz schlechthin, sondern sie wird stets unter bestimmten Gesichtspunkten erstellt.

Aus diesem Grunde lassen sich nur schwer allgemeine Aufgaben nennen, die sich für alle Bilanzen gleichermaßen stellen.

Wir beschränken uns zunächst auf die häufigste Form die **Jahresbilanz** welche auf der Basis handels- bzw. steuerrechtlicher Vorschriften erstellt wird.

Generell ist es Aufgabe der Jahresbilanz, Gruppen bzw. Institutionen, die außerhalb des Unternehmens stehen und ein berechtigtes Interesse an einschlägigen Informationen haben, **Einblicke in Entwicklung und Lage des Unternehmens** zu geben.

Diese Gruppen und Institutionen können sein:
Finanzamt, Banken, Anteilseigner, Aktionäre, Kunden, Lieferanten etc.

Um dabei diese Bilanz für Außenstehende lesbar zu machen, hat der Gesetzgeber mit Hilfe von einschlägigen Vorschriften, wie z.B. dem Handelsgesetzbuch und der Steuergesetzgebung, entsprechende Aufstellungsregularien festgelegt.

Aus dieser allgemeinen Aufgabe lassen sich mehrere Teilaufgaben der Jahresbilanz ableiten:

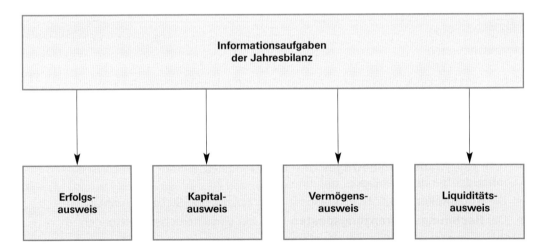

Der Erfolgsausweis

Der Erfolg ist nach handels- oder steuerrechtlichen Vorschriften auszuweisen. Dabei ist jedoch zu beachten, dass er durch geeignete Bilanzierungs- und Bewertungsmaßnahmen in seiner Höhe durch das bilanzierende Unternehmen beeinflusst werden kann.

Wichtig ist auch, dass beim bilanziellen Erfolgsausweis nur die Höhe des Erfolgs, nicht aber die Zusammensetzung und Herkunft ausgewiesen wird. Diese Informationen sind nur aus der GuV-Rechnung zu entnehmen.

Der Kapitalausweis

Der Kapitalausweis hat zwei Aufgaben zu erfüllen:

Aufschlüsselung des Kapitalaufbaus

Hier ist die Gegenüberstellung von Eigen- und Fremdkapital von Interesse. Gläubiger und Banken beispielsweise werden dieses Verhältnis mit Interesse beobachten, da sich für sie das finanzielle Risiko bei geringerer Eigenkapitalbasis erhöht. Dies wird sich folglich auf eine Kreditbereitschaft, je nach Zusammensetzung des Kapitals, entsprechend auswirken.

Nachweis der Kapitalerhaltung

Dieser kann durch geeignete Bewertungs- und Abschreibungsmaßnahmen beeinflusst werden, so dass es dem Außenstehenden schwierig oder unmöglich wird, den Umfang der **Kapitalerhaltung** zu beurteilen. Diesen Sachverhalt kann man im Zusammenhang mit dem Inventarbuch transparenter gestalten.

Der Vermögensausweis

Zwei Hauptaufgaben hat der Vermögensausweis:

Feststellung des Vermögens

Das Vermögen des Unternehmens in seiner Gesamtheit soll genau aufgeschlüsselt dargestellt werden.

Kennzeichnung des Vermögensaufbaus

Wenn Anlage- und Umlaufvermögen wertmäßig gegenübergestellt werden, kann man wichtige Erkenntnisse über die Wirksamkeit der Leistungserstellung gewinnen.

Der Liquiditätsausweis

Da die Bilanz eine Zeitpunktrechnung darstellt, ist eine eindeutige Bestimmung der Liquidität des Unternehmens nur mit Hilfe der Bilanz kaum möglich. Weiterhin erlauben die Bilanzierungs- und Bewertungswahlrechte die Bildung von stillen Reserven, so dass der finanzwirtschaftliche Aussagegehalt einer weiteren Beeinträchtigung unterworfen ist.

Grundsätze ordnungsmäßiger Bilanzierung

Gemäß § 264 Abs. 2 HGB hat der Jahresabschluss unter Beachtung der Grundsätze ordnungsmäßiger Buchführung ein den tatsächlichen Verhältnissen entsprechendes Bild der Vermögens-, Finanz- und Ertragslage der Unternehmung zu vermitteln.

Dabei gibt es vier Grundsätze, die zu beachten sind:

- Bilanzklarheit
- Bilanzwahrheit
- Bilanzkontinuität
- Bilanzidentität

Bilanzklarheit

Es geht hier in erster Linie um ein äußerlich einwandfreies Bilanzbild, das in seinen Grundzügen sofort eine auswertungsfähige Übersicht gewährt und auf diese Weise auch der Bilanzkritik zugängig ist.

Im einzelnen sind folgende Punkte erforderlich:

- eindeutige, sachlich zutreffende Bezeichnungen für den Inhalt der einzelnen Bilanzposten;
- die Trennung von wesensverschiedenen Vermögens- und Kapitalteilen;
- vollständige Angaben der Vermögens- und Kapitalbestände;
- das Sichtbarmachen der Bewertung aller Bilanzposten, besonders wenn notwendige Änderungen im Wertansatz erforderlich waren.

Bilanzwahrheit

Bilanzwahrheit bedeutet die vollständige, klare und zutreffende Darstellung der Geldwerte, die der bilanzierende Unternehmer bzw. die bilanzierende Unternehmung zum Einsatz gebracht hat.

Dies besagt, dass sämtliche Vermögenswerte in exakter Höhe in der Bilanz auszuweisen sind. Es wird sich allerdings immer nur um eine relative Wahrheit handeln, da Gesetze und Verordnungen nicht immer für eine klare Bilanzwahrheit sorgen (z.B. die steuerliche Abschreibung bei Kraftfahrzeugen auf sechs Jahre, bis auf einen Restwert von einer Mark) und darüber hinaus dem Bilanzersteller verschiedene Darstellungsmöglichkeiten von Vermögenswerten geben (z.B. die Bildung stiller Reserven).

Bilanzkontinuität

Der Jahresabschluss kann, trotz seiner zeitlich verspäteten Wertfeststellung, auch ein Instrument der Unternehmensleitung sein, wobei nicht nur der Gewinn als Ausgangspunkt für künftige Dispositionen und betriebspolitische Maßnahmen gilt. Ein zutreffendes Bild von der Unternehmensentwicklung kann mit Hilfe des Jahresabschlusses aber nur gewonnen werden, wenn die einzelnen Abschlüsse untereinander vergleichbar sind. Diese Voraussetzung dient dem Grundsatz der Bilanzkontinuität.

Allgemein ergibt sich der Bilanzierungsgrundsatz der Kontinuität aus der Notwendigkeit, mehrere zeitlich aufeinander folgende Bilanzen zu vergleichen. Das bedeutet die gleich bleibende Anwendung bestimmter Regeln in Bezug auf Form und Inhalt der Bilanz.

Diese Regeln sind:

a) **Formelle Bilanzkontinuität**
   - Aufstellung des Abschlusses, nicht nur an einem bestimmten, sondern an einem gleich bleibenden Stichtag;
   - gleiche Gliederung in aufeinander folgenden Jahresabschlüssen;
   - inhaltliche Stetigkeit der einzelnen Posten;
   - Kontinuität der Abschreibungsform.

b) **Materielle Bilanzkontinuität**
   - die eingesetzten Werte der vorangegangenen Bilanz dürfen nicht überschritten werden;
   - die Bewertungsprinzipien müssen einen Zusammenhang bilden;
   - die Bewertungsmethoden müssen vergleichbar eingesetzt werden.

Bilanzidentität

Bilanzidentität ist die Gleichheit der Schlussbilanz eines Jahres und der Anfangsbilanz des folgenden Jahres. In beiden Bilanzen müssen demnach alle Positionen, Mengen und Werte völlig identisch sein.

Die Gliederung der Bilanz

Gemäß § 266 Abs. 1 HGB ist die Bilanz in Kontenform aufzustellen. Dabei haben große und mittelgroße **Kapitalgesellschaften** (§ 267 Abs. 2, 3 HGB) auf der Aktivseite die in Absatz 2 und auf der Passivseite die in Absatz 3 bezeichneten Posten gesondert und in der vorgeschriebenen Reihenfolge auszuweisen.
Kleine Kapitalgesellschaften (§ 267 Abs. 1 HGB) brauchen nur eine verkürzte Bilanz aufzustellen, in die nur die in den Absätzen 2 und 3 mit Buchstaben und römischen Zahlen bezeichneten Posten gesondert und in der vorgeschriebenen Reihenfolge aufgenommen werden.

Kleine Kapitalgesellschaften sind solche, die mindestens zwei der drei nachstehenden Merkmale nicht überschreiten:
- € 4.015.000,– Bilanzsumme nach Abzug eines auf der Aktivseite ausgewiesenen Fehlbetrags (§ 268 Abs. 3 HGB).
- € 8.030.000,– Umsatzerlöse in den zwölf Monaten vor dem Abschlussstichtag.
- Im Jahresdurchschnitt fünfzig Arbeitnehmer.

Für Unternehmen in der Rechtsform von **Personengesellschaften** gelten als gesetzliche Vorschrift nur die allgemeinen Vorschriften zum Jahresabschluss (§ 242 ff. HGB). Als Grundsatz ordnungsmäßiger Buchführung finden allerdings die Vorschriften für kleine Kapitalgesellschaften auch für sie Anwendung.

Der Bilanzaufbau

Für den Aufbau der Bilanzpositionen stehen im Wesentlichen drei Prinzipien zur Auswahl.

Ablaufgliederungsprinzip

Hier richtet sich die Bilanzgliederung nach den natürlichen Umlaufstufen der Vermögenswerte (Geld-Lieferanten-Waren-Kunden-Geld), ergänzt durch das dafür erforderliche Kapital.

Gliederung nach den Rechtsverhältnissen

Hier werden die Bilanzpositionen entsprechend ihrer Rechtsnatur zusammengestellt.

Beispielsweise lassen sich:

Aktiva als Sachen, Rechte oder Mobilien und Immobilien,
Passiva als Eigen- und Fremdkapital darstellen.

Das Liquiditätsprinzip

Es wird hauptsächlich auf Grund seiner Klarheit und Übersichtlichkeit angewendet. Hierbei werden die Posten der Aktivseite danach geordnet, wie schnell sie zu flüssigen Mitteln (liquiden Mitteln) umgewandelt werden können. Die Posten der Passivseite werden nach dem Grad ihrer Fälligkeit geordnet. Die Kapitalposten, die dem Unternehmen längerfristig zur Verfügung stehen, sind vor jenen mit kürzerer Fristigkeit platziert.

Der formale Aufbau der Bilanz

Der formale Aufbau der Bilanz gemäß § 266 Abs. 2 und 3 Handelsgesetzbuch (HGB), stellt sich folgendermaßen dar:

DIE BILANZ 1

AKTIVSEITE

A. **Anlagevermögen:**
  I. Immaterielle Vermögensgegenstände:
    1. Konzessionen, gewerbliche Schutzrechte und ähnliche Rechte und Werte sowie Lizenzen an solchen Rechten und Werten;
    2. Geschäfts- oder Firmenwert;
    3. geleistete Anzahlungen;
  II. Sachanlagen:
    1. Grundstücke, grundstücksgleiche Rechte und Bauten einschließlich Bauten auf fremden Grundstücken;
    2. technische Anlagen und Maschinen;
    3. andere Anlagen, Betriebs- und Geschäftsausstattung;
    4. geleistete Anzahlungen und Anlagen im Bau;
  III. Finanzanlagen:
    1. Anteile an verbundenen Unternehmen;
    2. Ausleihungen an verbundene Unternehmen;
    3. Beteiligungen;
    4. Ausleihungen an Unternehmen, mit denen ein Beteiligungsverhältnis besteht;
    5. Wertpapiere des Anlagevermögens;
    6. sonstige Ausleihungen.

B. **Umlaufvermögen:**
  I. Vorräte:
    1. Roh-, Hilfs- und Betriebsstoffe;
    2. unfertige Erzeugnisse, unfertige Leistungen;
    3. fertige Erzeugnisse und Waren;
    4. geleistete Anzahlungen;
  II. Forderungen und sonstige Vermögensgegenstände:
    1. Forderungen aus Lieferungen und Leistungen;
    2. Forderungen gegen verbundene Unternehmen;
    3. Forderungen gegen Unternehmen, mit denen ein Beteiligungsverhältnis besteht;
    4. sonstige Vermögensgegenstände;
  III. Wertpapiere:
    1. Anteile an verbundenen Unternehmen;
    2. eigene Anteile;
    3. sonstige Wertpapiere;
  IV. Schecks, Kassenbestand, Bundesbank- und Postgiroguthaben, Guthaben bei Kreditinstituten.

C. **Rechnungsabgrenzungsposten**

PASSIVSEITE

A. **Eigenkapital**

    I. Gezeichnetes Kapital;

    II. Kapitalrücklage;

    III. Gewinnrücklage;
        1. gesetzliche Rücklage;
        2. Rücklage für eigene Anteile;
        3. satzungsmäßige Rücklagen;
        4. andere Gewinnrücklagen;

    IV. Gewinnvortrag/Verlustvortrag;

    V. **Jahresüberschuss/Jahresfehlbetrag**.

B. **Rückstellungen:**
1. Rückstellungen für Pensionen und ähnliche Verpflichtungen;
2. Steuerrückstellungen;
3. sonstige Rückstellungen.

C. **Verbindlichkeiten:**
1. Anleihen, davon konvertibel;
2. Verbindlichkeiten gegenüber Kreditinstituten;
3. erhaltene Anzahlungen auf Bestellungen;
4. Verbindlichkeiten aus Lieferungen und Leistungen;
5. Verbindlichkeiten aus der Annahme gezogener Wechsel und der Ausstellung eigener Wechsel;
6. Verbindlichkeiten gegenüber verbundenen Unternehmen;
7. Verbindlichkeiten gegenüber Unternehmen, mit denen ein Beteiligungsverhältnis besteht;
8. sonstige Verbindlichkeiten;
davon aus Steuern,
davon im Rahmen der sozialen Sicherheit.

D. **Rechnungsabgrenzungsposten**

Die Bilanzarten

Neben der **„Standardbilanz"** für den Jahresabschluss gibt es noch eine Reihe weiterer Bilanzen. Diese Bilanzen richten sich in erster Linie nach dem Bestimmungszweck ihrer Erstellung. Sie dienen folglich nicht der Generalaussage einer Vermögensaufstellung wie die Bilanz des Jahresabschlusses, sondern verfolgen einen bestimmten Aussagezweck und werden in ihrer Art, entsprechend dem Adressat bzw. der beabsichtigten Aussage, erstellt.

Zur Unterscheidung der wichtigsten Bilanzarten dienen insbesondere folgende Kriterien:

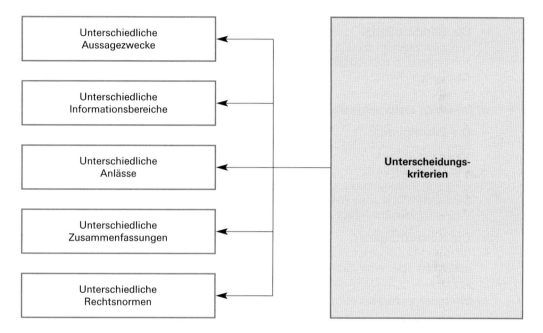

a) Bilanzen unterschiedlicher Aussagezwecke

- **Die Erfolgsbilanz:**
  informiert über den Erfolg oder Misserfolg eines Unternehmens in einer bestimmten Periode.
- **Die Statusbilanz:**
  informiert über die vorhandenen Vermögenswerte zu einem bestimmten Stichtag.
- **Die Liquiditätsbilanz:**
  ist eine Bilanz, die unter dem Gesichtspunkt „Grad der Liquidität" und „Fälligkeit des Kapitals" erstellt wird.
- **Die Bewegungsbilanz:**
  ist eine Zeitraumrechnung, die Mittelherkunft und Mittelverwendung gegenüberstellt, also die Bewegungen einzelner Bilanzpositionen im Verlaufe einer Periode aufzeigt.

b) Bilanzen unterschiedlicher Informationsempfänger

- **Interne Bilanzen:**
  für Unternehmensleitung oder Konzernzentrale usw.
- **Externe Bilanzen:**
  für Gläubiger, Banken, Kreditinstitute, Teilhaber usw.

c) Bilanzen zu unterschiedlichen Anlässen

- **Die Periodenbilanz:**
  ist eine laufende Bilanz wie die Jahresbilanz, die zum Abschluss der gesetzlich vorgeschriebenen Rechnungsperiode erstellt wird.
- **Die Sonderbilanz:**
  wie zum Beispiel die Gründungsbilanz, Umwandlungsbilanz, Auseinandersetzungsbilanz, Fusionsbilanz, Sanierungsbilanz, Liquiditätsbilanz, Konkursbilanz und Vergleichsbilanz.

d) Bilanzen unterschiedlicher Zusammenfassung

- **Die Einzelbilanz:**
  wird von einzelnen Unternehmen oder Unternehmensstellen erstellt.
- **Die Generalbilanz:**
  wird von rechtlich und wirtschaftlich selbstständigen Unternehmen gemeinsam erstellt wie zum Beispiel von Interessengemeinschaften, Einkaufs- oder Verkaufsgemeinschaften usw.
- **Die Konzernbilanz:**
  wird von Unternehmen erstellt, die zwar rechtlich selbstständig sind, wirtschaftlich aber eine Einheit bilden.

e) Bilanzen unterschiedlicher Rechtsnormen

- **Die Handelsbilanz:**
  ist eine Bilanz die nur nach handelsrechtlichen Vorschriften erstellt wird.
- **Die Steuerbilanz:**
  richtet sich in erster Linie nach den Vorschriften des Steuerrechts.

Die Bewertung der Bilanz

In der Praxis stellt die richtige Bewertung von Anlage- und Umlaufvermögen beim Erstellen einer Bilanz häufig ein Problem dar. Diese Problematik stellt sich vor allem bei der Herstellung und Rekonstruktion von Anlage- und Umlaufgütern, wie zum Beispiel die Eigenerstellung von Lkw-Aufbauten oder der Selbstbau einer Lagerhalle. Hierfür gibt es verschiedene **Wertansatzvorschriften** die nachfolgend erläutert werden.

Bewertungsmaßstäbe

Zur Bewertung in der **Handelsbilanz** dienen als Wertmaßstäbe:
- Anschaffungskosten oder
- Herstellungskosten oder
- Markt- oder Börsenwert am Beschaffungsmarkt (Wiederbeschaffungskosten am Bilanzstichtag)
- Reproduktionswert (Wiederbeschaffungskosten von selbst produzierten Gegenständen am Bilanzstichtag)
- Verkaufswert am Absatzmarkt.

Zur Bewertung in der **Steuerbilanz** dienen folgende Wertmaßstäbe:
- Anschaffungskosten oder
- Herstellungskosten sowie
- der Teilwert (wird bestimmt durch Korrektur der Anschaffungs- oder Herstellungskosten anhand eines niedrigen Marktwertes beim Erwerb eines Betriebes).

Um diesen Bewertungsvorschriften gerecht zu werden, gibt es verschiedene Bewertungsverfahren.

Die Bewertungsverfahren

- **Einzelbewertung:**
  Für jedes Gut gilt zunächst der Grundsatz der Einzelbewertung.
- **Gruppenbewertung:**
  Voraussetzungen für eine Gruppenbewertung sind Gleichartigkeit, Gleichwertigkeit und ein bekannter Durchschnittswert der Wirtschaftsgüter (z. B. Schrauben, Nägel etc.).
- **Festbewertung:**
  Voraussetzung für die Festbewertung sind eine gleich bleibende Menge und Wert der Wirtschaftsgüter (z. B. bestimmte Werkzeuge in der Werkstatt).
- **Verbrauchsfolgebewertung:**
  Der Begriff bezieht sich auf die Reihenfolge, nach der gleichartige Wirtschaftsgüter des Vorratsvermögens verbraucht werden. Hierbei gibt es folgende Methoden:
    - Die **LIFO-Methode** („last in – first out") unterstellt, dass die zuletzt gekauften Güter zuerst verbraucht werden. Die zuerst gekauften Güter bleiben also im Bestand (zweckmäßig bei steigenden Preisen).
    - Die **FIFO-Methode** („first in – first out") geht davon aus, dass die zuerst erworbenen Güter buchungstechnisch auch zuerst verbraucht werden (zweckmäßig bei sinkenden Preisen).
    - Die **HIFO-Methode** („highest in – first out") unterstellt, dass die teuersten Güter zuerst verbraucht werden (zweckmäßig bei schwankenden Preisen).

Um dieses Buch so praxisnah wie möglich zu gestalten, wird nachfolgend eine etwas verkürzte Musterbilanz eines Einzelunternehmens und Fuhrbetriebes dargestellt.

1 DIE BILANZ

Bilanz

Der Güterkraftverkehrsunternehmer Franz Josef Schwachhuber, Einzelunternehmer, erstellt am 10.04. für das vorangegangene Wirtschaftsjahr eine Bilanz. Diese Bilanz fügt er mitsamt seiner Gewinn- und Verlustrechnung seiner Einkommensteuererklärung (Anlage GSE, Einkünfte aus Gewerbebetrieb) bei.

MUSTER

Franz Josef Schwachhuber
Güterverkehr und Logistik
Schlaumeierstr. 13
89315 Deppendorf

den 10. April.....
Steuernummer 007/4711
Zur Anlage GSE der
Einkommensteuererklärung

BILANZ
per 31.12. ....

AKTIVA:

A. **Anlagevermögen**

1. Garage Gebäude I.	€	120,–
2. Lager Gebäude II.	€	33.808,–
3. Im Bau befindliche Anlagen (Lager Gebäude III.)	€	6.830,22
4. Erdtank	€	1.495,–
5. Maschinen (Lager)	€	500,–
6. Maschinen Werkstatt)	€	225,–
7. Fahrzeuge (Lager)	€	10.814,–
8. Fahrzeuge (Fuhrpark)	€	29.000,–
Summe Anlagevermögen	€	82.792,22

B. **Umlaufvermögen**

1. Vorräte	€	4.755,50
2. Forderungen	€	10.193,40
3. Bank (Sparkasse)	€	6.000,–
4. Kasse	€	0,37
Summe Umlaufvermögen	€	20.949,27

C. **Rechnungsabgrenzungsposten**

1. Kfz-Versicherungen	€	2.113,–
2. Sachversicherungen	€	598,–
Summe Rechnungsabgrenzungsposten	€	2.711,–

€ 106.452,49

DIE BILANZ 1

                                                                    PASSIVA

A. **Eigenkapital**
Stand 01.01. ....   €   86.021,88

Privatentnahmen:
Privat   €   670,36
EK-Steuer-Vorauszahlung   €   1.470,—
Krankenversicherung   €   4.377,77
Lebensversicherung   €   4.370,40
Unfallversicherung   €   2.052,50
Altenteilleistungen   €   1.200,—
Spenden   €   2.100,—
Priv. Steuerberatungskosten   €   919,46
Summe der Entnahmen   € 17.160,49
                                                           €   68.861,39

Einlagen:
Privateinlage   €   7.786,45
EK-Steuer-Erstattung   €   1.842,—
Summe der Einlagen   € 9.628,45
Gewinn   € 7.031,17
Stand 31.12. ....   €   85.521,01

B. **Rückstellungen:**
Bilanzgebühren   €   1.600,—

C. **Verbindlichkeiten:**
1. Darlehen Raiffeisenbank, Nr. 0815 € 11.963,36
2. Bankschulden Raiffeisenbank   €   1.349,94
3. Sonstige Verbindlichkeiten   €   6.018,18
                                                           €   19.331,48

                                                           €   106.452,49

Die Betriebsanalyse

Sowohl für interne als auch für externe Interessenten ist es notwendig bzw. sinnvoll, sich über die wirtschaftliche Situation des Unternehmens ein Bild zu verschaffen. Dies kann mit Hilfe der **Bilanzanalyse** erfolgen.
Man unterscheidet hierbei zwischen der Analyse der **Erfolgslage** (Gewinn, Verlust, Ertragskraft des Unternehmens) und der Analyse der **Finanzlage** (besonders die Zahlungsfähigkeit betreffend).
Die Bilanzanalyse bzw. **Bilanzkritik** dient dabei dem Zweck, aus der Bilanz und Gewinn- und Verlustrechnung die Stärken und Schwächen des Unternehmens sichtbar zu machen.
Bei Ansatz und Bewertung von Vermögen und Schulden ist dabei nicht immer sicher gestellt, dass ein realistisches Bild aus den ausgewiesenen Zahlen gezeichnet werden kann.
Diese so gewonnenen Informationen sind also immer mit Vorsicht zu genießen und sollten entsprechend ihrer Ursache hinterfragt werden, um ein realistischeres Bild zu bekommen.

Informationsquellen

Während die Geschäftsführung für Zwecke der Bilanzanalyse auch interne Daten zur Verfügung hat, sind externe Interessenten auf Veröffentlichungen angewiesen, wie sie in Pressemitteilungen, Zwischenberichten und vor allem aber im veröffentlichten Jahresabschluss dargeboten werden.
Die im Geschäftsbericht erläuterten Informationen zur Bilanz sowie Gewinn- und Verlustrechnung sind dabei von großem Nutzen.
In der Bilanz und den anderen genannten Informationsquellen sind eine Fülle von Informationen enthalten, die jedoch auf den ersten Blick nicht immer ersichtlich sind.

Das Material muss erst aufbereitet werden, damit übersichtliche Informationen geschaffen werden.
Dies geschieht dadurch, dass einzelne Positionen der Bilanz und der Gewinn- und Verlustrechnung umgestellt, zusammengefasst oder miteinander in Beziehung gesetzt werden.
Die auf diese Weise neu entstehenden Zahlen nennt man **Kennzahlen**.

Kennzahlen-Analysen

Jahresabschlüsse können nicht in der üblichen Form für die Kennzahlenanalyse verwendet werden, auch wenn sie nach den Vorschriften des HGB bzw. AktG oder GmbHG erstellt sind.
Wichtig ist, Jahresabschlüsse – im wesentlichen jedoch die Bilanzen – einheitlich und nach betriebswirtschaftlichen Gesichtspunkten umzugestalten.

Zwei Schritte müssen den Kennzahlen-Analysen vorangehen:

1. Die **Bilanzbereinigung**:

Zunächst sind die Wertberichtigungen mit den entsprechenden Posten zu saldieren.
Aktive Rechnungsabgrenzungsposten werden dann den kurzfristigen Verbindlichkeiten zugerechnet.
Im nächsten Schritt wird der Bilanzgewinn den kurzfristigen Verbindlichkeiten zugerechnet, sofern er voll als Dividende ausgeschüttet werden soll; wird der Bilanzgewinn nicht voll ausgeschüttet, dann ist der im Unternehmen verbleibende Gewinnanteil dem Eigenkapital zuzuschlagen.
Bei einem eventuellen Bilanzverlust wird dieser vom Eigenkapital abgezogen.

2. Die **Bilanzaufbereitung**:

Zunächst werden die Bilanzposten in zweckmäßiger Weise zusammengefasst und gruppiert. Dann wird die Vermögensseite nach Liquiditätsgesichtspunkten und die Kapitalseite nach Herkunft und Fristigkeit des Kapitals gruppiert, wie das nachfolgende Beispiel zeigt.

Aktiva	Passiva
Anlagevermögen	Eigenkapital
Umlaufvermögen	Fremdkapital
Mittel 1. Grades	kurzfristig
Mittel 2. Grades	mittelfristig
Mittel 3. Grades	langfristig

Die Bewertung des Erfolgs eines Unternehmens mit Hilfe von Kennzahlen

Kennzahlen als Hilfestellung für die Bewertung des Erfolgs

Es ist kein großes Geheimnis, dass in der Beförderungsbranche verursacht durch Kostensteigerungen (u.a. Ökosteuer, Maut) und starken Wettbewerb – was auch zunehmend den Bereich der nationalen Personenbeförderung betrifft – die „Luft" des betriebswirtschaftlichen Erfolgs dünner geworden ist.

Je geringer die **Gewinnmargen pro EURO** sind, desto wichtiger ist es, jederzeit die Zahlen des Betriebes zu kennen und durch den Bezug auf interne und externe vergleichbare Zahlen den Erfolg/Misserfolg des eigenen Unternehmens zu messen.

Denn nur wer diese Erkenntnisse hat, kann auch rechtzeitig die notwendigen Maßnahmen ergreifen, um Erfolge zu vertiefen oder Misserfolge „auszubügeln".

Kennzahlarten

Kennzahlen zur Bewertung eines Unternehmens werden durch folgende Unterscheidungsmerkmale abgegrenzt:

→ Gliederungszahlen
→ Beziehungszahlen
→ Indexzahlen

Gliederungszahlen

Gliederungszahlen sind Verhältniszahlen, wie zum Beispiel der Dieselverbrauch eines Lastkraftwagens/Omnibusses im Verhältnis zum gesamten Fuhrpark.

Beziehungszahlen

Beziehungszahlen sind Zahlen, die in Bezug zu einer anderen Größe gestellt werden.
Wenn zum Beispiel der Spritverbrauch der Fahrzeuge in Beziehung zu den Reparaturaufwendungen gesetzt wird, um herauszufinden, ob es hier einen Zusammenhang gibt (Fahrweise/Fahrverhalten), spricht man von Beziehungszahlen.

Indexzahlen

Die Basis von Indexzahlen sind Statistiken, wobei zwischen amtlichen und nichtamtlichen Statistiken unterschieden wird. Die bekanntesten amtlichen Indexzahlen sind der Lebenshaltungsindex sowie der Deutsche Aktienindex „Dax" oder der Aktienindex aus den USA der „Dow Jones".

Indexzahlen werden in erster Linie benutzt, um betriebswirtschaftliche Zahlen mit den volkswirtschaftlichen Zahlen zu vergleichen.

Herkunft von Kennzahlen

Interne Vergleichszahlen müssen aus der Buchhaltung und dem Jahresabschluss entnommen werden. Wobei es natürlich sehr wichtig ist, dass weder die Buchhaltung noch der Jahresabschluss zeitversetzt gemacht werden.

Denn was nützt dem Unternehmer im Jahr 2010 ein Vergleich der Zahlen von 1997 zu 1998 oder gar 1996 zu 1997?

Sollte für eine zeitgenaue Buchhaltung der Steuerberater nicht bereit oder nicht in der Lage sein, muss die Buchhaltung **zwingend** im eigenen Betrieb vollzogen werden, um frische verwertbare Zahlen für einen Vergleich zu haben.

Kein Unternehmen kann isoliert von Markteinflüssen oder fiskalischen Vorgaben des Staates bewertet werden, deshalb ist es nicht nur wichtig das laufende Wirtschaftsjahr mit den vergangenen Wirtschaftsjahren des eigenen Unternehmens zu vergleichen, sondern auch den Vergleich mit ähnlichen Unternehmen der Branche zu suchen.

Externe Vergleichszahlen der Branche können zum einen von den Verbänden und deren Betriebsberatungsgesellschaften sowie den Banken angefordert werden. Auch Fachzeitschriften sowie Industrie- und Handelskammern sind Quellen für externe Vergleichszahlen.

Informationsquellen für den Erfolg

Die Standardinformationsquellen für den Erfolg sind die vom Gesetzgeber vorgegebene **Finanzbuchführung (FiBu), die betriebsinterne Kostenrechnung (Betriebsbuchführung)** sowie der **Jahresabschluss** bestehend aus der Bilanz und der Gewinn- und Verlustrechnung (GuV).

Der Gewinn oder Verlust, der in dem jährlich vorgeschriebenen Jahresabschluss eines Güterbeförderungsunternehmens ausgewiesen werden muss, sagt in der Praxis sehr wenig über den tatsächlichen Erfolg des Unternehmens aus.

Verzerrt wird das Bild unter anderem von Einlagen, Entnahmen, Gewinnausschüttungen, Rücklagen, Rückstellungen, die Form und Höhe der Abschreibungen, sowie Investitionsintervallen und saisonalen Ertrags- und Kostenschwankungen.

Damit aber die Betriebsleitung ein jährlich vergleichbares Bild vom Erfolg des Unternehmens hat, müssen die Zahlen aus der Buchhaltung/Jahresabschluss entsprechend aufbereitet und umgruppiert werden, um eine gezielte Bewertung vornehmen zu können.

Durch die Aufbereitung, Zusammenfassung und Umgliederung von Zahlen aus der Buchführung und des Jahresabschlusses werden neue Zahlen geschaffen, die in Bezug zu anderen gesetzt werden können. Diese neuen Zahlen, die so entstehen, nennt man **Kennzahlen.**

Nachfolgend einige der wichtigsten Kennzahlen, die für einen internen und/oder externen Betriebsvergleich gebildet werden können.

a) Fahrzeugbezogene Kennzahlen

→ *Durchschnittlicher Fahrzeugeinsatz:*

Beispiel: Unser Unternehmen könnte theoretisch an 205 Kalendertagen im Bezugsjahr einen Lastkraftwagen im Verteilerverkehr einsetzen, tatsächlich war das Fahrzeug nur 171 Tage im Einsatz.

Berechnungsformel: 205 Tage (Maximum) geteilt durch 100 = 2,05; 171 Tage (tatsächlicher Einsatz) geteilt durch 2,05 = 83,41 % Auslastungsgrad des Fahrzeugs pro Jahr.

Je höher der Auslastungsgrad eines Fahrzeugs ist, desto geringer ist der Fixkostenanteil pro Fahrzeugeinsatztag. So kostet das Fahrzeug die gleiche Summe Kfz-Haftpflichtversicherung, ganz gleich, ob es 205 Tage im Einsatz ist oder „nur" 171 Tage. Bei 171 Tagen ergibt sich so ein höherer Anteil der Versicherung (Fixkosten) pro Tag.

→ *Kennzahlberechnung für eine Paletten-Kosten-Berechnung*

Problemstellung: Der Kunde eines Güterbeförderers möchte ein Preis-Angebot pro EURO-Palette für einen Auftrag, der sich über ein ganzes Jahr erstreckt und einen 7,49 t Lastkraftwagen erfordert. Um dieses Angebot abgeben zu können, benötigt der Güterbeförderer die Durchschnittszahlen der benötigten Zeit (Transport-, Be- und Entladezeiten), die zurückgelegten Kilometer sowie die Anzahl der Paletten, um die Kosten-Nutzen-Grenze – **den Break-even-point** – berechnen zu können.

Der Break–even-point ist der Punkt, an dem die Kosten des Fahrzeugs von den Erlösen (Einnahmen) gedeckt werden, ohne dass ein Gewinn oder Verlust entsteht.

Berechnungsformel:

Berechnung der zeitabhängigen Kosten pro Palettenplatz:

Fixkosten (zeitabhängige Kosten) des Fahrzeugs pro Jahr geteilt durch die durchschnittlich belegte Palettenzahl = **Kosten pro Jahr pro Palettenplatz (F 1)**;

F1 geteilt durch die durchschnittlichen Einsatztage (bzw. Stunden/Einsatz) pro Jahr = Kosten des Palettenplatzes pro Einsatztag (F 2) (bzw. Einsatzstunden).

Berechnung der kilometerabhängigen Kosten pro Palettenplatz:

Variable Kosten (kilometerabhängige Kosten) des Lkw pro Jahr geteilt durch die durchschnittlich belegte Palettenstellplatzzahl = Kosten pro Jahr pro Palettenplatz (kilometer- bezogen) geteilt durch die gefahrenen Jahreskilometer des Fahrzeugs = **Kosten pro Palette pro Kilometer (V 2)**.

Diese durchschnittliche Kostenberechnung des Fahrzeugs, fix und variabel, kann nun mit anderen Lkw verglichen werden, um den Grad der Wirtschaftlichkeit des Fahrzeugs, zeit- und kilometerbezogen, zu berechnen. Natürlich ist es hierbei wichtig, die gleichen Eckdaten zu verwenden.

Mit dieser Methode ist es möglich, die Zahlen der Fahrzeugkostenrechnung zusätzlich als Kennzahlen zu verwenden.

Angebotsberechnung pro Palettenstellplatz:

Nach der Berechnung der fixen und variablen Kosten werden V 2 und F 2 zusammengezählt, und man erhält somit den Break-even-point (die Kosten-Nutzengrenze) für den Transport einer Palette.

Auf diese Kosten werden nun 20 % kalkulatorischer Gewinn aufgeschlagen, um einen Angebotspreis zu errechnen.

Der kalkulierte Gewinn setzt sich aus 3 % kalkulatorischer Verzinsung des eingesetzten Vermögens, 2 % kalkulatorisches Risiko (z. B. weniger Paletten als im Vorjahr) und 5 % kalkulatorischem Unternehmerlohn zusammen sowie 10 % Verhandlungsmasse für die Angebotsverhandlung mit dem Kunden.

→ Kurzfristige Fahrzeug-Erfolgsrechnung (Deckungsbeitragsrechnung)

Formeln:

Stufe I
Alle direkt auf das Fahrzeug zurechenbaren Erlöse (Einnahmen) pro Jahr minus aller **variablen Kosten** (kilometerabhängigen Kosten) pro Jahr ergibt den Deckungsbeitrag I **pro Jahr;** geteilt durch die tatsächlichen Einsatztage pro Jahr ergibt den Deckungsbeitrag I des Fahrzeugs **pro Tag.**

Stufe II
Alle direkt dem Fahrzeug zurechenbaren Erlöse (Einnahmen) pro Jahr minus aller **direkt zurechenbaren Kosten,** ohne Berücksichtigung der Abschreibungen pro Jahr, ergibt den Deckungsbeitrag II **pro Jahr;** geteilt durch die tatsächlichen Einsatztage pro Jahr ergibt den Deckungsbeitrag II des Fahrzeugs **pro Tag.**

Stufe III
Alle direkt auf das Fahrzeug zurechenbaren Erlöse (Einnahmen) pro Jahr minus aller direkt zurechenbaren Kosten, **mit** Berücksichtigung der fahrzeugbezogenen Abschreibungen pro Jahr, ergibt den Deckungsbeitrag III **pro Jahr;** geteilt durch die tatsächlichen Einsatztage pro Jahr, ergibt den Deckungsbeitrag III des Fahrzeug **pro Tag.**

Bei dieser Berechnung werden die sogenannten Gemeinkosten nicht berücksichtigt.

Gemeinkosten sind Kosten, die nicht direkt dem Fahrzeug zugerechnet werden können, wie zum Beispiel die Verwaltungskosten der Firma, die bei der Vollkostenrechnung per Schlüssel den einzelnen Fahrzeugen zugerechnet werden.

Der Deckungsbeitrag ist jener Betrag, den ein Fahrzeug erwirtschaftet, um die durch das Fahrzeug verursachten Kosten zu decken. Er zeigt bei einem Plusergebnis die Summe auf, die zur Deckung der gesamtbetrieblichen Gemeinkosten beiträgt.

→ Umsatzrentabilität des Fahrzeugs

Formel:
erzielter Gewinn des Fahrzeugs geteilt durch den Umsatz (Einnahmen/Erlöse) des Fahrzeugs mal 100 ergibt die (prozentuale) Rentabilität des Fahrzeugs.

b) Kennzahlen aus der Finanzbuchführung

→ Debitorenumschlag:

Durchschnittlicher Bestand an Forderungen pro Monat (offene Kundenrechnungen) geteilt durch den Umsatz (Erlöse) mal 100 ergibt den prozentualen Anteil der offenen Rechnungen zu den Erlösen pro Monat.

→ Kreditorenumschlag:

Durchschnittlicher Bestand an Verbindlichkeiten pro Monat (offene Lieferantenrechnungen) geteilt durch die durchschnittlichen Einkaufskosten pro Monat mal 100 ergibt den prozentualen Anteil der offenen Lieferantenrechnungen zu den Einkaufskosten pro Monat.

Die Berechnung des Debitorenumschlags im Verhältnis zum Kreditorenumschlag zeigt auf, welche kurzfristigen Finanzierungskosten einen Betrieb belasten (Debitorenumschlag höher als der Kreditorenumschlag) oder entlasten (Kreditorenumschlag höher als der Debitorenumschlag).

c) Kennzahlen aus dem Jahresabschluss

→ Cashflow Gesamtkapital:

Formel:

Jahresüberschuss **vor Steuern** vom Einkommen und Ertrag (Gewinn oder Verlust) plus Abschreibungen (AfA) des Geschäftsjahres (zu finden in der GuV-Rechnung), plus oder minus der Veränderungen an Rückstellungen für Pensionen und ähnliche Verpflichtungen (zu finden in der Bilanz auf der Passivseite unter B).

→ Cashflow Umsatz:

Formel:

Jahresüberschuss **vor Steuern** vom Einkommen und Ertrag (Gewinn oder Verlust) plus steuerliche Abschreibungen (AfA) des Geschäftsjahres.

Die Höhe des Cashflow belegt, wie viel Geld ein Unternehmen für die Deckung der Verbindlichkeiten und Schuldzinsen erwirtschaften kann.

→ Return on Investment

Formel:

Jahresüberschuss **vor Steuern** vom Einkommen und Ertrag (Gewinn oder Verlust) plus Fremdkapitalzinsen, plus Abschreibungen des Geschäftsjahres **auf Geschäfts- oder Firmenwerte**, geteilt durch den Umsatz (Erlöse) ergibt den **Umsatzerfolg**.

Umsatz geteilt durch das investierte Kapital ergibt den **Umschlag des investierten Kapitals**.

Der Umsatzerfolg mal den Umschlag des investierten Kapitals ergibt den Return on Investment.

Die Formel vereinfacht dargestellt:

Gewinn vor Steuern geteilt durch das investierte Kapital ergibt den Return on Investment.

Return on Investment ist die Formel für die Kapitalrendite (den Ertrag des investierten Kapitals).

Ergibt diese Formel eine Zahl mit einer Null vor dem Komma, haben sich die Investitionen zumindest in dem Jahr der Betrachtung nicht gerechnet.

Steht vor dem Komma eine Eins oder mehr, rechnet sich das investierte Kapital.

Die in der Branche erfolgreichen Unternehmen haben derzeit Werte zwischen 1 und maximal 2,5 Punkten.

→ Vermögensaufbau

Formel:
Anlagevermögen geteilt durch das Umlaufvermögen (Aktivseite der Bilanz) mal 100 ergibt die Kennzahl für den Vermögensaufbau.

Die Kennzahl des Vermögensaufbaus drückt die Beziehung zwischen Anlagevermögen und Umlaufvermögen aus.

Die Verwendung dieser Kennzahl hat nur beim Vergleich der Entwicklung über mehrere Perioden in ganz bestimmten Unternehmen (die relativ viel Umlaufvermögen bewegen) einen Sinn. Zwischenbetriebliche Vergleiche sind wegen der unterschiedlichen Größe und Strukturierung der Unternehmen von geringer Aussagekraft.

→ Anlagedichte

Formel:
Anlagevermögen (unter Aktiva in der Bilanz) geteilt durch das Gesamtvermögen (Bilanzsumme) mal 100 ergibt die Anlagedichte.

Die Kennzahl Anlagedichte gibt über den Grad der Beweglichkeit des Unternehmens Auskunft. Ein zu umfangreiches Anlagevermögen birgt eine gewisse Starrheit in sich, da bei Rezessionen oder rückläufigen Unternehmensentwicklungen die erforderliche Ver-ringerung des Anlagevermögens nur sehr schwer vorgenommen werden kann (Verkauf mit Verlust). Hauptsächlich in der nationalen und internationalen Speditionssparte ist ein gewisses Maß an Umlaufvermögen (Bank- und Bargeldbestände) unbedingt erforderlich, um nicht die hohen Kontokorrentzinsen bezahlen zu müssen.

Anderseits hat ein zu geringes Anlagevermögen zur Folge, dass die Kreditwürdigkeit für Darlehen nicht gegeben ist (Sicherheiten für Kredite). Deshalb ist eine gut ausgewogene Anlagendichte wichtig für einen zukunftsträchtigen und flexiblen Betrieb.

→ Umlaufkennzahl

Formel:
Umlaufvermögen (unter Aktiva bei der Bilanz) geteilt durch das Gesamtvermögen (Bilanzsumme) mal 100 ergibt die Umlaufkennzahl.

Eine überdurchschnittliche Umlaufkennzahl lässt bei materialintensiven Unternehmen auf einen hohen Lagerbestand von Material und Umsatzgütern schließen und damit auf erhebliche Lagerhaltungskosten. Bei weniger materialintensiven Unternehmen, wie in der Speditionsbranche, kennzeichnet eine überdurchschnittliche Umlaufkennzahl einen hohen Forderungsbestand.

→ Eigenkapitalquote

Formel:
Eigenkapital (Bilanz auf der Passivseite) geteilt durch das Gesamtvermögen (Bilanzsumme) mal 100 ergibt die Eigenkapitalquote.

Der Eigenkapitalanteil drückt das Verhältnis zwischen Eigenkapital und Gesamtkapital aus. Eine geringe Eigenkapitalquote macht ein Unternehmen anfällig bei starken Konjunkturschwankungen und verringert bei notwendigem Wechsel der Angebotspalette die Flexibilität der Firma.

Die Eigenkapitalquote in Verbindung mit dem Cashflow ist für die Banken in der Regel ausschlaggebend für die Kreditwürdigkeit der Firma.

→ *Liquiditätskennzahlen*

Formeln:
Zahlungsmittel-Bestand (unter dem Umlaufvermögen auf der Aktivseite der Bilanz) geteilt durch die kurzfristigen Verbindlichkeiten (auf der Passivseite der Bilanz) mal 100 ergibt die **Liquidität 1. Grades.**

Kurzfristiges Umlaufvermögen (auf der Aktivseite der Bilanz) geteilt durch kurzfristige Verbindlichkeiten mal 100 ergibt die **Liquidität 2. Grades.**

Gesamtes Umlaufvermögen geteilt durch kurzfristige Verbindlichkeiten mal 100 ergibt die **Liquidität 3. Grades.**

Kennziffern zur Liquidität sind Kennzahlen, die Auskunft über den Grad der Zahlungsfähigkeit des Unternehmens geben.

Die Vermögensgegenstände werden danach geordnet und zusammengefasst, wie schnell sie zu flüssigen Geldmitteln umgewandelt werden können.

→ *Umsatzrentabilität*

Formel:
Gewinn vor Steuern geteilt durch den Umsatz (Erlöse) aus der GuV-Rechnung mal 100 ergibt den Grad der Umsatzrentabilität.

Die Umsatzrentabilität verdeutlicht, auf welcher Grundlage der Gewinn erzielt wurde beziehungsweise wie rentabel das Unternehmen gewirtschaftet hat.

→ *Gesamtkapital-Rentabilität*

Formel:
Gewinn plus Zinsen des Fremdkapitals geteilt durch das Gesamtkapital (Eigen- und Fremdkapital) mal 100 ergibt die Rentabilität des Gesamtkapitals.

Mit Hilfe dieser Formel kann die Rentabilität des gesamten Kapitals der Firma ermittelt werden.

→ *Eigenkapital-Rentabilität*

Formel:
Gewinn geteilt durch das Eigenkapital mal 100 ergibt die Eigenkapitalrentabilität.

Die Eigenkapitalrentabilität interessiert vor allem die Anteilseigner einer Firma, um die Rentabilität ihres eingesetzten Kapitals zu messen.

→ *Lagerumschlag*

Formel:
Lagerabgang geteilt durch den durchschnittlichen Lagerbestand, mal 100, ergibt den Lagerumschlag in Prozent.

Da bei der Berechnung von Lagerkosten der Lagerumschlag nicht unerheblich zu Buche schlägt, ist diese Zahl eine wichtige Kostenkennzahl.

→ **Verhältniszahlen**

Im Bereich der **Verhältniszahlen** gibt es unzählige Gegenüberstellungen von Größen, wie zum Beispiel: Umsatz pro Kopf, Gewinn pro Kopf, Umsatz pro Fahrzeug, Reparaturquote des Fuhrparks, Verwaltungskosten pro Transport, Schadensquote je gefahrenem Kilometer, Anwesenheitsquote des Fahrpersonals usw.

Ein Unternehmen, das kaufmännisch professionell arbeiten möchte, muss gezwungenermaßen vergleichende Zahlen erarbeiten. Welche Zahlen im Detail notwendig sind, hängt natürlich vom Tätigkeitsbereich des Unternehmens ab.

Es ist allerdings „Chefsache", zumindest einmal pro Jahr die Kenn- und Vergleichszahlenstruktur zu überprüfen und diese bei Bedarf zu ergänzen oder zu kürzen, um die Berechnungen der betrieblichen Entwicklung anzupassen.

Die Steuer

Steuern sind Abgaben, die der Staat auf den Ebenen Bund, Länder oder Gemeinden aufgrund staatlicher Gesetzgebung erhebt.
Mit diesen Abgaben werden die Aufgaben und Maßnahmen dieser Verwaltungsträger finanziert.

Nachfolgende Darstellung zeigt die Verteilung der wichtigsten Steuern auf:

BUND	LÄNDER	GEMEINDEN
Mehrwertsteuer	Kraftfahrsteuer	Lohnsummensteuer
Mineralölsteuer	Erbschaftsteuer	Gewerbesteuer
Zölle		Grundsteuer
Einkommen- und Körperschaftsteuern		

Die Mehrwertsteuer

Mehrwertsteuer ist die Bezeichnung für die am 01.01.1968 eingeführte Verbrauchersteuer. In einer Unternehmung bezeichnet man die Mehrwertsteuer je nach ihrem Ursprung als Vorsteuer oder als Umsatzsteuer.
Das deutsche Mehrwertsteuerrecht ist auf dem Allphasennettosystem aufgebaut, d.h. es erfasst jeden einzelnen Wirtschaftsvorgang und durchläuft den gesamten Wirtschaftsprozess.
Die Mehrwertsteuer hat deshalb den Charakter einer Verbrauchersteuer.

Die Umsatzsteuer

Die Umsatzsteuer erfasst jede vom Unternehmer gegen Entgelt ausgeführte Lieferung und sonstige Leistung ohne Rücksicht auf dessen Leistungsfähigkeit, Familienstand oder sonstige persönliche Verhältnisse. Der Umsatzsteuerbetrag muss auf jeder ausgehenden Rechnung aufgeführt werden und ab € 150,– extra ausgewiesen sein.

DIE STEUER 1

Die Vorsteuer

Die Vorsteuer ist die Mehrwertsteuer von eingehenden Rechnungen, Gutschriften usw., die über ein Warenkonto oder Verbrauchskonto gebucht werden.
Privat zu verbuchende Eingangsrechnungen sind nicht vorsteuerabzugsfähig.
Die Vorsteuer kann von der Umsatzsteuer abgezogen werden.

Die Umsatzsteuer-Zahllast-Berechnung

Im monatlichen oder quartalsmäßigen Rhythmus muss der Unternehmer seine **„Umsatzsteuervoranmeldung"** berechnen und den entsprechenden Betrag bis zum 10. des Folgemonats bzw. Quartals an das Finanzamt bezahlen.

Berechnungsformel:

$$\begin{aligned} & \text{Umsatzsteuer} \\ ./. & \text{ Vorsteuer} \\ \hline = & \text{ Umsatzsteuer-Zahllast} \end{aligned}$$

Die Einkommensteuer

Die Einkommensteuer richtet sich nach der Höhe des zu erwartenden Einkommens. Das Finanzamt setzt Vorauszahlungen fest, die vierteljährlich zu leisten sind. Im ersten Betriebsjahr sollte der Existenzgründer – da noch keine Vorauszahlungen fällig sind – entsprechende Rücklagen bilden, um spätere finanzielle Engpässe zu vermeiden.

Körperschaftsteuer

Analog zur Einkommensteuer sind Kapitalgesellschaften körperschaftsteuerpflichtig.

Die Gewerbesteuer

Die Gemeinden erheben eine Gewerbesteuer. Diese Steuer ist von Gemeinde zu Gemeinde verschieden und wird aus dem Gewerbeertrag und dem investierten Kapital errechnet.
Bis zu einem Gewerbeertrag bei Einzelgewerbetreibenden und Personengesellschaften von € 30.000,– jährlich muss keine Gewerbesteuer entrichtet werden (Freibetrag).
Darüber hinaus leistet man vierteljährliche Vorauszahlungen an die Betriebsgemeinde.

Die Berechnung erfolgt zweistufig. Das Finanzamt setzt einen Steuermessbetrag fest, die Gemeinde bringt den Messbetrag mit ihrem jeweiligen Hebesatz in Verbindung.

Beispiel: Jährlicher Gewerbeertrag   € 65.500,-
            ./. Freibetrag   € 30.000,-
            Verbleiben   € 35.500,-

Steuermessbetrag (Finanzamt) 5 % von € 35.500,- = € 1.775,-; Hebesatz der Gemeinde z. B. 300 %, Steuer mithin € 5.325,-. Es müssen in diesem Beispiel € 5.325,- vierteljährlich aufgeteilt an die Gemeinde bezahlt werden.
Die Gewerbesteuer kann als Aufwand vom Gewinn abgesetzt werden. Somit verringert sich der zu versteuernde Gewinn und die Einkommensteuer-Zahllast wird geringer.

Die Lohnsteuer

Die Errechnung der einzubehaltenden und an das Finanzamt abzuführenden Lohnsteuer richtet sich nach der Höhe des Arbeitslohnes eines Arbeitnehmers. Die Lohnsteuerberechnung ist anhand der derzeit gültigen Steuertabelle, die pauschaliert oder nach Ehestand und Kinderzahl aufgeteilt ist, abzulesen.

Die Kirchensteuer

Genau wie die Lohnsteuer ist die Kirchensteuer anhand der Lohnsteuertabelle zu errechnen und an das Finanzamt abzuführen.
Die Kirchensteuer des Arbeitgebers/Unternehmers ist gesondert zu berechnen und abzuführen.

Die Aufbewahrungspflichten

Geschäftsbriefe

Geschäftsbriefe wie zum Beispiel Ein- und Ausgangsrechnungen sind gemäß der Abgabenordnung **10 Jahre** aufzubewahren.

Die Frist beginnt mit dem Schluss des Kalenderjahres, in dem ein Schriftstück empfangen oder abgesandt wurde.

Geschäftsbücher

Geschäftsbücher, wie zum Beispiel Kassenbücher, Journale, Inventarbücher, Gewinn- und Verlustrechnungen und Bilanzen sind **10 Jahre** aufzubewahren.

Die Aufbewahrungsfrist beginnt mit dem letzten Eintrag in das entsprechende Buch.

Beendigung der Aufbewahrungspflichten

Nach diesen abgelaufenen Fristen können alle Bücher, Belege sowie die gesamten Schriftstücke vernichtet werden, da sie für die Finanzbehörden nicht mehr existent sind.
Nach Beendigung der Aufbewahrungsfristen können diesbezüglich keine rechtsverbindlichen Pflichten sowie Rechte hergeleitet werden, welche eine Steuernachzahlung oder sonstige finanzamtliche Prüfbeanstandungen rechtfertigen würden.

2 Kostenrechnung praxisbezogen im Transportgewerbe

Bedeutung der Kostenrechnung innerhalb des betrieblichen Rechnungswesens

A. Der Begriff des betrieblichen Rechnungswesens

Unter dem Begriff betriebliches Rechnungswesen versteht man die **Ermittlung und Auswertung** der in einem Betrieb für die Erstellung einer Leistung entstandenen oder anzusetzenden Kosten.
Diese Leistung kann aus Produkten, Wertschöpfungen oder/und Dienstleistungen bestehen. Die Kosten werden erfasst mit Hilfe von Eigenaufzeichnungen oder/und Fremdbelegen.
Die Ermittlung und Auswertung der Kosten wird nach steuerrechtlichen (z. B. Abgabenordnung), handelsrechtlichen (Handelsgesetzbuch) und betriebswirtschaftlichen (Kosten- und Leistungsrechnung) Verfahren durchgeführt.

B. Die Datenempfänger des Rechnungswesens

Folgende Abbildung stellt mögliche Empfänger der Daten bzw. Aussagen des Rechnungswesens dar:

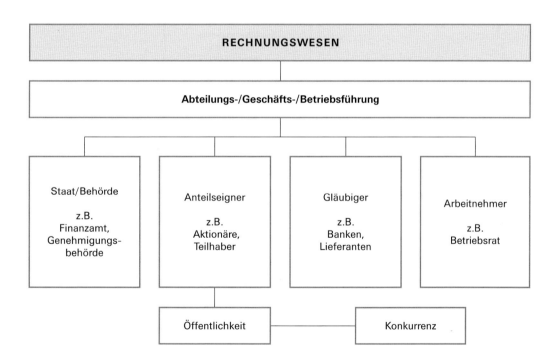

C. Die Zusammensetzung des betrieblichen Rechnungswesens

Folgende Darstellung benennt die Teilgebiete und die Verknüpfungen des betrieblichen Rechnungswesens:

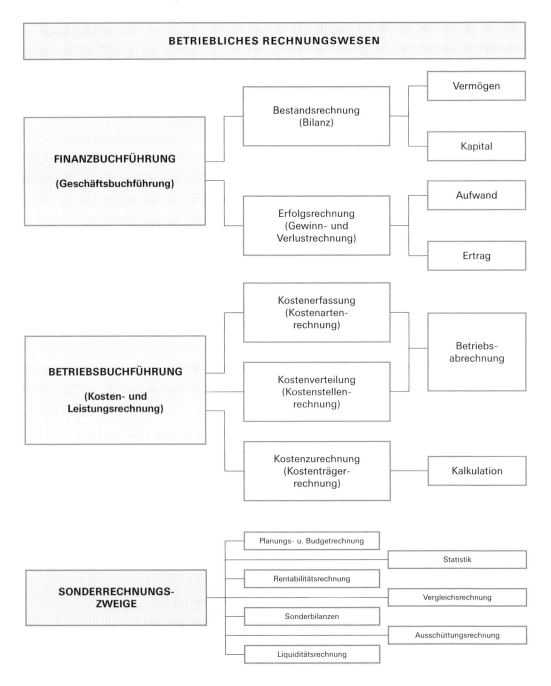

Aufgaben und Elemente der Kosten- und Leistungsrechnung

A) Der Begriff der Kosten- und Leistungsrechnung

Im Gegensatz zur Finanzbuchführung ist die Kosten- und Leistungsrechnung, auch „Betriebsbuchführung" genannt, ausschließlich für die Information der innerbetrieblichen Instanzen vorgesehen und wird nur in Ausnahmefällen Dritten zugänglich gemacht.

Sie ist für die Geschäftsleitung das wichtigste Instrument der **Wirtschaftlichkeitskontrolle** und stellt die Grundlage für Sonderrechnungszweige wie die Statistik, Planung usw. dar.

Mit Hilfe der Kosten- und Leistungsrechnung wird die Rentabilität einzelner Aufträge und Leistungen errechnet und der Verkaufspreis am Angebotsmarkt kalkuliert.

Damit übt die Kosten- und Leistungsrechnung wesentlichen Einfluss auf das betriebswirtschaftliche Planungswesen aus.

B) Die Aufgaben der Kosten- und Leistungsrechnung

Die Kostenrechnung hat drei wichtige Aufgaben zu erfüllen:

Kontrolle der Wirtschaftlichkeit

Die Notwendigkeit, Kosten laufend zu kontrollieren, um gegebenenfalls rasch reagieren zu können, ist für die betriebliche Leistungserstellung von größter Bedeutung. Die Kostenkontrolle stützt sich in erster Linie auf Zahlen der Buchhaltung wie auch auf die innerbetriebliche Einzelkostenerfassung, wie z.B. das Erfassen der Fahrzeugbetankung von einzelnen Kraftfahrzeugen (Verbrauchskontrolle) oder die Reparaturkostentrennung von den Fahrzeugen bzw. Arbeitsmaschinen.

Kalkulation der betrieblichen Leistung

Die Kalkulation eines Angebotspreises ist in der heutigen Verkehrswirtschaft nur noch selten üblich, da sich der Preis in erster Linie durch die am Markt herrschenden Verhältnisse von Angebot und Nachfrage bildet.

Begründet durch die Öffnung des europäischen Marktes gibt es auch im Bereich der Güterbeförderung keine bindenden Margentarife mehr.

Der gesetzlich vorgeschriebene Tarif konnte auch in der Vergangenheit nicht verhindern, dass sich neben den Margentarifen ein bestimmter Marktpreis etablierte. In einem Unternehmen ist deshalb die Frage nach der Höhe des Preises in der Regel eine Aufgabe der **Preispolitik** der Unternehmensleitung. Diese richtet sich, je nach Zielsetzung, entweder nach dem

Minimalprinzip

(vorgegebene Leistung oder vorgegebener Ertrag soll mit dem geringsten Aufwand erzielt werden)

oder nach dem

Maximalprinzip
(mit vorgegebenen Mitteln oder Aufwand soll der höchstmögliche Ertrag erzielt werden).

Im Gegensatz zur Preispolitik hat die Kostenrechnung die Aufgabe, die **Preisuntergrenze** zu ermitteln.
Diese Untergrenze ist dabei ein wichtiger Orientierungspunkt, der nicht oder nur in Ausnahmefällen unterschritten werden darf. Die Auswirkungen von Menge, Kostenhöhe und Umsatz auf den **„kritischen Punkt"**, den Schnittpunkt zwischen Erlösen und Kosten, wird nachfolgend mit Hilfe eines Diagramms dargestellt.

Das Kosten – Erlös – Diagramm

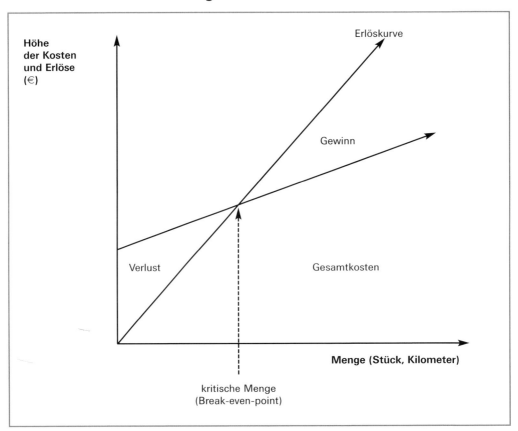

Grundlage für die Planung
Die Kostenrechnung hat die Aufgabe, eine Datenbasis für die Planung einer Unternehmung zu liefern. Diese Planung bestimmt wesentlich die Entwicklung eines Unternehmens und leitet zukunftsorientierte betriebliche Steuerungsmaßnahmen ein.

C) Die Elemente der Kosten- und Leistungsrechnung

Ausgabe
Die Ausgabe ist jeder Abgang von Barbeständen, Postscheck- und Bankguthaben sowie jeder Schuldzu- und Forderungsabgang ohne Wertung einer privaten oder betrieblichen Veranlassung.

Aufwand
Im Gegensatz zur Ausgabe ist der Aufwand kein Zahlungs-, sondern ein Verbrauchsbegriff. Hierbei wird eine betriebswirtschaftliche Ursache für den Verbrauch zugrundegelegt.

Kosten
Kosten werden als in Geld gewerteter betriebsbedingter Güter- und Leistungsverbrauch einer Abrechnungsperiode definiert.

	AUFWAND	
Neutraler Aufwand	Zweck-Aufwand	
	Grund-Kosten	Zusatz- oder Ergänzungskosten
	KOSTEN	

- Aufwand, der nicht zugleich Kosten bedeutet, nennt man **neutralen Aufwand** (z.B. Baum pflanzen auf Betriebshof).

- Aufwand, der zugleich Kosten bedeutet, nennt man **Zweck-Aufwand** (z.B. Überstunden der Belegschaft, die bezahlt werden müssen).

- Kosten, die zugleich Aufwand sind, nennt man **Grund-Kosten** (z.B. der Kauf von Kraftstoff für den Fuhrpark).

- Kosten, die kein Aufwand sind, nennt man **Zusatz-** oder **Ergänzungskosten** (z.B. kalkulatorische Zinsen).

Einnahmen
Als Einnahme wird jeder Zugang von Barbeständen, Postscheck- und Bankguthaben sowie der Verbindlichkeitenab- und jeder Forderungszugang unabhängig von einer betriebsbedingten Verursachung bezeichnet.

Ertrag
Der Unterschied von Einnahme und Ertrag ist zum Beispiel, dass ein Ertrag bei der Erstellung einer Leistung entsteht; die Einnahme, bedingt durch den Verkauf der Leistung, erfolgt erst zu einem späteren Zeitpunkt.

Leistung/Erlös
Leistung/Erlös ist betriebsbedingter Wertzuwachs in einer bestimmten Periode.

GESAMTERTRAG		
Neutraler Ertrag	Zweck-Ertrag	
	Grund-Erlös	Zusatz- oder Ergänzungserlös
	BETRIEBSERLÖS	

- Gesamtertrag, der nicht zugleich Betriebseinnahme ist, wird **neutraler Ertrag** genannt (z. B. Erträge an betriebsfremden Beteiligungen, Kursgewinne bei betriebsfremden Wertpapieren).

- Gesamtertrag, der zugleich Betriebseinnahme ist, nennt man **Zweck-Ertrag** (z. B. Verkauf einer Busreise).

- Betriebseinnahme, die zugleich Gesamtertrag ist, wird als **Grund-Einnahme** bezeichnet (z. B. Transportunternehmer verkauft Speditionsleistung).

- Betriebseinnahme, die kein Gesamtertrag ist, nennt man **Zusatzbetriebseinnahme** (z. B. eine Imageverbesserung, oder durch betriebliche Maßnahmen die Transportschäden verringern).

ⓘ Merksätze

→ Das betriebliche Rechnungswesen ist die Ermittlung und Auswertung der in einem Betrieb für die Erstellung einer Leistung entstandenen oder anzusetzenden Kosten.

→ Die Kosten- und Leistungsrechnung dient ausschließlich der Information innerbetrieblicher Instanzen über Vorgänge innerhalb einer Unternehmung.

→ Die wichtigsten Aufgaben der Kostenrechnung sind die Kontrolle der Wirtschaftlichkeit, die Kalkulation betrieblicher Leistung und sie bildet die Grundlage für die betriebliche Planung.

→ Die Kostenrechnung ermittelt die Preisuntergrenze, beziehungsweise den „Break even point" (Kosten-Nutzen-Schwelle oder die kritische Menge).

→ Die Elemente der Kostenrechnung sind:
  - Ausgaben,
  - Aufwand,
  - Kosten,
  - Einnahmen,
  - Ertrag und
  - Leistung.

Die Kostenartenrechnung

Die Kostenartenrechnung ist der erste Teilbereich der Betriebsbuchhaltung und bildet die Grundlage für die **Kostenstellenrechnung** und die **Kostenträgerrechnung**.

Hier können die Kosten nach verschiedenen Gesichtspunkten gegliedert werden. Einmal nach Art der Zurechenbarkeit, zum anderen nach Art der Kostenerfassung und weiterhin nach dem Verhalten der Kosten bei Beschäftigungsänderungen.

Kostenarten sind zum Beispiel Personalkosten, Raumkosten, Kraftfahrzeugkosten, Steuern, Kapitalkosten etc.

Eine tief greifende Unterteilung der Kostenarten ermöglicht, ihre Entwicklung von Periode zu Periode zu verfolgen, bei auffälligen Änderungen nach den Ursachen zu forschen und entsprechende Maßnahmen zu ergreifen.

Da jede Kostenart nach dem Grundsatz der Verursachung entweder auf Kostenstellen oder Kostenträger verrechnet wird, dient die Aufgliederung nach Kostenarten auch dem Ziel, für jede Kostenart den geeignetsten Umlegeschlüssel zum Zweck einer exakten Kostenverteilung zu finden.

A) Verhalten der Kosten bei Änderung des Beschäftigungsgrades

Bei der Vielfalt der Kosten gibt es zwei wesentliche Unterscheidungsmerkmale der Kostenarten. Hierbei unterscheidet man zwischen den festen (fixen) Kostenarten und den beweglichen (variablen) Kostenarten.

1. Die Fixen Kosten

Fixe Kosten verhalten sich unabhängig von dem Beschäftigungsgrad konstant, d.h. sie verändern sich nicht, obwohl die **Leistung** beziehungsweise Produktionsmenge gesteigert oder verringert wird. Beispielsweise ist die Haftpflichtversicherung eines Kraftfahrzeuges gleich hoch, unabhängig davon wie viel Kilometer das Einsatzmittel Kraftfahrzeug zurücklegt.

2. Sprungfixe Kosten

In der betrieblichen Realität gibt es nur selten absolute fixe Kosten, da bei der Kapazitätsgrenze des Einsatzmittels eine Erweiterung der Einsatzmittel sprunghaft die fixen Kosten erhöhen kann **(negativ sprungfixe Kosten)**.

Zum Beispiel kann ein Fahrzeug bis zur Kapazitätsgrenze nur eine bestimmte Kilometeranzahl zurücklegen bzw. eine bestimmte Einsatzzeit leisten. Muss auf Grund erhöhter Nachfrage ein zweites Fahrzeug angeschafft werden, so verdoppeln sich die Haftpflichtkosten des Fuhrparks.

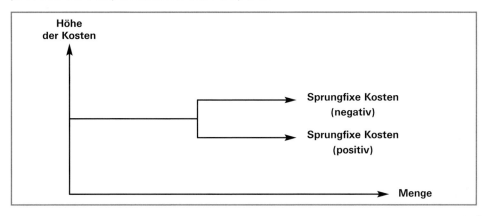

Umgekehrt verhält sich der Kostenverlauf bei einer Kapazitätsminderung **(positiv sprungfixe Kosten)**. Wird zum Beispiel der Fuhrpark um ein Fahrzeug verringert, ändern sich die fixen Fahrzeugkosten um den entsprechenden Kostenanteil und die Gerade macht einen Sprung nach unten.

3. Variable Kosten

Variable Kosten – auch bewegliche Kosten genannt – verhalten sich abhängig vom Beschäftigungsgrad bzw. der Ausbringungsmenge und Kostenanfall, d.h. sie verändern sich, wenn die Leistung bzw. die Produktionsmenge gesteigert wird, nach oben. Genauso verringern sie sich proportional wenn die Mengenleistung abnimmt.

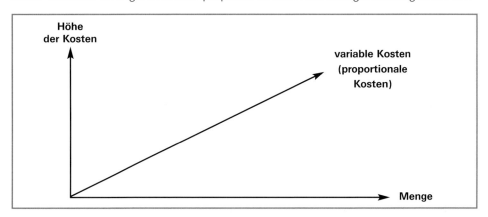

Die Kosten, die sich im gleichen Verhältnis zur Ausbringungsmenge ändern, nennt man **proportionale Kosten**.
Voraussetzung ist, dass sich die Kosten in ihrer Höhe exakt in gleichem Abstand verändern wie die erwirtschaftete Menge (Leistung).

In der betrieblichen Realität gibt es jedoch nur wenige variable Kosten, die sich im exakt gleichen Verhältnis ändern wie die Ausbringungsmenge.
Der Kostenabstand zur Ausbringungsmenge steigt entweder schneller (steilerer Kurvenanstieg), dann werden sie als **progressive Kosten** bezeichnet.
Oder, wenn ein etwas langsamerer Abstand zu verzeichnen ist (flacherer Kurvenanstieg), werden sie als **degressive Kosten** bezeichnet.

Variable Kosten sind zum Beispiel Treibstoffkosten: je mehr das Fahrzeug fährt, desto mehr Treibstoff benötigt es.
Der Treibstoffverbrauch eines Fahrzeuges verhält sich aber nur dann proportional, wenn es immer die gleiche Strecke im gleichen Tempo zurücklegt.
Wenn aber zum Beispiel im Bereich der Güterbeförderung ein Fahrzeug eine Woche im Verteilerverkehr, dann mit gleicher Kilometerleistung eine Woche später im Güterfernverkehr eingesetzt wird, dann wird eine enorme Abweichung im Kraftstoffverbrauch festzustellen sein.
Es kann also in der betrieblichen Realität einen absoluten Gleichschritt von Mengensteigerung zur Kostenhöhe nicht geben.
Deshalb verhalten sich die Treibstoffkosten, je nach Einsatz des Fahrzeuges, progressiv oder degressiv.

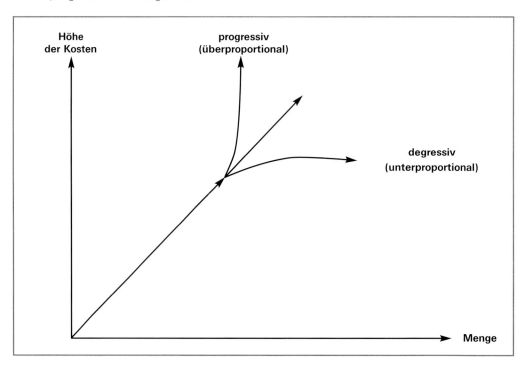

B) Die Zurechenbarkeit der Kosten

Es gibt Kosten, die sich sehr einfach einem Produkt zuordnen lassen, wie zum Beispiel die Kraftfahrzeughaftpflicht-Versicherung eines Omnibusses.

Diese Kosten heißen **Einzelkosten**.

Einzelkosten werden dem Kostenträger wie z.B. Omnibus, Lastkraftwagen, Quadratmeter/Lagerfläche oder einem einzelnen Kunden direkt zugerechnet.

Kosten, wie zum Beispiel Personalkosten der Verwaltung, lassen sich dagegen nur schwierig auf einen einzelnen Kostenträger zurechnen.

Diese Kosten werden **Gemeinkosten** genannt.

Die Gemeinkosten werden entweder nur am Rande – wie bei der Deckungsbeitragsrechnung - berücksichtigt, oder - wie in der Vollkostenrechnung – mit Hilfe von Schlüsseln oder Zuschlagssätzen den einzelnen Kostenstellen oder Kostenträgern zugerechnet. Diese Vollkostenverteilung wird in erster Linie als anteiliger Prozentsatz den indirekten Verursachern (Kostenträger, Kostenstelle) zugeordnet.
Die Gemeinkosten werden in der **Kostenstellenrechnung** erfasst und entsprechend der Verursachung anteilsmäßig verteilt.
Dies geschieht mit Hilfe des **Betriebsabrechnungsbogens** (BAB).

C) Die Art der Kostenerfassung

Je nach Art der Kostenerfassung sind Kosten zu unterteilen in:

aufwandsgleiche Kosten

oder

kalkulatorische Kosten.

1. Aufwandsgleiche Kosten

Bei entsprechendem, auf die Kostenrechnung zugeschnittenen Kontenplan der Finanzbuchhaltung, ist es einfach, direkte Kosten buchungsmäßig zu erfassen, um sie den einzelnen Kostenträgern oder Kostenstellen zuzurechnen.
Diese unmittelbar in der Finanzbuchhaltung erfassten Kosten nennt man aufwandsgleiche Kosten.
Es ist zum Beispiel möglich, sofern im Kontenplan einzeln aufgeführt und in der Buchhaltung gezielt gebucht, die Reparaturkosten einem einzelnen Kostenträger Kraftfahrzeug zuzuordnen, um die Kraftfahrzeugreparatur- und die Ausfallkosten dieses Fahrzeuges immer unter Kontrolle zu haben.

2. Kalkulatorische Kosten

Die kalkulatorischen Kosten sind nicht durch die Finanzbuchhaltung ermittelbar. Es gibt keine entsprechend zählbaren Ausgaben und Aufwendungen. Ein selbstfahrender Güterkraftverkehrsunternehmer hat zum Beispiel keine zählbaren Fahrerlohnkosten, er wird vielmehr durch den zu erzielenden Gewinn entlohnt. Damit aber seine Kalkulation stimmt, muss er theoretische Fahrerlohnkosten, die er beim Einsatz eines Fahrers hätte, mit berücksichtigen. Diese „theoretischen" Kosten werden kalkulatorische Kosten genannt.

Bei den kalkulatorischen Kosten wird unterschieden zwischen:

Anderskosten

und

Zusatzkosten.

Anderskosten:

Anderskosten sind die Kosten, die in der Finanzbuchhaltung mit einem anderen Wertansatz erfasst wurden als in der Kostenrechnung. Wenn beispielsweise eine Investition teils mit Eigenkapital, teils mit Fremdkapital finanziert wurde, ist buchmäßig nur die Fremdkapitalverzinsung erfasst. Die Eigenkapitalverzinsung muss allerdings in der Kostenrechnung mit berücksichtigt werden.

Zusatzkosten:

Der Begriff Zusatzkosten bedeutet, dass diese Kosten auf Grund handels- und steuerrechtlicher Vorschriften überhaupt nicht erfasst werden und erst in der Kostenrechnung ihren Niederschlag finden, wie bereits im oben aufgeführten Beispiel des Unternehmerlohns aufgezeigt wird.
Nachfolgend werden die einzelnen kalkulatorischen Kosten näher analysiert.

Kalkulatorische Abschreibungen

Die Abschreibungen sind der rechnerische Werteverfall, dem die über einen längeren Zeitraum abnutzbaren Anlagegüter unterliegen.

Abschreibungen werden sowohl in der Finanzbuchhaltung (steuerliche AfA) mit Hilfe des Inventarbuches als auch in der Betriebsbuchführung als kalkulatorische Abschreibung verrechnet.

Grundsätzlich wird jede Kostenart ihrer Eigenschaft und dem Verhalten bei Beschäftigungsänderungen entsprechend entweder in die Gruppe der Fixkosten oder der variablen Kosten zugeordnet.

Die einzige Ausnahme bildet bei Verkehrsunternehmern die Abschreibung von beweglichen Anlagegütern wie Fahrzeugen, Gabelstaplern usw. Hier wird jeweils die eine Hälfte den Fixkosten, die andere den variablen Kosten zugeteilt.

Die bilanziellen Abschreibungen (steuerliche AfA) haben in erster Linie den Zweck, die Anschaffungs- oder Herstellungswerte gleichmäßig auf die Jahre der Nutzung zu verteilen; sie sind also auf den Faktor Zeit bezogen. Diese Art von Abschreibungen haben eine Kostenverteilfunktion und werden als **Fixkosten** in eine Kostenrechnung eingebracht.

Anlagegüter unterliegen durch Alterung und technischen Fortschritt einer fixen, zeitabhängigen Wertminderung.
Diese Wertminderung wird durch die steuerliche AfA berücksichtigt. Dies ist aber nur ein Teil des Wertminderungsaspekts, da in der betrieblichen Realität der Wert eines Anlagegegenstandes stark vom Grad der Nutzung bzw. des Einsatzes abhängig ist. Diese **nutzenabhängige Wertminderung** wird durch die kalkulatorische Abschreibung berücksichtigt.

Die kalkulatorische Abschreibung setzt voraus, dass für den Anlagegegenstand ein Nutzungsplan aufgestellt wird. In diesem Nutzungsplan werden folgende Faktoren vorausberechnet:

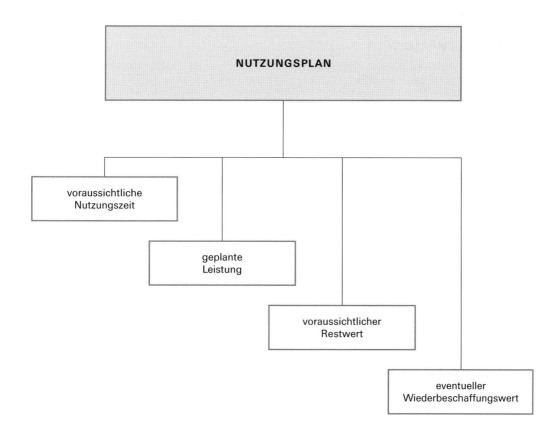

Diese Daten werden mit Hilfe der eigenen Erfahrungswerte, statistischem Material von Institutionen und Verbänden, sowie von technischen Vereinen wie TÜV und DEKRA erarbeitet.
Mit Hilfe eines möglichst realistisch ausgearbeiteten Nutzungsplanes wird nun eine Leistungsabschreibung für das Anlagegut erarbeitet.

Ausgangspunkt für die kalkulatorische Abschreibung ist der Kaufpreis.
Nun kann man, sofern die Abschreibung zukunftsbezogen durchgeführt wird, die Differenz zum Wiederbeschaffungswert hinzuzählen.

Sofern nach Ablauf der geplanten Nutzungszeit ein wesentlicher Restwert beim Verkauf erzielt werden kann, muss er entsprechend berücksichtigt werden.

Der so errechnete Abschreibungswert wird dann durch die Jahre der geplanten Nutzung geteilt. Die jährliche Abschreibungssumme wird im nächsten Schritt auf die Nutzungseinheiten verteilt.

Der daraus resultierende Wert wird halbiert, da er nur als halber Wert berücksichtigt wird, und den variablen Kosten zugeschlagen.

Beispiel für die Abschreibung (Omnibus)

Zu Grunde liegende Daten:

- Kaufpreis des Omnibusses (ohne Bereifung) € 250.000,–
- Bereifungskosten € 6.000,–
- steuerliche AfA-Zeit Omnibus Gelegenheitsverkehr 6 Jahre
- geplante Einsatzzeit 10 Jahre
- voraussichtliche Jahreskilometer 110.000
- Jahresinflationsrate 3 %
- wahrscheinlicher Restwert € 20.000,–
- mögliche Einsatztage im Jahr 235

Zeitabschreibung (steuerliche AfA):

- Kaufpreis (Beschaffungspreis) € 250.000,– ohne Reifen;
geteilt durch 6 Jahre steuerliche AfA-Zeit = € 41.666,67 Jahresabschreibungsbetrag;
geteilt durch 235 Einsatztage = € **177,31 Wertverlust pro Tag (steuerrechtlich).**

    → € 177,31 geteilt durch 2 (halber Abschreibungswert)
    € **88,66 fixer Wertverlust-Anteil des Fahrzeugs pro Tag**

Bei der zeitbezogenen Abschreibung wird die steuerliche lineare AfA zugrundegelegt. Sie soll den „natürlichen" Verschleiß/Wertverlust darstellen. Dieser Wertverlust wird

durch technische Überalterung, Witterung und Verkaufspreis des gebrauchten Fahrzeugs verursacht.
Da aber der Omnibus nicht nur durch den Faktor Zeit an Wert verliert, wird hier nur der halbe AfA-Betrag den **Fixkosten** zugeschlagen.

Kalkulatorische Abschreibung (nutzenabhängige Abschreibung):

- Kaufpreis des Omnibusses (ohne Bereifung) € 250.000,-
- (3 % Kostensteigerung mal 10 Jahre = 30 %) plus € 75.000,-
- Neukaufswert des Omnibusses (in 10 Jahren) € 325.000,-
- Verkaufswert des Busses nach 10 Jahren (Restwert) € 20.000,-
- Abschreibungssumme (Wertverlust) € 305.000,-
- jährlicher Abschreibungsbetrag
  (€ 305.000,- geteilt durch 10 Jahre) = € 30.500,-
- **nutzenabhängige Abschreibung pro Kilometer**
  € 30.500,- geteilt durch 110.000 Jahreskilometer € **0,277**

  → € 0,277 geteilt durch 2
  € 0,139 variabler Wertverlust-Anteil pro Kilometer

Die zweite Hälfte der Abschreibung wird in Form der kalkulatorischen Abschreibung den **variablen Kosten** zugerechnet.
Hier wird der Teil der Abnutzung berücksichtigt, der nur durch den Fahrzeugeinsatz entsteht. Es wird auch hier der Abschreibungsbetrag halbiert.

Die Lösung lautet folglich:

1. Der fixe Wertverlust (Zeitabschreibung) für den Omnibus beträgt pro Tag € 88,66 (Fixkostenanteil).
2. Der variable Wertverlust (kalkulatorische Abschreibung) beträgt € 0,139 pro Kilometer (variabler Kostenanteil).

Kalkulatorische Zinsen

Die Bereitstellung von Kapital als wesentliche Voraussetzung für die Durchführung von betrieblicher Tätigkeit verursacht Zinsen.
Diese fallen in Form von Zinsaufwendungen für den Einsatz von Fremdkapital an und werden als solche in der Finanzbuchführung erfasst.
Für die Kostenrechnung muss allerdings der Eigenkapitalanteil genauso verzinst werden wie der Fremdkapitalanteil einer Investition, da dieses Geld ohne diese betrieblich bedingten Investitionen auf dem Kapitalmarkt ertragreich angelegt werden könnte.
Diese Eigenkapitalzinsen, die in der Finanzbuchaltung nicht registriert werden, nennt man kalkulatorische Zinsen.
Bei der Frage nach der Zinshöhe beim Einsatz von Eigenkapital wird in der Regel der Durchschnittssatz zwischen Fremdkapitalverzinsung und Anlagekapitalverzinsung benannt.

Beispiel für kalkulatorische Zinsen

Bei einem Kauf eines Verteiler-Lastkraftwagens in Höhe von € 120.000,– werden € 60.000,– Kredit bei der Bank aufgenommen. Die Bank verlangt Zinsen in Höhe von 8 %. Die andere Hälfte des Geldes stammt vom Betriebskapital. Die Bankzinsen werden durch die Buchhaltung erfasst und können recht einfach in der Kostenrechnung registriert werden. Die zu diesem Zeitpunkt beste Anlageverzinsung liegt bei 6 % Zinsen (bei gleicher Laufzeit wie der des Krediets).

Die Rechenformel für die Eigenkapitalverzinsung lautet also:

8 % plus 6 % = 14 : 2 = 7 % Zinsen

Da aber dieses Eigenkapital im Laufe der Zeit durch die Abschreibung in der Kostenrechnung egalisiert bzw. getilgt wird, kann die volle Summe der Eigenbeteiligung nicht über die ganze Zeit berücksichtigt werden; d.h. es wird der halbe Eigenkapitalanteil (Durchschnittssatz) als lineare Kostensatzberechnung verwendet.

In unserem Beispiel wird dies folgendermaßen berechnet:

€ 60.000,– : 2 = 30.000 x 7 % Zinsen = € 2.100,– kalkulatorische Zinsen pro Jahr.

Diese Eigenkapitalverzinsung betrifft nicht nur betriebsnotwendiges Anlagevermögen, sondern auch betriebsnotwendiges Umlaufvermögen.

Kalkulatorischer Unternehmerlohn

Grundsätzlich besteht der Unternehmerlohn aus dem Gewinn des Unternehmens. In Betrieben aber, in denen Eigentümer oder deren Angehörige eine Tätigkeit ausüben, die primär nicht zur Unternehmensleitung/-führung zählt – wie z.B. Fahrertätigkeiten – und die für ihren Arbeitseinsatz kein Gehalt beziehen, werden in der Kosten- und Leistungsrechnung hypothetische Gehälter zu Grunde gelegt. Im Gegensatz zu Kapitalgesellschaften dürfen Einzelfirmen und Personengesellschaften für die Mitarbeit der Eigentümer im eigenen Betrieb steuerrechtlich keinen Aufwand verrechnen.

Diese fiktiven Gehälter werden kalkulatorischer Unternehmerlohn genannt.

Kalkulatorische Miete

Für die Überlassung von Wirtschaftsgütern, die der Einzelunternehmer oder Personengesellschafter in seinem Privatbesitz hält, dem Betrieb aber als Grundlage des Produktionsprozesses unentgeltlich überlässt, ist für die Kostenrechnung eine kalkulatorische Miete anzusetzen. Diese Miete richtet sich nach ortsüblichen Tarifen.

Kalkulatorische Wagnisse

Jede betriebliche Tätigkeit ist mit einer Vielzahl von Wagnissen verbunden und ist damit der Gefahr von Schadensfällen und Verlusten ausgesetzt. Diese Schäden sind nach Höhe und Zeitpunkt nicht, oder nur sehr schwer vorhersehbar.

Diese Wagnisse (Risiken) lassen sich einteilen in:

- **Allgemeines Unternehmerrisiko**

    Dieses Risiko trägt mehr oder weniger jeder Selbstständige. Es besteht in erster Linie aus der Gefahr der investiven Kapitalanlage in die Zukunft der Unternehmung. Dieses allgemeine Unternehmerwagnis ist nicht kalkulierbar und wird mit dem Gewinn abgegolten.

- **Spezielle Einzelwagnisse**

    Diese Risiken hängen direkt mit der betrieblichen Leistungserstellung zusammen. Dazu zählen z. B.:
    - das Anlagerisiko bei Maschinenausfall,
    - Wartezeiten beim Be- und Entladen,
    - Standzeiten bei Streiks im grenzüberschreitenden Verkehr,
    - das Beständewagnis bei Wertminderungen oder
    - Schwund (Diebstahl) von Betriebsmitteln,
    - das Vertriebswagnis bei unversicherten Transportschäden usw.

Außerordentlich schwierig ist es, diese Wagnisse rechnerisch zu erfassen. Deshalb werden – wenn überhaupt – gewisse Erfahrungswerte als Rechengrößen in die Kostenrechnung eingebracht.

(!) Merksätze

→ Die Kostenartenrechnung bildet die Grundlage für die Kostenstellenrechnung und die Kostenträgerrechnung.

→ In der Kostenartenrechnung können die Kosten nach der Art ihrer Zurechenbarkeit, nach Art der Kostenerfassung oder nach dem Verhalten der Kosten bei Beschäftigungsänderung gegliedert werden.

→ Fixe Kosten verhalten sich konstant, d. h. unabhängig vom Beschäftigungsgrad.

→ Variable Kosten sind in ihrer Höhe abhängig vom Grad der Beschäftigung.

→ Einzelkosten lassen sich direkt dem Kostenträger zurechnen.

→ Gemeinkosten können nur mit Hilfe von Schlüsseln oder Zuschlagsätzen zugerechnet werden.

→ Die Kostenerfassung wird in aufwandsgleiche Kosten und kalkulatorische Kosten unterteilt.

→ Aufwandsgleiche Kosten werden mit Hilfe eines nach kostenrechnungstechnischen Gesichtspunkten gegliederten Kontenplanes der Finanzbuchhaltung erfasst.

→ Kalkulatorische Kosten sind „theoretische Kosten" und werden nur in der Kosten- und Leistungsrechnung benannt.

Die Kostenstellenrechnung

Die erste Aufgabe der Kosten- und Leistungsrechnung ist die Spezifizierung der Kosten nach ihrer Art in der Kostenartenrechnung. Hier werden die Kosten organisatorisch, buchmäßig und kalkulatorisch erfasst und nach verschiedenen Gesichtspunkten berechnet und geordnet.

Nun kommen wir zur zweiten Aufgabe der Kostenrechnung, die der **Kostenzuordnung** in der **Kostenstellenrechnung**.

Der Auftrag der Kostenstellenrechnung besteht in erster Linie darin, die nun erfassten Kosten in der Kostenartenrechnung auf die Kostenstellen in der Kostenstellenrechnung zu verteilen.

Voraussetzung für die Errichtung einer Kostenstellenrechnung ist zunächst die Erstellung eines Organisationsschemas.
Nachfolgend wird ein kleines Organisationsschema nach den Gesichtspunkten der Kostenstellenrechnung einer Spedition aufgezeigt:

Beispiel für ein **Organisationsschema** der Kostenstellenrechnung

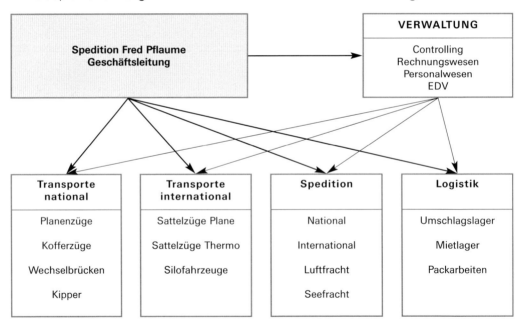

Die Elemente des Organigramms sind die **Kostenstellen**, wie beim vorhergehenden Beispiel die Geschäftsleitung, Verwaltung, Transporte national, Transporte international, Spedition und Logistik, als rechnungsmäßig abgegrenzte, kostenrechnerisch selbstständig abzurechnende betriebliche Teilbereiche.
Eine organisatorische Einteilung des Betriebes kann nach verschiedenen Kriterien vorgenommen werden.

Einteilungskriterien der Kostenstellen

a) **Gliederung nach räumlichen Gesichtspunkten:**
   Örtlich abgrenzbare Betriebsteile werden zu einer Kostenstelle zusammengefasst wie z. B. Lagerhalle 1, Lagerhalle 2, Kühllager zur Kostenstelle Lagerei.

b) **Gliederung nach funktionalen Gesichtspunkten:**
   Bei der Gliederung nach Funktionsbereichen beschränkt man sich darauf, für jeden Funktionsbereich, wie beispielsweise Verwaltung, Spedition, Verteilerverkehr, Geschäftsleitung, je eine Kostenstelle zu bilden.

c) **Gliederung nach dem Verantwortungsbereich:**
   Bei dieser Gliederungsart ist der Kostenstellenplan in der Regel identisch mit dem Organisationsplan eines Unternehmens. Jede Abteilung, oder sogar jede Arbeitsgruppe, bildet eine Kostenstelle.

d) **Gliederung nach dem Kostenträger:**
   In kleinen Betrieben existieren häufig keine verschiedenen Verantwortungsbereiche (Abteilungen). Hier bilden Kostenstellen und Kostenträger eine Einheit.

   Bei einem Busunternehmen wäre beispielsweise Omnibus 1, Omnibus 2 sowie Omnibus 3 jeweils ein Kostenträger.

Die organisatorische Durchführung der Kostenstellenrechnung mit Hilfe des Betriebsabrechnungsbogens (BAB)

Die Kostenstellenrechnung kann abrechnungstechnisch entweder durch das kontenmäßige Buchen nach den Grundsätzen der doppelten Buchführung oder in statistisch- tabellarischer Form durchgeführt werden.
Eine Kombination dieser zwei Formen wird heute vielfach durch spezifische EDV-Programme angeboten und ist in vielen Betrieben bereits Standard. Hier können die Vorzüge des kontenmäßigen Buchens, des Zahlentransfers der Buchhaltung sowie der **statistisch-tabellarischen Form** in anschaulicher Darstellung verbunden werden.

Für die Erst- oder Neuerrichtung einer Kostenstellenrechnung muss allerdings zunächst manuell ein **Betriebsabrechnungsbogen (BAB)** strukturiert und definiert werden, um später nach der Testphase die Systemübertragung auf die elektronische Datenverarbeitung vorzunehmen.
Denn nur in der manuellen Darstellung der Kostenstellenrechnung – mit Hilfe eines BABs – lassen sich die organisatorischen Verknüpfungspunkte klar und übersichtlich darstellen sowie eventuelle Friktionen schnell erkennbar zu machen.

Der Betriebsabrechnungsbogen (BAB) ist das technische Hilfsmittel für die statistischtabellarische Abrechnungsmethode der Kostenstellenrechnung.

Der Betriebsabrechnungsbogen hat folgende Aufgaben

1. Die **Gemeinkostenarten** auf Kostenstellen zu verteilen.
2. Die Kosten der allgemeinen Kostenstellen auf nachgelagerte Kosten umzulegen.
3. Die Kosten der Hilfskostenstellen auf die Hauptkostenstellen zu verteilen, **Kalkulationszuschläge** für jede Kostenstelle zur Gegenüberstellung von Einzel- und Gemeinkosten für die Vor- und Nachkalkulation zu vermitteln.
4. Kostenstellenüber- und -unterdeckungen, die bei der Verwendung von Normalgemeinkostensätzen als Differenz zwischen verrechneten Durchschnittskosten und entstandenen Ist-Kosten auftreten, festzustellen.
5. Die Berechnung von Kennzahlen zur Kontrolle der Wirtschaftlichkeit der einzelnen Kostenstellen zu ermöglichen.

Das Aufbausystem eines Betriebsabrechnungsbogens

Der BAB ist eine Tabelle, in der die Kostenstellen in der Kopfzeile (horizontal) und die Kostenarten in den Eingangsspalten (vertikal) aufgeführt sind.

Anhand eines ausgeklügelten Kontenplans der Finanzbuchhaltung lassen sich eine ganze Reihe von Kostenarten auf die entsprechenden Kostenstellen verteilen.
Diese Kosten, die sich auf Grund ihrer Art direkt auf die einzelnen Kostenstellen verteilen lassen, werden als Stelleneinzelkosten bezeichnet.

Die **Stelleneinzelkosten** werden auch als **primäre Kosten** bezeichnet.

Nachfolgend wird eine verkürzte Darstellung der Verteilung von Kostenarten auf die **Hilfs- und Hauptkostenstellen** beispielhaft dargestellt.

	KOSTENSTELLEN				
	HILFSKOSTENSTELLEN		HAUPTKOSTENSTELLEN		
KOSTENARTEN	Verwaltung	Lager	Spedition	Transporte national	Transporte international
Gehälter €	75.020,-	32.100,-	45.300,-		
Löhne €	–	33.400,-	–	26.000,-	43.210,-
Spesen €	250,-	–	570,-	2.580,-	7.860,-
Miete €	15.200,-	9.300,-	–	8.400,-	2.300,-
Summe der primären Kosten €	90.470,-	74.800,-	45.870,-	36.980,-	53.370,-

DIE KOSTENSTELLENRECHNUNG 2

Die Unterscheidung von Hilfs- und Hauptkostenstellen ist jeweils betriebsbedingt. Als **Hauptkostenstellen** werden immer die Kostenstellen definiert, auf die direkte Erlöseinnahmen zurechenbar sind.
Die Stellen, deren Hauptzweck die Zuarbeitung für andere Betriebsbereiche ist, werden im Betriebsabrechnungsbogen als **Hilfskostenstellen** geführt.
Zweck dieser Praxis ist es, am Ende die Kosten der Hauptkostenstellen den entsprechenden Erlösen gegenüberzustellen, um einen Kostenstellenerfolg/-Misserfolg der einzelnen Bereiche zu errechnen.

Beim nächsten Schritt der Darstellung werden die Hilfskostenstellen auf die Hauptkostenstellen stufenweise verteilt.
Entscheidend bei dieser Aufteilung ist die Umlage nach dem Verursacherprinzip. Am Ende dieser Vollkostenrechnung sind die gesamten Betriebskosten auf die Hauptkostenstellen verteilt und können den Erlösen dieser Stellen gegenübergestellt werden.

	KOSTENSTELLEN				
	HILFSKOSTENSTELLEN		HAUPTKOSTENSTELLEN		
KOSTENARTEN	Verwaltung	Lager	Spedition	Transporte national	Transporte international
Gehälter €	75.020,-	32.100,-	45.300,-		
Löhne €	-	33.400,-	-	26.000,-	43.210,-
Spesen €	250,-	-	570,-	2.580,-	7.860,-
Miete €	15.200,-	9.300,-	-	8.400,-	2.300,-
Summe der primären Kosten €	90.470,-	74.800,-	45.870,-	36.980,-	53.370,-
Umlage der Hilfskostenstelle Verwaltung		10 % 9.047,-	40 % 36.188,-	30 % 27.141,-	20 % 18.094,-
Zwischensumme		83.847,-	82.058,-	64.121,-	71.464,-
Umlage der Hilfskostenstelle Lager			30 % 25.154,10	40 % 33.538,80	30 % 25.154,10
Summe der Gesamtkosten je Hauptkostenstelle			107.212,10	97.659,80	96.618,10
Kalkulationssatz (Kosten in % von den Gesamtkosten)			35,56 %	32,39 %	32,05 %

Es gibt auch Kosten, die nicht direkt, sondern nur durch eine Verteilung – mit Hilfe eines Schlüssels – auf die Kostenstellen verteilt werden können. Dies könnte beispielsweise der Fall sein, wenn im ganzen Betrieb der Strom über einen Zähler registriert wird. Hier müssen die Stromkosten anteilsmäßig auf die Kostenstellen verteilt werden. Diese Kosten werden **Stellengemeinkosten** genannt.

Der Zweck einer Kostenstellenrechnung

Die Kostenstellenrechnung verfolgt keine eigenständigen Ziele. Ihre Zwecke sind vielmehr die gleichen wie die der Kostenrechnung insgesamt, nämlich die Wirtschaftlichkeitskontrolle und Kalkulation bezogen auf vorbestimmte Kostenstellen.

Die häufigste Form der Wirtschaftlichkeitskontrolle ist der

innerbetriebliche Zeitvergleich
Hierbei wird die Entwicklung der Kostenstellen über mehrere Perioden hinweg verfolgt und verglichen, damit rechtzeitig bei Fehlentwicklungen eingegriffen werden kann.

Eine weitere Form der Wirtschaftlichkeitskontrolle ist der

zwischenbetriebliche Vergleich
Im Gegensatz zum innerbetrieblichen Vergleich werden hier nicht die Kosten ein und desselben Betriebes während unterschiedlicher Zeiträume, sondern die Kosten verschiedener Betriebe oder Niederlassungen für die gleichen Zeiträume miteinander verglichen.

(!) Merksätze

→ Aufgabe der Kostenstellenrechnung ist es, die erfassten Kosten in der Kostenartenrechnung auf die Kostenstellen zu verteilen.

→ Um Kostenstellen zu bilden, bedarf es zunächst der Erstellung eines betrieblichen Organigramms.

→ Kostenstellen sind rechnungsmäßig abgrenzbare, selbstständige Betriebsteile.

→ Kostenstellen können nach räumlichen oder funktionalen Gesichtspunkten sowie nach Kostenträgern oder Verantwortungsbereichen gegliedert werden.

→ Der Betriebsabrechnungsbogen (BAB) ist ein technisches Hilfsmittel für die statistisch-tabellarische Abrechnungsmethode in der Kostenrechnung.

→ Die Kostenstellenrechnung hat den Zweck eines innerbetrieblichen Zeitvergleichs oder eines zwischenbetrieblichen Istvergleichs.

Die Kostenträgerrechnung

Nachdem sämtliche Kosten in der Kostenartenrechnung buchmäßig sowie kalkulatorisch erfasst und mit Hilfe der Kostenstellenrechnung auf die Hauptkostenstellen verteilt bzw. weiterverrechnet wurden, erfolgt als dritter Schritt die **Zurechnung der Kosten** auf die **Kostenträger**.

- Kostenträger sind die kleinsten Zurecheneinheiten der Kostenrechnung.
- Die Kostenträgerrechnung zeigt auf, wofür die in den Kostenstellen angefallenen Kosten aufgewandt worden sind.
- Die Kostenträger haben den Güter- und Leistungsverbrauch ausgelöst und sind daher auch mit den entsprechenden Kosten zu belasten.

Bei Güter- und Personenbeförderern sind die Kostenträger in der Regel Personenkraftwagen, Omnibusse oder Lastkraftwagen.
Je nach Leistungserstellung können andere Kostenträger hinzukommen, wie zum Beispiel:

- ein Quadratmeter oder eine Palettenstellfläche Lager;
- ein Disponent oder eine Disponentengruppe;
- ein Transport oder gleichartige Transportleistungen;
- eine Gesamtlogistikleistung;
- ein Kunde oder eine Kundengruppe;
- eine Reiseveranstaltung oder eine Gruppe von Reiseveranstaltungen;
- Vermittlungsleistungen für bestimmte Relationen;
- eine Reparaturwerkstätte oder Fremdreparaturleistung

und vieles mehr.

Bei der Kostenstellenrechnung wird in erster Linie das Ziel verfolgt, die Kosten einer Kostenstelle den Erlösen dieser Stelle gegenzurechnen, um den Erfolg messbar und überprüfbar zu machen.

Dagegen ist dieser Sachverhalt bei der Kostenträgerrechnung nicht primär das Ziel, sondern hier soll in erster Linie ein Leistungselement kalkulativ errechnet werden, um eine **Verkaufspreisuntergrenze (Break-even-point)** für eine Leistung dem Marketing, Verkäufer oder Disponent zur Verfügung zu stellen.

Deshalb müssen in der Kostenträgerrechnung lediglich die Kosten, nicht jedoch die Erlöse zuzuordnen sein.

Zum Beispiel können einem Kostenträger – Lastkraftwagen – kaum oder nur sehr selten die entsprechenden Einzelerlöse zugeordnet werden, da es sich hier sehr häufig um Erlöse aus ganzen Transportketten handelt.

2 DIE KOSTENTRÄGERRECHNUNG

Kostenträgereinteilung

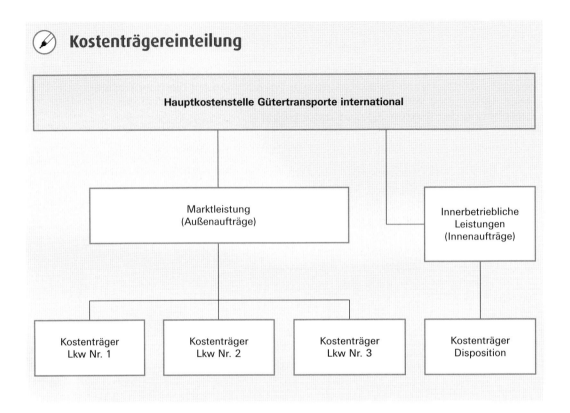

Die Kostenträgerrechnung ist in zwei Teilbereiche untergliedert:

1. Kostenträgerzeitrechnung

Die Kostenträgerzeitrechnung ist eine **Periodenrechnung** und erfasst die Kosten eines Abrechnungszeitraums nach Kostenarten untergliedert.
Durch Gegenüberstellung der Kosten mit den jeweiligen Erlösen wird aus der Kostenträgerrechnung eine **kurzfristige Erfolgsrechnung**.

2. Kostenträgerstückrechnung

Die Kostenträgerstückrechnung, besser bekannt unter dem Begriff **Kalkulation**, hat die Aufgabe, die Kosten zu ermitteln, die auf eine Leistungseinheit entfallen.
Der Zeitpunkt entscheidet über die Art der Kalkulation, nachfolgend sind die einzelnen Kalkulationsarten aufgeführt:

a) Vorkalkulation

Bei der Vorkalkulation **(prospektive Kalkulation)** werden die Kosten für noch zu erbringende Leistungen ermittelt. Es handelt sich somit um eine Kalkulation auf der Grundlage von Plandaten. Zum Beispiel bei einer Angebotskalkulation.

b) Zwischenkalkulation

Die Zwischenkalkulation **(partiell retrospektive Kalkulation)** kann wegen einer sich über mehrere Abrechnungsperioden erstreckenden Produktionsdauer (z. B. Großaufträge oder Aufträge über einen längeren Zeitraum) für eine Erfolgsüberprüfung notwendig werden.
Die bereits entstandenen Kosten werden zum Kalkulationszeitpunkt erfasst. Auf diese bereits bestehenden Daten werden die zukünftigen Kosten entsprechend hochgerechnet.

c) Nachkalkulation

Die Nachkalkulation **(retrospektive Kalkulation)** hat den Zweck, die entstandenen Kosten festzustellen und dient in erster Linie der Kostenkontrolle.
Die Daten der Nachkalkulation bilden häufig die Grundlage einer Vorkalkulation für einen ähnlichen oder gleichartigen neuen Auftrag.

Wirtschaftlichkeitsrechnung für Fahrzeuge

Die Kostenrechnung für Fahrzeuge ist in erster Linie eine Kostenträgerrechnung. Nur in Kleinbetrieben mit ein bis drei Fahrzeugeinheiten bilden die Fahrzeuge gleichzeitig Kostenstellen und Kostenträger.

Die Kostenträgerrechnung für Fahrzeuge setzt eine Reihe von administrativen und funktionalen Organisationsmaßnahmen voraus, ohne die eine exakte und sachgerechte Ermittlung und Zuordnung einzelner Kostenarten auf die jeweiligen Kostenträger nicht möglich ist.

Das Kostenermittlungsproblem

Für jedes einzelne Fahrzeug, Zugfahrzeug wie Hänger, müssen buchhalterisch sämtliche Kosten separat erfasst werden. Dies erfordert einen entsprechend nach kalkulatorischen Gesichtspunkten gestalteten Kontenplan der Finanzbuchhaltung, bei dem für jedes Einsatzmittel (Fahrzeug) separat aufgeführte Kostenkonten enthalten sind.

Um diese Kostentrennung buchhalterisch zu vollziehen, bedarf es auch betrieblicher Organisationsmaßnahmen, wie zum Beispiel der Einzelerfassung der Betankung und der Wartungs- sowie Reparaturkostentrennung für jedes Fahrzeug.

Je gründlicher und exakter diese Trennung einzelner Kostenarten vollzogen wird, desto einfacher ist die Zuordnung der Kosten auf die Kostenträger.

Kosten, die nicht oder nur mit unverhältnismäßig hohem Organisations- und Kostenaufwand dem einzelnen Kostenträger zugeordnet werden können, müssen entsprechend anteilsmäßig (evtl. prozentual) zugeordnet werden.
Kalkulatorische sowie indirekte Kosten (Verwaltungskosten, Umschlagskosten usw.) müssen mitberücksichtigt werden.

Die Kostenartentrennung

Für die Berechnung eines Fahrauftrags sind zwei Faktoren wichtig:

1. Wie lange dauert der Auftrag **(Zeitverbrauch)**?

2. Wie viele Kilometer müssen zurückgelegt werden **(Leistungsverbrauch)**?

Deshalb müssen in der Fahrzeugkostenrechnung die **Kosten** nach der **Fahrzeugbereitstellung (fixe Kosten)** und nach der des **Fahrzeugeinsatzes (variable Kosten)** getrennt werden.

a) Fixe Kosten der Fahrzeugkostenrechnung

Die Fixkosten – auch **feste Kosten** genannt – entwickeln sich unabhängig vom Einsatz des Fahrzeugs. Sie entstehen allein durch die Bereitstellung des Einsatzmittels Fahrzeug. Die Fahrzeugbereitstellungskosten werden periodisch gleichmäßig auf die mögliche Einsatzzeit (Einsatztage) verteilt.

Im Folgenden werden die wichtigsten Fahrzeugfixkosten aufgeführt:

- **Die Zeitabschreibung**
  ist relativ einfach zu erfassen. Hier werden die steuerlich angesetzten AfA-Beträge der Finanzbuchhaltung durch die Einsatztage geteilt. Da aber der steuerlich mögliche Abschreibungsbetrag und AfA-Zeitraum einerseits keinen Leistungsbezug hat und andererseits mit dem tatsächlichen Wertverlust nur zum Teil identisch ist, wird bei der Fixkostenrechnung nur der halbe Zeitabschreibungsbetrag berücksichtigt. Die andere Hälfte findet als beweglicher Kostenfaktor in der Leistungsabschreibung ihren Niederschlag.

- **Kraftfahrzeugsteuer**

- **Kraftfahrzeugversicherung**
  wie Haftpflichtversicherungen, Kasko- oder Vollkaskoversicherungen, Insassenversicherungen usw.;

- **Fracht- und Vermögensversicherungen**
  wie Fracht- oder CMR-Versicherungen;

- **Sonstige Versicherungen**
  wie Betriebshaftpflichtversicherungen, Betriebsrentenzusatz-Versicherungen, Rechtsschutz-Versicherungen usw.;

- **Fahrpersonalkosten**
  wie Bruttolöhne, Arbeitgeberanteil der Sozialversicherung, Berufsgenossenschaftsbeiträge, Aushilfslöhne, Lohnsteuer für Aushilfslöhne usw.;

- **Fahrpersonalnebenkosten**
  wie Spesen, Urlaubsgeld, Weihnachtsgeld, Prämien usw.;

- **Kapitalbeschaffungskosten**
  wie Kreditgebühren, Kontoführungsgebühren, Scheckgebühren usw.;

- **Kreditzinsen**
  wie Darlehenszinsen, Wechselzinsen, Kontoüberziehungszinsen usw.;

- **Kalkulatorische Zinsen**
  (Berechnungsformel: Guthabenzins plus Darlehenszins geteilt durch zwei),

- **Leasingraten**

- **Verwaltungskosten**
  wie Buchhaltungskosten, Porto, Unternehmerspesen, Lohnkosten des Verwaltungspersonals, Rechts- und Beratungskosten, Telefongebühren, Papier- und Büromaterialkosten usw.;

- **Mietkosten**
  wie Garagenmiete, Lagermiete, Büromiete, Leasing von Büromaschinen usw.;

- **Energiekosten**
  wie Stromkosten für Büro oder Lager, Heizkosten für bewirtschaftete Räume, Stromkosten für die Tankanlagen usw.

- und alle **anderen Kosten**, die zum überwiegenden Teil unabhängig vom Fahrzeugeinsatz sind.

b) Variable Kosten der Fahrzeugkostenrechnung

Die variablen Kosten, auch bewegliche Kosten genannt, sind abhängig vom Einsatz des Fahrzeugs.
Die Kostenhöhe wird zum überwiegenden Teil durch den Grad der Fahrzeugbeschäftigung bestimmt.
Die Einsatzkosten werden in der Regel durch die gefahrenen Kilometer geteilt.
Die Ausnahme bildet zum Beispiel der Baustellenverkehr im Nahbereich, bei dem auch bei den variablen Kosten nach Zeit (Stunden) abgerechnet wird und folglich die variablen Kosten durch die Einsatzstunden geteilt werden müssen.

Im Folgenden werden die wichtigsten variablen Fahrzeugkosten aufgeführt:

- **Die Leistungsabschreibung**
  ist die Abschreibungsart, die den Wertverlust der Anlage auf den Grad des Einsatzes fixiert. Bei der Leistungsabschreibung sind die Ausgangsdaten nicht von der steuerlichen Abschreibung vorgegeben. Es müssen daher möglichst reale Daten verwendet werden. Die errechneten Kosten der Leistungsabschreibung werden durch die gefahrenen Kilometer des Fahrzeugs geteilt. Da aber ein Fahrzeug nicht nur durch den Einsatz an Wert verliert, verwendet man wie bei der Zeitabschreibung nur den halben Leistungsabschreibungsbetrag.

- **Treibstoffkosten**
  sind der Mittelwert aller Betankungen an der Betriebstankstelle und der Fremdbetankungen.
- **Öl- und Schmierstoffkosten**
  Der Ölverbrauch wird für jedes Fahrzeug extra gebucht; die Schmierstoffe werden zweckmäßigerweise insgesamt erfasst und dann auf die Fahrzeuge aufgeteilt.
- **Bereifungskosten**
  Wichtig ist, bei der Kostenregistrierung der Reifen auch die entsprechende Reifenmarke zu vermerken (evtl. auf einer Reifenkarte), um Qualitätsunterschiede feststellen zu können.
- **Reparaturkosten**
  Bei Reparaturen außerhalb des Betriebes muss für jedes Fahrzeug eine separate Rechnung mit Kfz-Kennzeichen erstellt werden, um eine buchungstechnisch einfache Kostenerfassung durchführen zu können. Reparaturen im eigenen Betrieb müssen mit Hilfe einer Checkliste durchgeführt werden, in der verschiedene Arbeitsschritte und eine Materialaufzählung vorgegeben sind, die dann mit einem Haken oder Kreuz versehen der Buchhaltung über die angefallenen Kosten Informationen geben.
- **Mautkosten**
  werden in Deutschland in erster Linie auf den Autobahnen für Lastkraftwagen ab 12 Tonnen zulässigem Geamtgewicht bezahlt. Da die Höhe der Mautkosten von den gefahrenen Kilometern abhängig sind, gehören diese zu den variablen Kosten. Es gibt allerding auch Staaten die nach wie vor eine Eurovignette mit pauschaler Jahresgebühr verlangen, diese gehören dann zu den fixen Kosten, da diese Gebühr unabhängig von den gefahrenen Kilometern zu bezahlen sind.
- **Wartungskosten**
  werden genauso behandelt wie die Reparaturkosten.
- Alle **sonstigen Kosten**, die überwiegend leistungsabhängig sind.

Kostenträgerrechnung anhand einer Fahrzeugkostenrechnung

Die Abteilung Finanz- und Rechnungswesen einer Spedition mit eigenem Fuhrpark hat die Aufgabe, eine Kostenrechnung für einen 40-Tonnen-Zug zu erstellen.

Folgende Daten sind buchhalterisch und kalkulatorisch erfasst worden:

Kaufpreis Motorwagen ohne Reifen	€	123.000,–
kalkulatorischer Restwert	€	13.000,–
Kaufpreis Hänger ohne Reifen	€	85.000,–
kalkulatorischer Restwert	€	11.000,–
steuerlicher AFA-Zeitraum 6 Jahre		
Nutzungsdauer des Motorwagens 6 Jahre, des Hängers 8 Jahre		
kalkulatorische Kostensteigerung pro Jahr 3 %		
Anschaffungskosten ein Satz Reifen	€	6.400,–
Laufleistung der Reifen		90.000 km
Laufleistung des Lastzugs pro Jahr		120.000 km
Einsatztage pro Jahr		220 Tage
Treibstoffverbrauch pro 100 km		32,5 Liter
Treibstoffpreis pro Liter	€	0,91
Motorölverbrauch pro 1.000 km		3,1 Liter
Motorölpreis pro Liter	€	5,–
Reparaturkosten pro 100 km	€	3,10
Wartung je 100 km	€	0,60
Kfz-Steuer pro Jahr	€	1.750,–
Kfz-Versicherung pro Jahr	€	7.560,–
Fahrerlöhne pro Monat	€	2.100,–
Lohnnebenkosten pro Monat	€	420,–
Kreditaufnahme	€	100.000,–
Zu verzinsende Jahreskreditsumme	€	50.000,–
Bankkreditzinsen		8 %
Guthabenzinsen		4 %
Garagenmietanteil pro Monat	€	150,–
Verwaltungskostenanteil	€	950,–

Lösungssatz:

Die einzelnen Kosten werden aufgeteilt in Fixkostenanteil pro Tag sowie in variable Kosten pro Kilometer, um der Geschäftsführung, der Dispositions- und Marketingabteilung entsprechende Ausgangsdaten für ihre Kostenkontrolle und Angebotsplanung in die Hand zu geben.

a) Berechnung der Fixkosten:

1. **Zeitabschreibung**

Kaufpreis des Motorwagens	€ 123.000,–
Kaufpreis des Hängers	€ 85.000,–
Abschreibungsbetrag	€ 208.000,–
Gesamtkaufpreis geteilt durch 6 Jahre (steuerlicher AfA-Zeitraum)	€ 34.666,67

In der Fahrzeugkostenrechnung wird der steuerliche Abschreibungssatz den Fixkosten zugerechnet (Zeitabschreibung). Er soll den „natürlichen" Verschleiß/Wertverlust darstellen. Dieser Wertverlust wird verursacht durch die technische Überalterung, die Verwitterung und den Verkaufspreis des gebrauchten Fahrzeugs.
Hierbei wird der **halbe steuerliche Abschreibungssatz** verwendet. Dieser Betrag entspricht am ehesten der Kostenrealität.

Fixkostenanteil der Abschreibung
(Zeitabschreibung) pro Jahr .... € 17.333,33
2. **Kraftfahrzeugsteuer** pro Jahr .... € 1.750,–
3. **Kraftfahrzeugversicherung** pro Jahr .... € 7.560,–
4. **Fahrerlöhne** pro Jahr (€ 2.100,– x 12 Monate) .... € 25.200,–
5. **Lohnnebenkosten** pro Jahr (€ 420,– x 12 Monate) .... € 5.040,–
6. **Kreditzinsen** pro Jahr
   (€ 50.000,– Kredit x 8 % Darlehenszins) .... € 4.000,–
7. **Kalkulatorische Zinsen** pro Jahr

Kaufpreis Motorwagen ohne Reifen	€ 123.000,–
Kaufpreis Hänger ohne Reifen	€ 85.000,–
Anschaffungskosten Reifensatz	€ 6.400,–
= Gesamtkaufpreis	€ 214.400,–
Gesamtkaufpreis des Hängerzuges	€ 214.400,–
./. Bankdarlehen	€ 100.000,–
= Eigenkapitalanteil	€ 114.400,–

Fremdkapitalzins 8 % plus Guthabenzins 4 %
= 12 : 2 = 6 % kalkulatorischer Zinssatz € 114.400 x 6 %
= € 6.864,– : 2 .... € 3.432,–
8. **Garagenmietanteil** pro Jahr (€ 150,– pro Monat x 12) .... € 1.800,–
9. **Verwaltungskosten** pro Jahr .... € 950,–

Gesamtsumme der fixen Kosten pro Jahr .... € 67.065,33

Die fixen Jahreskosten werden nun durch die möglichen Einsatztage (Jahrestage minus Fahrverbotstage minus Ausfalltage) geteilt
(€ 67.065,33 : 220 Tage) .... € 304,84

Die Lösung a) lautet: Die fixen Kosten des Lastzuges pro Einsatztag sind **304,84 Euro.**

b) Berechnung der variablen Kosten:

1. Betriebswirtschaftliche Abschreibung

Bei der leistungsabhängigen Abschreibung, auch betriebswirtschaftliche Abschreibung genannt, dienen als Basis die „echten" Wertverlustwerte. Da der Motorwagen eine geringere Laufzeit als der Hänger hat, ist hier eine getrennte Berechnung notwendig.

Kaufpreis des Motorwagens	€	123.000,–
+ Wiederbeschaffungsmehrkosten (3 % Kostensteigerung x 6 Jahre)	€	22.140,–
./. Restwert (Verkaufserlös)	€	13.000,–
Abschreibungsbetrag	€	132.140,–
geteilt durch die Nutzungsdauer 6 Jahre	€	22.023,33
geteilt durch die Kilometer pro Jahr (€ 22.023,33 : 120.000 km), ergibt den leistungsabhängigen Wertverlust des Motorwagens pro Kilometer	€	0,184
Kaufpreis vom Hänger	€	85.000,–
+ Wiederbeschaffungsmehrkosten (3 % Kostensteigerung x 8 Jahre)	€	20.400,–
./. Restwert (Verkaufserlös)	€	11.000,–
Abschreibungsbetrag	€	94.400,–
geteilt durch die Nutzungsdauer 8 Jahre	€	11.800,–
geteilt durch die Kilometerleistung pro Jahr (€ 11.800,– : 120.000 km), ergibt den leistungsabhängigen Wertverlust des Hängers pro Kilometer	€	0,098
Abschreibungsbetrag pro Kilometer für den Zug	€	0,282

Die leistungsabhängige Abschreibung ist die zweite Hälfte der Abschreibung und wird den variablen Kosten zugerechnet. Hier wird der Teil der Abnutzung berücksichtigt, der nur durch den Fahrzeugeinsatz entsteht. Wie beim Fixkostenteil der Abschreibung muss auch hier der Abschreibungsbetrag halbiert werden.
Gesamtabschreibung € 0,282 halbiert ist € 0,141

Variabler Kostenanteil der Abschreibung
(nutzungsabhängige Abschreibung) pro Kilometer .... € 0,141

2. Reifenkosten
Anschaffungskosten € 6.400,– geteilt
durch die Laufleistung der Reifen 90.000 km .... € 0,071

3. Treibstoffkosten
Verbrauch 32,5 Liter mal € 0,91 pro Liter, geteilt durch 100 km .... € 0,296

4. Motorölkosten
Verbrauch 3,1 Liter mal € 5,– pro Liter, geteilt durch 1.000 km .... € 0,016

5. Reparaturkosten
€ 3,10 geteilt durch 100 km .... € 0,031

6. Wartungskosten
€ 0,60 geteilt durch 100 km .... € 0,006

Gesamtsumme der variablen Kosten pro Kilometer .... € 0,561
Lösung b) lautet: der Lastzug kostet pro Kilometer den er zurücklegt **0,561 Euro.**

Wird nun ein Auftrag über zwei Tage und 350 km berechnet, müssen jetzt der Kostenrechnung entsprechend der Fixkostenanteil und der variable Kostenanteil berücksichtigt werden.

Fixkosten für zwei Einsatztage (€ 304,84 x 2 Tage)	€	609,68
Variable Kosten pro km (0,561 x 350 km)	€	196,35
Gesamtkosten für den Auftrag	€	806,03

ACHTUNG!

Die € 806,03 **Selbstkosten** dieses Beispiels ist die Kosten-Nutzen-Schwelle, der Break-even-point der Vollkostenrechnung, nicht die Angebotsuntergrenze. Auf Grund von Rechenunsicherheiten, die durch den Bezug zur Zukunft auftreten, müsste hier als Kostenuntergrenze mindestens € 850,– angesehen werden. Um allerdings auf einen Angebotspreis zu kommen, muss nun eine Gewinnmarge auf diese Kostenuntergrenze aufgeschlagen werden.
Wie viel Gewinn? Das ist in erster Linie durch die Marktpreisbildung vorgegeben und kann deshalb nur selten vom Betrieb selbst vorgegeben werden.
Die Unternehmensleitung könnte hier allerdings eine Fahrdurchführungsgrenze von z. B. € 900,– vorgeben, unter dem dieser Transport von der Disposition nicht angenommen werden darf, um einen entsprechenden Gewinn zu erwirtschaften.

(!) Merksätze

→ Die Kostenträgerrechnung ist die Zurechnung der Kosten auf die Kostenträger.

→ Kostenträger sind die kleinsten Recheneinheiten der Kostenrechnung.

→ Die Kostenträgerrechnung zeigt auf, wofür die in den Kostenstellen angefallenen Kosten aufgewandt worden sind.

→ Die Kostenträger lösen den Güter- und Leistungsverbrauch aus.

→ Die Kostenträgerzeitrechnung ist eine Periodenrechnung und erfasst die Kosten eines Abrechnungszeitraums, gegliedert nach Kostenarten.

→ Die Kostenträgerstückrechnung (Kalkulation) hat die Aufgabe die Kosten zu ermitteln, die auf eine Leistungseinheit fallen. Der Zeitpunkt entscheidet über die Art der Kalkulation.

→ Die Fahrzeugkostenrechnung ermittelt die Kosten-Nutzen-Schwelle, den Break-even-point des Kostenträgers Kraftfahrzeug.

Die Prozesskostenrechnung

Sinn der Kostenträgerrechnung

Bei der „klassischen" Kostenträgerrechnung werden bei jedem einzelnen Kostenverursacher die fixen und variablen Kosten getrennt und entsprechend zugeordnet. Im Mittelpunkt stehen hierbei die einzelnen Leistungsträger des Unternehmens wie zum Beispiel der Lastkraftwagen, der Wechselbehälter oder/und benutzte Quadratmeter Lagerfläche.

Ziel der Kostenträgerrechnung ist es letztendlich, die Kosten des einzelnen Leistungsverursachers (Kostenträger) mit den Erlösen zu vergleichen um die Rentabilität der einzelnen Elemente des Unternehmens feststellen zu können. Folglich steht bei der traditionellen Kostenträgerrechnung die Produktionsorganisation des Unternehmens im Mittelpunkt des Kostenrechners.

Die Kostenträgerrechnung ist in erster Linie vergangenheitsorientiert.

Unterschied Prozesskostenrechnung zur Kostenträgerrechnung

Die Prozesskostenrechnung ist wie die Kostenträgerrechnung Bestandteil der Vollkostenrechnung. Bei der Berechnung ist, im Gegensatz zur Kostenträgerrechnung, nicht die innerbetriebliche Organisation Hauptgegenstand der Betrachtung sondern der Gesamtablauf eines Kundenauftrags, der sich aus mehreren Elementen zusammensetzt.
Bei der Prozesskostenrechnung werden alle zur Herstellung eines Produkts oder Dienstleistung zu durchlaufenden Arbeitsgänge und Materialien erfasst und dem Kostenverursacher, dem Auftrag, zugeordnet.

Diese Form der Kostenrechnung ist vor allem dann notwendig, wenn das Angebot an den Kunden oder die Anfrage des Kunden sich nicht auf eine Güterbeförderung von A nach B bezieht, sondern auf eine komplexe Leistung wie zum Beispiel einen multimodalen Transport (Seeschiff – Straße – Schiene – Frachtflugzeug) oder einen Transport von Waren verbunden mit Logistikzusatzleistung wie Regalpflege oder Umfüllen, Umverpacken der Güter usw.

Die Form der Leistungsbetrachtung wird immer wichtiger, da eine deutsche Firma in der Logistikkette vom reinen Transport in der Regel nicht mehr existieren kann und ihr Leistungsspektrum deshalb zwangsläufig auf die anderen Elemente der **Logistik** ausweiten muss. Hinzu kommt das Bestreben vieler Kunden, sich auf ihre Kernkompetenzen wie Produktion und Marketing zu konzentrieren und die Logistik an dritte Fachbetriebe weiterzugeben.

Die Prozesskostenrechnung bildet die Grundlage für die Kalkulation eines komplexen Gesamtauftrags und ist deshalb zukunftsorientiert auf der Basis von Erfahrungen (Kalkulationsdaten) der Vergangenheit.

Realisierung der Prozesskostenrechnung

Die Umsetzung der Prozesskostenrechnung bedeutet in der Praxis bei Verkehrsunternehmen, dass zum Beispiel bei einem Logistikauftrag die einzelnen Kostenbestandteile wie Lagerung, Fakturierung, das Aus-, Ein- oder Umverpacken, die Beförderung von Gütern mit eigenen oder fremden Fahrzeugen usw. bausteinartig berechnet und am Ende zu einer Gesamtkostenbetrachtung zusammengefügt werden.

Um eine fundierte Prozesskostenrechnung erstellen zu können, ist es notwendig, dass die Führungskräfte aus dem operativen Bereich (Disponenten, Fuhrparkleiter, Lagerleiter usw.) Hand in Hand mit dem Kostenrechner die einzelnen Arbeitschritte besprechen um den Umfang der Kosten detailliert festlegen zu können.

Derartige Meetings müssen, vor allem in der Einführungszeit der Prozesskostenrechnung, im regelmäßigen Rhythmus durchgeführt werden um Fehlberechnungen zu vermeiden.

Arbeitsschritte der Prozesskostenrechnung

Nachfolgend aufgelistet sind die wichtigsten Arbeitschritte um eine Prozesskostenrechnung im Unternehmen einzuführen und realisieren zu können:

- Die kostentechnische Detailbetrachtung aller betrieblichen Elemente innerhalb der betrieblichen Kostenrechnung, die wie in der herkömmlichen Kostenträgerrechnung separat erfasst und bewertet werden müssen (tiefgestaffelte Kostenträgerrechnung) ist die Basis der Prozesskostenrechnung. Dies geschieht mit Hilfe der Finanzbuchhaltung (Fibu) in der die Kosten getrennt nach den einzelnen Leistungseinheiten erfasst und durch kalkulatorische Kosten ergänzt werden.

- Parallel hierzu ist es notwendig, dass ein genaues Ablaufschema des Gesamtauftrags bzw. des Betriebsablaufs des Kunden unter Berücksichtigung des Zeit- und Leistungsverbrauchs der einzelnen Kostenelemente (siehe Abbildung Warenflussorganigramm) erstellt wird.

- Im nächsten Schritt muss das skizzierte Ablaufschema staffelartig in einzelne Leistungs- und Kostenbestandteile aufgegliedert werden **(Teilprozessbetrachtung)** um diese entsprechend gewichten und bewerten zu können.

- Damit ein fundiertes Angebot an den Kunden erstellt werden kann, ist es dann notwendig, die **Detailkosten** zu einem Gesamtkostenbild zusammen zu fassen. Die Gesamtkosten können nun kundengerecht auf die Produkte berechnet werden (Logistikkosten pro Stück oder Leistungseinheit).

- Damit entstandene Fehler, die in der Praxis vor allem bei der Einführung der Prozesskostenrechnung entstehen, künftig vermieden werden können, wird letztendlich die Nachkalkulation der Prozesskosten nach der Auftragserfüllung als Grundlage für andere ähnliche Gesamtauftragsberechnungen erstellt.

Warenflussorganigramm als Grundlage für die Prozesskostenrechnung

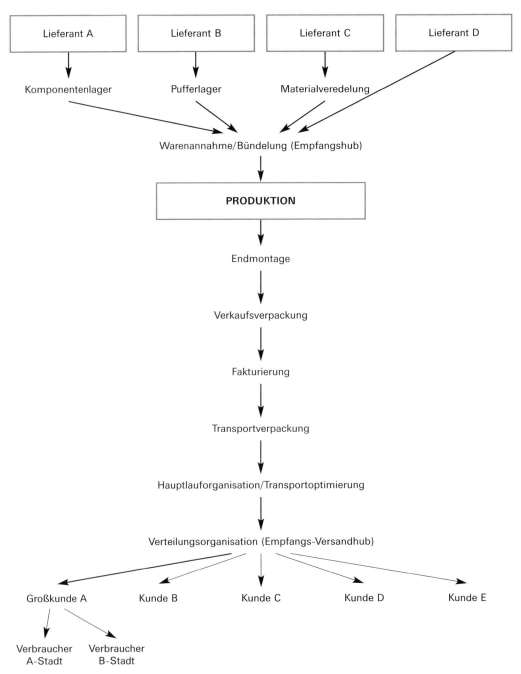

Die Deckungsbeitragsrechnung

Bis zu diesem Kapitel wurde die traditionelle **Vollkostenrechnung** behandelt.

Das Prinzip der Vollkostenrechnung ist:
- Alle im Unternehmen anfallenden Kosten werden den Kostenträgern, möglichst verursachungsgerecht, anteilig zugeordnet.

Bei der Vollkostenrechnung ist das Mengenproblem der zentrale Punkt. Je mehr Leistung produziert wird, desto weniger Fixkosten pro Leistung fallen an. Das heißt: Bei geringerer Leistung des Kostenträgers werden die Stückkosten pro Leistung entsprechend höher.
Um aussagefähige Daten in der Vollkostenrechnung zu erhalten, muss eine **permanente Datenerfassung und Verarbeitung** erfolgen, damit eine ständige Aktualisierung der Kosten gegeben ist.
Die Ergebnisse dieser Kalkulationsart werden erst im Laufe der Zeit exakt, da bei Beginn der Vollkostenkalkulation noch zu viele Daten durch Schätzungen ermittelt werden müssen.

Die Vollkostenkalkulation wird deshalb vor allem bei **langfristigen marktwirtschaftlichen Kalkulationsüberlegungen** verwendet, um einen entsprechenden „Break-even-point" bzw. eine Preisuntergrenze zu ermitteln.

Im Gegensatz dazu steht die **Teilkostenrechnung**, auch **Deckungsbeitragsrechnung** genannt. Hier wird nur ein bestimmter Teil der Kosten (variable Kosten oder Einzelkosten) dem einzelnen Kostenträger zugerechnet.
Dabei gehen die Anhänger dieser Kalkulationsart von der Überlegung aus, dass sich nicht alle Kosten verursachungsgerecht den einzelnen Kostenträgern zurechnen lassen. Eine unmittelbare Kostenverursachung durch einzelne Kostenträger lasse sich nie für die Gesamtheit, sondern nur für einen Teil der Kosten erfassen. Deshalb wird bei dieser Kalkulationsart die Forderung erhoben, nur dann Kosten zu verteilen, wenn sich eine Verursachung unmittelbar feststellen lässt.

Die Deckungsbeitragsrechnung ist eine entscheidungsorientierte Form der Kostenrechnung und dient der kurzfristigen Planung und Kontrolle des Unternehmenserfolgs.
Die Anwendung erfolgt in erster Linie für strategische und operative Entscheidungen der Unternehmenspolitik wie zum Beispiel bei Sortimentsbereinigungen, Annahme von Sonderaufträgen usw.
Hier bildet die Teilkostenrechnung eine zentrale Entscheidungsgrundlage.

Bei Anwendung der Deckungsbeitragsrechnung in Verkehrsbetrieben sollte vor allem darauf geachtet werden, dass eine gründliche Ausbildung der kaufmännischen Belegschaft vorangestellt wird, da die Gefahr der Fehlinterpretation des Deckungsbeitrages als Kosten-Nutzen-Punkt in der Praxis doch sehr hoch ist.

Ob nun die Deckungsbeitragsrechnung oder die Vollkostenrechnung für den Betrieb die richtige Kostenrechenmethode ist, hängt zum einen vom Ausbildungsstand des Führungspersonals und zum anderen von der Angebotspalette/Produktstruktur der Firma ab.
Bei vielen Dienstleister-Firmen wird inzwischen mit beiden Systemen parallel gearbeitet, um ein Maximum von Informationen über die Kostenstruktur der eigenen Firma zu bekommen.

Die Aufgaben und Elemente der Deckungsbeitragsrechnung

Der Deckungsbeitrag ist der Beitrag, den ein Produkt oder eine Dienstleistung zur Deckung der **fixen Kosten** und zur **Gewinnerzielung** des Unternehmens leistet.

Die Formel für den Deckungsbeitrag lautet:

Erlös pro Dienstleistung/Stück
./. direkt zurechenbare variable Kosten pro Dienstleistung/Stück

= Deckungsbeitrag

Mit Hilfe der nachfolgenden Darstellungen lassen sich diese Überlegungen näher erläutern.

Deckungsbeitragsrechnung

	KOSTENSTELLE TRANSPORTE national		
	Lkw Nr. 01	Lkw Nr. 02	Lkw Nr. 03
UMSÄTZE €	27.000,–	26.000,–	30.000,–
minus variable Kosten	11.000,–	9.000,–	12.000,–
Deckungsbeitrag	16.000,–	17.000,–	18.000,–
minus F I X E K O S T E N insgesamt			35.000,–
= B E T R I E B S E R G E B N I S			16.000,–

DIE DECKUNGSBEITRAGSRECHNUNG 2

Teilkostenmatrix (Deckungsbeitragsrechnung)

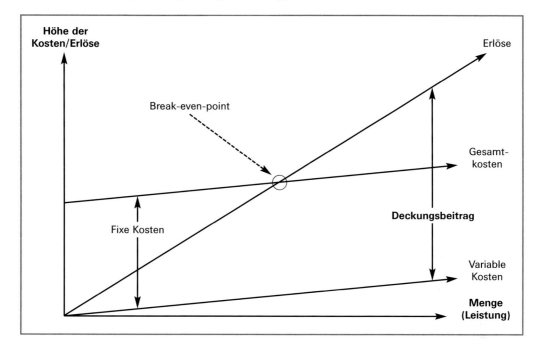

(!) Merksätze

→ Bei der Vollkostenrechnung werden dem Kostenträger alle im Betrieb anfallenden Kosten anteilig zugerechnet.

→ Die Vollkostenkalkulation wird vor allem bei langfristigen marktwirtschaftlichen Kalkulationsüberlegungen verwendet.

→ Die Deckungsbeitragsrechnung wird auch Teilkostenrechnung genannt.

→ In der Deckungsbeitragsrechnung werden nur die direkt zurechenbaren Kosten des Kostenträgers einzeln erfasst. Eine Aufteilung der Gemeinkosten wird nicht vorgenommen.

→ Die Formel für die Deckungsbeitragsrechnung lautet:

$$\begin{array}{r}\text{erzielter Erlös}\\ ./.\ \text{variable Kosten/Stück}\\ \hline =\ \text{Deckungsbeitrag}\end{array}$$

→ Die Deckungsbeitragsrechnung wird in erster Linie für kurzfristige Planungen und für die Berechnung des kurzfristigen Unternehmenserfolges verwendet.

→ Die Deckungsbeitragsrechnung ist ein Führungsinstrument für strategische und operative Entscheidungen.

Betriebswirtschaftliche Statistik und Vergleichsrechnung

A) Begriff und Aufgaben

Mit Hilfe der betriebswirtschaftlichen Statistik werden die in der Buchhaltung und Kostenrechnung ermittelten Zahlen aufbereitet.
Diese Aufbereitung führt zwar nicht zu neuen Erkenntnissen, soll aber eine einfache und übersichtliche Darstellung der betrieblichen Vorgänge möglich machen.

Adressaten sind zunächst die betrieblichen Entscheidungsträger.
Für sie ist die Statistik und die Vergleichsrechnung ein wichtiges Entscheidungs- und Führungsinstrument, um betriebliche Mängel zu erkennen und zu beseitigen.
Sie dient als Grundlage für kurz-, mittel- und langfristige Planung.

Daneben werden die Informationen der betrieblichen Statistik auch außerhalb der Unternehmung benötigt, beziehungsweise verwendet.
Diese externen Interessenten könnten zum Beispiel Verbände, Gebietskörperschaften, Anteilseigner, Aktionäre, Versicherungen, Kunden, Lieferanten, Geschäftspartner, Verkehrsbehörden und nicht zuletzt die Banken sein.
Bei Banken dienen betriebswirtschaftliche Statistiken und Vergleichsrechnungen in erster Linie zur Festigung der Kreditwürdigkeit der Unternehmung, vor allem bei zu geringen Sicherheitsleistungen für Kreditanträge.

In betriebswirtschaftlichen Statistiken werden durchaus auch außerbetriebliche Einflussgrößen verwendet, sofern diese auf betriebliche Entwicklungen Auswirkungen haben.
Dies könnten zum Beispiel die Preisentwicklung auf den Beschaffungs- und Absatzmärkten, Konkurrenz- und Kundenverhalten und Marktforschungsergebnisse sein.

B) Darstellungsformen

Betriebswirtschaftliche Vorgänge können – je nach Adressat und Darstellungszweck – in verschiedenen Formen statistisch und/oder vergleichend dargestellt werden. Um zu einem bestimmten Darstellungsergebnis zu kommen, müssen erst einmal die Zahlen entsprechend aufbereitet werden.
Die Zahlen können in absoluten Zahlen, in Verhältniszahlen oder in Durchschnittszahlen aufbereitet werden.

Absolute Zahlen

Absolute Zahlen sind Zahlen, die entweder aus der Finanzbuchhaltung, aus der Betriebsbuchhaltung oder aus externen Quellen stammen können.

Sie geben die tatsächliche Höhe eines bestimmten Vorganges absolut, d.h. ohne Vereinfachung oder Bezugsgrößendarstellung, an.
Sie haben lediglich registrierenden Charakter und sollen weder Aussagen vertiefen noch Querverbindungen aufzeigen.

Verhältniszahlen

sind Zahlen, die in Bezug zu anderen Zahlen gesetzt werden.

Dabei gibt es folgende Unterscheidungsmerkmale:

Gliederungszahlen

Bei Gliederungszahlen werden einzelne Teile mit der Gesamtheit verglichen. Beispiel: Der Umsatz der Niederlassungen A mit dem Gesamtumsatz der Firma.

Beziehungszahlen

Beziehungszahlen dagegen stellen einen Vergleich ähnlicher oder gegensätzlicher Größen dar. Beispiel: Gewinn zum Umsatz oder den Vergleich der Niederlassung A mit der Niederlassung B.

Veränderungszahlen bzw. Indexzahlen

Bei Veränderungszahlen bzw. Indexzahlen wird ein bestimmter Zeitabschnitt in Bezug zu einem anderen oder mehreren Zeitabschnitten gesetzt. Beispiel: Der Benzinpreis des Jahres 2000 wird gleich 100 gesetzt, so dass die Veränderungen der folgenden Jahre jeweils im Bezug zum Basisjahr 2000 gesetzt werden und entsprechend ihrer Veränderungsgröße als Indexzahlen festgestellt werden können.

Durchschnittszahlen

Durchschnittszahlen sind Mittelwerte, die zum Vergleich von bestimmten Einzelzahlen herangezogen werden. Beispiel: Vergleich der Durchschnittsrentabilität einer Branche zur Rentabilität eines Betriebes, oder die durchschnittlichen variablen Kosten eines
Omnibusses im Vergleich mit einem anderen Omnibus.

C) Darstellungsarten

Nach der Zahlenaufbereitung muss das Zahlenmaterial in möglichst übersichtlicher, plakativer Form dargestellt werden, um auch Außenstehenden Zusammenhänge, Vergleiche, Durchschnittswerte und Abhängigkeiten verständlich zu machen.

Dies kann mit Hilfe folgender Darstellungsarten geschehen:

Statistische Tabellen

Statistische Tabellen sind schematische Text- und Zahlendarstellungen wie z.B.:

DIESEL-VERBRAUCHS-TABELLE						
DURCHSCHNITTLICHER VERBRAUCH IN LITER						
MONAT	Januar	Februar	März	April	Mai	Juni
Lkw 01	32,5	34,7	30,2	31,4	29,5	30,7
Lkw 02	35,3	34,9	33,2	34,7	30,4	32,8
Lkw 03	37,6	36,3	34,9	35,3	33,9	35,8
Lkw 04	34,8	35,7	36,2	32,4	32,6	32,9

Grafische Darstellungen

sind Darstellungen, bei denen es weniger auf absolute Aussagen als auf vergleichende Schaubilder ankommt.
Hierbei werden die Zahlenwerte entweder durch Linien, Punkte, Kurven oder Flächen oder durch Körper dargestellt.

1. Linien- oder Strichdiagramm

Fremdkapital	—	—	Eigenkapital
Forderungen	—	—	Verbindlichkeiten
Anlagevermögen	—	—	Umlaufvermögen

500 400 300 200 100 0 100 200 300 400 in **1000** €

2. Kurvendiagramm

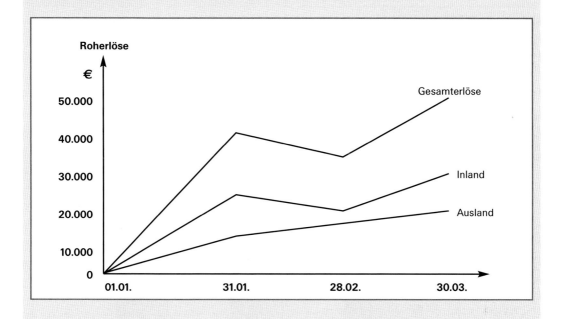

3. Flächendiagramm

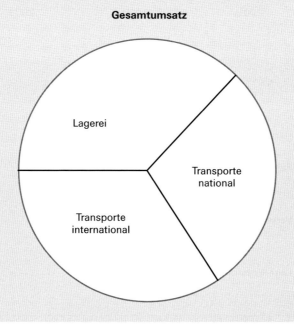

4. Stab- oder Säulendiagramm

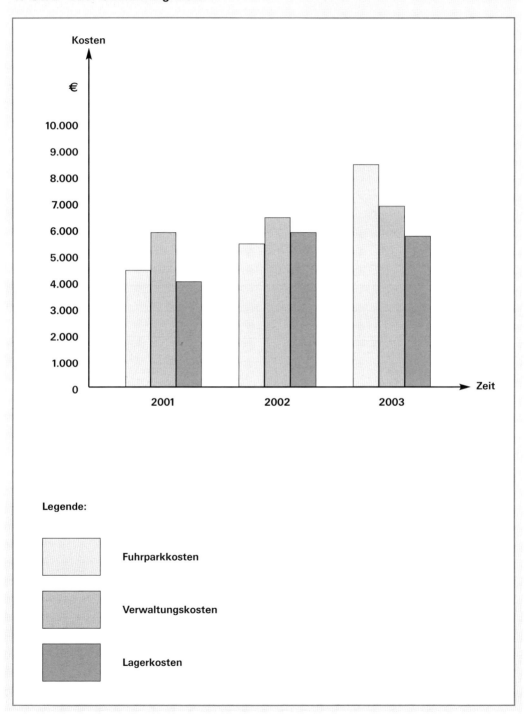

Controlling in Verkehrsbetrieben

1. Controlling als Führungsinstrument

Begriff des Controllings:

Controlling ist eine – zuerst in amerikanischen – jetzt auch in deutschen Unternehmen sich bewusst herausbildende Teilfunktion innerhalb der Unternehmensführung.
Hierbei haben die **„Controllingfunktioner"** die Aufgabe, durch fundierte Informationen hauptsächlich aus dem Bereich Rechnungswesen, Zahlen ebenso wie Fakten für die Unternehmensleitung aufzubereiten, zu interpretieren und Strategien für die Zukunft zu erarbeiten.

Folglich sind die Aufgabengebiete des Controllings:

- **Ist-Kontrolle**
- **Planung**
- **Steuerung**
- **Permanent-Erfolgs-Kontrolle.**

Controlling ist kein betriebswirtschaftlicher Baustein einer Unternehmung. Es hat nur dann eine Daseinsberechtigung, wenn es als funktionsübergreifendes Führungsinstrument eingesetzt wird.

Durch das Registrieren und Sammeln von Erfahrungswerten, durch die laufende Kontrolle der geplanten Werte (Soll-Werte) im Vergleich mit den effektiv angefallenen Werten (Ist-Werte), können die Schwachstellen im Unternehmen rechtzeitig erkannt werden.
Unternehmensleitung wie Führungskräfte haben dann die Möglichkeit, relativ schnell Gegenmaßnahmen durchzuführen.

2. Die Aufgaben des Controllers

Die Aufgaben des Controllers bestehen in der Beschaffung, Verarbeitung, Zusammenstellung und Präsentation externer und interner Daten zum Zwecke der Entscheidungsfindung.
Der Controller hat also Informationen zusammenzutragen und auszuwerten. Deshalb muss er ein ergebnisorientiertes Planungs-, Kontroll- und Steuerungssystem im Unternehmen einführen.

Alle Führungskräfte im Unternehmen sollen sich am Planungs-, Kontroll- und Steuerungsprozess beteiligen.
Die Durchführung dieser Aufgaben darf nicht allein dem Controller überlassen werden. Der Controller sollte nur Koordinator, Berater und Navigator im Unternehmen sein.
Die Einführung einer Controlling-Konzeption stellt einen ständigen Lernprozess für alle Mitarbeiter im Unternehmen dar.

Der Controller hat auch für die eventuell notwendigen internen sowie externen sukzessiven Schulungen der Mitarbeiter zu sorgen.

3. Die Bausteine des Controlling-Systems

a) Ist-Kontrolle

Um ein funktionierendes Controlling-System in einem Betrieb zu installieren, muss zunächst einmal der Ist-Zustand aller Teilbereiche des Unternehmens festgestellt werden. Sofern noch kein funktionierendes betriebliches Rechnungswesen im Unternehmen installiert ist, muss dies – wie in den vorherigen Kapiteln beschrieben – eingerichtet werden; denn nur mit Hilfe des Rechnungswesens ist eine Detail-Ist-Kontrolle möglich.
Weiterhin muss die Betriebsorganisation durchleuchtet und als Organigramm festgehalten werden.
Dies beinhaltet selbstredend auch die Führungsorganisation sowie Lenkungs- und Leitungsmethoden der Unternehmung.

In einem Dienstleistungsunternehmen wird es unabdingbar sein, auch das Personalwesen und die Personalpolitik auf ihre Effektivität und Effizienz hin zu überprüfen, einschließlich der Ausbildung von Mitarbeitern und des Führungspersonals.

Der nächste Controll-Schritt betrifft die externen Verbindungen des Unternehmen wie zum Beispiel:

- Querverbindungen zu Niederlassungen oder Tochterfirmen
- Marketingsystem des Unternehmens
- Materialbeschaffung wie Einkaufsmethoden bzw. Einkaufspolitik
- Personalwerbung/Personalbeschaffungsmethoden
- Beziehungen zu Partnerunternehmen
- Vermittlungs- und Abfertigungssystem-Kontrolle
- Überprüfung von Subunternehmensverbindungen
- Image der Firma bei Kunden, Lieferanten, Konkurrenten und Öffentlichkeit
- Presse- und Öffentlichkeitsarbeit der Firma usw.

b) Planung

Jeder Betrieb, der in Zukunft auf dem europäischen Verkehrsmarkt bestehen will, muss eine fundierte betriebliche Planung vorweisen können, um seine Leistungserstellung zielkonform führen zu können.

Die Definition der Planung ist:

Unter betrieblicher Planung versteht man die gedankliche Vorwegnahme zukünftigen unternehmerischen Handelns.
Je nach Fristigkeit der Planung werden kurz-, mittel- und langfristige Pläne unterschieden.

PLANUNGSMATRIX:

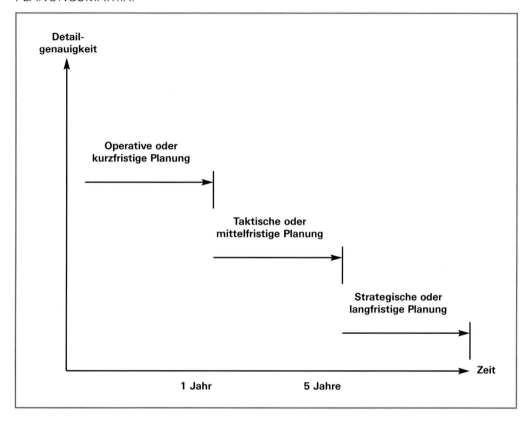

Langfristige Pläne umfassen in der Regel **mehr als 5 Jahre (strategische Planung)**.
Bei **strategischen Plänen** handelt es sich insbesondere um Orientierungseckdaten für zukünftige Marktstrategien, keinesfalls aber um Detailplanungen.

Die **mittelfristige oder taktische Planung** umfasst den Zeitraum von **ein bis fünf Jahren**. Für diesen Zeitraum werden die strategischen Pläne konkretisiert und zu genauen **Marketing- oder Objektzielen** definiert.

Die **kurzfristigen oder operativen Planungen** haben einen Zeitbezug, der **bis zu einem Jahr** angelegt ist.

Hier werden Einzelmaßnahmen, die für die Umsetzung der operativen sowie strategischen Planung notwendig sind, durchdacht und festgelegt.

Planungsmethoden:

Je nach betriebsbedingter Notwendigkeit werden starre oder gleitende Planungen vorgenommen.
Die **starre Planung** wird für einen bestimmten Zeitraum vorgenommen und während dieses Zeitabschnittes nicht verändert.
Im Gegensatz dazu wird die **rollende** (oder gleitende) **Planung** zunächst für einen längeren Zeitraum erstellt und dabei aktualisiert, sowie den wechselnden Realitäten angepasst.

Die für Verkehrsunternehmen bedeutendsten Pläne sind der **Beschaffungsplan**, der **Organisations-** oder **Produktionsplan**, der **Marketing-** oder **Absatzplan** und der **Finanzplan**.

Der **Beschaffungsplan**

dient in erster Linie der Einsatzmaterial-Beschaffung; hier werden innerbetriebliche Logistikverknüpfungen sowie Beschaffungsquantitäten festgelegt.

Der **Organisationsplan**

regelt den inner- wie außerbetrieblichen Ablauf, aber auch Zuständigkeiten im Verkehrsunternehmen. Bei langfristig angelegten Aufträgen kann es sinnvoll sein, diese separat zu planen um Friktionen mit dem üblichen Betriebsablauf zu vermeiden. Dem Organisationsplan vorangestellt wird zunächst eine Organisationsanalyse. Die Durchführung einer Organisationsanalyse beginnt mit dem Erkennen eines Organisationsproblems und der Erteilung eines entsprechenden Organisationsauftrages an die zuständigen Führungskräfte durch den Controller. Dieser überwacht laufend die Planvorgaben mit dem Ist-Zustand.

Der **Marketingplan**

hat die Aufgabe, den in Frage kommenden Absatzmarkt nach bestimmten Kriterien in homogene Marktsegmente aufzusplitten, um eine optimale Verkehrs-Dienstleistung zu ermöglichen. Auch die Erschließung neuer Märkte sowie das entsprechende Realisierungskonzept zählt zur Marketingplanung.

Der **Finanzplan**

legt die Finanzierung künftiger Vorhaben oder Projekte fest. In ihm werden die Bildung von Rücklagen, die Bildung und Auflösung von Reserven, die Aufnahme von Fremdkapital wie zum Beispiel von Bankkrediten sowie die Zins- und Tilgungsraten festgelegt.

c) *Unternehmenssteuerung*

Das wichtigste Instrument der Unternehmenssteuerung ist das **betriebliche Informationswesen**.

Unter einem betrieblichen Informationswesen versteht man die Gesamtheit aller Mittel, Maßnahmen und Einrichtungen, die ein Betrieb aufbietet, um die Betriebsangehörigen mit den zur Aufgabenerfüllung notwendigen Informationen zu versorgen.

Dieser Informationsfluss muss – möglichst mit Hilfe eines Organigramms – gesteuert und ständig vom Controller auf Verbesserungsmöglichkeiten überprüft werden.

Um Friktionen innerhalb des Betriebes zu vermeiden, ist weiterhin eine klare **Hierarchiestruktur** notwendig. Dabei wird mit Hilfe eines Aufgabenverteilungsplanes in Verbindung mit entsprechenden Stellenbeschreibungen eine klare Abgrenzung und Unterteilung der einzelnen Bereiche vorgenommen. Diese Hierarchiestruktur muss ständig überprüft und entsprechend den personellen Veränderungen und Unternehmensentwicklungen angepasst werden.

Hierarchiesysteme:
  Das Liniensystem

Das Liniensystem ist die straffeste Form der organisatorischen Gliederung des Betriebes.
Hier darf eine Instanz nur von einer übergeordneten Anweisungen erhalten. Folglich sind sämtliche Abteilungen in einen einheitlichen Instanzenweg eingegliedert.
Es besteht von der Betriebsleitung bis zur untersten Stelle eine eindeutige Linie der Weisungsbefugnis und Verantwortung, die über mehrere Zwischenstufen führt.

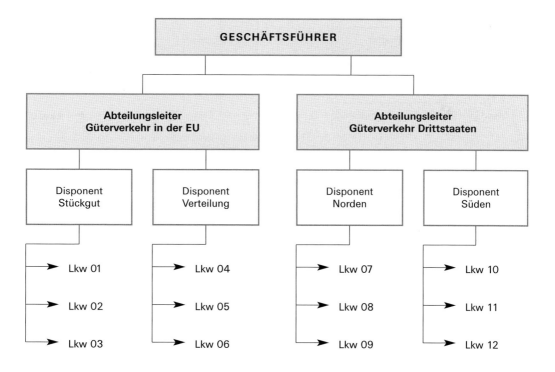

Das Stabliniensystem

Das Stabliniensystem ist ebenso strukturiert wie das Liniensystem, mit der Ausnahme, dass der Führungsleiste eine oder mehrere Stabstellen zur Seite gestellt werden.
Diese Stabstellen haben meistens keine Weisungsbefugnisse und sind nur der Geschäftsleitung untergeordnet.
Eine Stabstelle kann zum Beispiel die Controllingabteilung sein.

Das Funktionssystem

Der Weg der Aufträge, Weisungen und Mitteilungen wird hier nicht durch den Instanzenweg bestimmt, sondern von der Art der betreffenden Aufgaben.

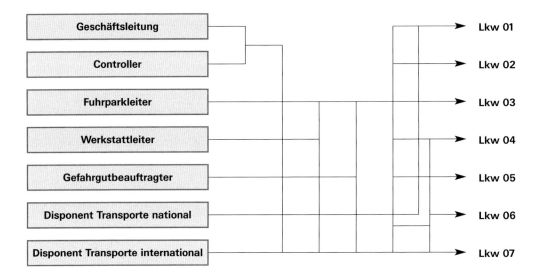

Die Matrixorganisation

Die Matrixorganisation entsteht durch die Überlagerung von funktionsorientierten Organisationsstrukturen, die formal einer Matrix gleichen.
Jede Abteilung ist gleichrangig und hat als übergeordnete Stelle nur die Geschäftsleitung.
Jede Abteilung hat auf ihrem Gebiet Entscheidungsvollmacht und muss mit den anderen Abteilungen kooperieren.
Jede Abteilung bildet eine Kostenstelle, die separat erfolgsorientiert sein muss (Profit Center).

Die Betriebsleitung hat hier in erster Linie eine Koordinationsfunktion.

d) Permanent-Erfolgs-Kontrolle

Die Permanent-Erfolgs-Kontrolle bedeutet, dass nicht nur stichprobenweise oder bei Sonderaufträgen eine Erfolgskontrolle durchgeführt wird. Vielmehr wird systematisch mit Hilfe des Rechnungswesens in Verbindung mit der betriebswirtschaftlichen Statistik, eine dauernde Kontrolle des gesamten betrieblichen Ablaufs detailliert durch den Controller vorgenommen.

4. Realisierung des Controllings in Verkehrsbetrieben

Es genügt nicht, einen Controller einzustellen und auszubilden, ihm einen Schreibtisch zuzuweisen und darauf zu schließen, dass nun ein funktionierendes Controlling-System eingeführt ist.
Dies bedarf vielmehr gründlicher innerbetrieblicher Maßnahmen.

a) Anforderungen an die Unternehmensleitung

Zunächst muss sicher gestellt werden, dass alle Führungskräfte des Unternehmens über die Funktion und Befugnis des Controllers informiert werden, mit der Auflage, diesen von Beginn an zu unterstützen.
Weiterhin sollte anfangs monatlich, später vierteljährlich ein Führungsbriefing stattfinden. Hier werden alle Informationen und Ergebnisse des Controllings zusammengefasst, ausgewertet und weitere Maßnahmen beschlossen.
Dabei ist ein kooperativer Führungsstil angebracht, da mit autoritären Maßnahmen eventuell notwendige Umstrukturierungen wie Umorganisation bei altgedienten Führungskräften auf Unverständnis stoßen.

b) Anforderungen an die Controllerstelle

Die Controllerstelle sollte nach Möglichkeit eine Stabstelle sein und nur der Geschäftsleitung direkt unterstehen.
Der Controller muss direkte Weisungsbefugnisse gegenüber dem Leiter des Finanz- und Rechnungswesens haben.
Ohne eine moderne Datenverarbeitungsanlage inklusive entsprechender Software ist der Arbeitsplatz des Controllers nur eingeschränkt funktionsfähig.
Weiterhin ist es zwingend erforderlich, den Arbeitsplatz des Controllers in der Nähe der Buchhaltung bzw. der Kostenrechnungsstelle anzugliedern.
Der Controller muss jederzeit Zugriffsmöglichkeiten auf alle Buchungs- und Kostenrechnungsunterlagen haben.

2 CONTROLLING IN VERKEHRSBETRIEBEN

c) Anforderungen an den Controller

Die Person, die als Controller in einem Verkehrsbetrieb eingestellt wird, muss eine fundierte Ausbildung, basierend auf praktischer Kostenrechnungserfahrung mit Hilfe externer Weiterbildungslehrgänge haben.
Die Fähigkeit, überzeugen zu können, ist unerlässlich.
Weiter sollte eine Ausbildung in einem Verkehrsberuf wie z. B. Reiseverkehrskaufmann, Speditionskaufmann oder Verkehrsfachwirt, zumindest aber entsprechende Erfahrung in einem Betrieb der Verkehrswirtschaft vorhanden sein.
Die Anwendung der elektronischen Datenverarbeitung darf für den Controller kein Problem darstellen.

d) Erforderliche Organisationsmaßnahmen

Bevor Controlling in einem Unternehmen eingeführt wird, ist die Organisation des Unternehmens mit Hilfe eines Organigramms zu überprüfen.
Dabei zeigen sich vor allem bei Dienstleistern, die überwiegend mittelständisch strukturiert sind, oft Schwächen, die beseitigt werden müssen.
Häufig sind die Verantwortungsbereiche nicht klar abgegrenzt. Es entstehen laufend Überschneidungen und folglich Friktionen zwischen einzelnen Führungskräften, die dann Arbeitsabläufe negativ beeinflussen.

Um diese oder andere Probleme im Unternehmen zu beseitigen, ist eine Überarbeitung der Organisation erforderlich.
Das Führungspersonal akzeptiert relativ schnell die neue Organisationsform, wenn neben der Unternehmensleitung auch jede Führungskraft selbst kooperativ ihre Vorschläge zur Änderung der Organisation einbringen kann.

(!) Merksätze:

→ Mit Hilfe der betriebswirtschaftlichen Statistik werden die in der Buchhaltung und Kostenrechnung ermittelten Zahlen aufbereitet.

→ Die Statistik- und Vergleichsrechnung ist eine der Grundlagen für das betriebliche Planwesen.

→ Die Aufbereitung von statistischem Material kann mit Hilfe von absoluten Zahlen, Verhältniszahlen oder Durchschnittszahlen durchgeführt werden.

→ Der Betriebsabrechnungsbogen ist eine statistische Tabelle.

→ Grafische Darstellungen sind z. B. Linien- oder Strichliniendiagramme, Kurvendiagramme, Flächendiagramme sowie Stab- oder Säulendiagramme.

→ Die Aufgabengebiete des Controllings sind

   a) Ist-Kontrolle des Rechnungswesens und der Betriebsorganisation;
   b) Erarbeiten der betriebl. Planung auf den Grundlagen von Ist- und Soll-Werten;
   c) Installierung und Überprüfung von betrieblichen Steuerungsmechanismen;
   d) Die Permanent-Erfolgs-Kontrolle aller betrieblichen Maßnahmen.

→ Der Fristigkeitshorizont der Planung besteht aus:

   a) operativer oder kurzfristiger Planung,
   b) taktischer oder mittelfristiger Planung,
   c) strategischer oder langfristiger Planung.

Finanzierung

Die Finanzierung von Anlage- und Umlaufvermögen kann entweder über die Formen der Innenfinanzierung, der Außenfinanzierung oder über besondere Finanzierungsformen erfolgen.

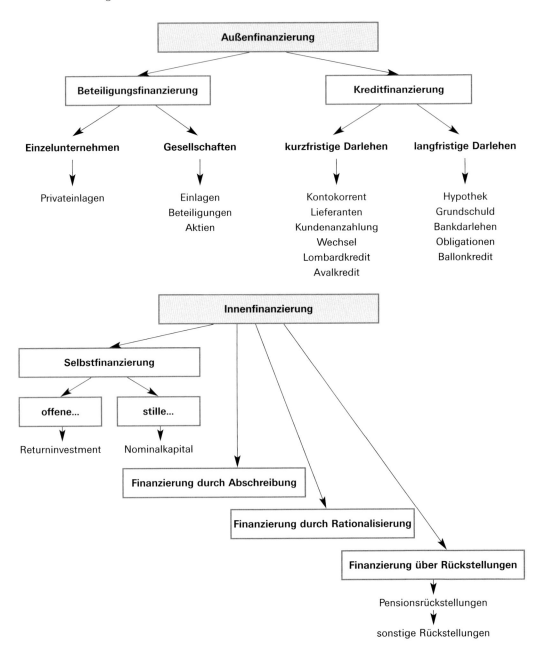

FINANZIERUNG 2

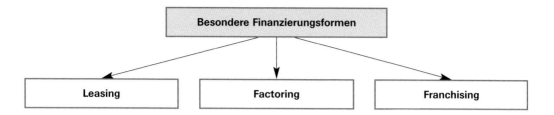

Nachfolgend aufgelistet sind die wichtigsten Fachbegriffe der Finanzierung inklusive der jeweiligen Kurzerklärung.

– Abschlusszahlungen

Häufig geben die Leasingfirmen, um ihren größeren Stamm-Kunden die größtmögliche Flexibilität zu geben, die Möglichkeit, ihren Vertrag vorzeitig aufzulösen. Allerdings muss hier der Kunde in der Regel eine Abschlusszahlung leisten. Diese ist häufig so bemessen, dass sie den gesamten Aufwand des Leasinggebers, unter Berücksichtigung der vom Leasingnehmer bereits geleisteten Zahlungen, ausgleicht.

– Abschreibung

Unternehmer, die Autos über eigene oder fremde Mittel finanzieren, sind wirtschaftliche Eigentümer der Fahrzeuge.
Sie können deshalb diese Anschaffungskosten als Betriebsausgaben entsprechend der AfA-Tabellen (AfA = Absetzung für Abnutzung) abschreiben.
Für Personenkraftwagen gilt in der Regel eine Abschreibungsdauer von sechs Jahren. Bei hohen Fahrleistungen (mindestens 25.000 km pro Jahr) ist auch eine Abschreibung über fünf Jahre erlaubt.
Das Unternehmen kann bei der Fahrzeugabschreibung steuerrechtlich zwischen der linearen oder der degressiven Abschreibung wählen. Die progressive Abschreibung ist in der Regel nicht zulässig.
Bei der linearen AfA bedeutet dies eine jährliche Abschreibung von 17 beziehungsweise 20 Prozent (Kaufpreis geteilt durch die Jahre der Nutzung).
Bei der degressiven AfA wird in fallenden Beträgen abgeschrieben. Sie beträgt maximal 20 %. Allerdings werden diese 20 % vom jeweiligen jährlichen Buchwert des Jahres berechnet und nicht vom Kaufpreis.
Wichtig dabei ist: Der Übergang von der degressiven zur linearen AfA ist erlaubt, nicht aber umgekehrt.

– Agio

Aufgeld, das der Kreditgeber vom Darlehensnehmer über den Nennbetrag hinaus erhält. Beträgt das Agio bei einem Darlehen in Höhe von € 100.000,– beispielsweise fünf Prozent (€ 5.000,–), so muss der Kunde der Bank € 105.000,– zurückzahlen.

– Akzeptkredit

Die Bank akzeptiert einen gezogenen Wechsel und löst diesen bei Fälligkeit ein.

– Amortisation

Amortisation unter betriebswirtschaftlichen Gesichtspunkten ist die planmäßige Tilgung einer Schuld oder Abschreibung.
Ist ein Wirtschaftsgut amortisiert, haben die Zahlungen des Leasing- oder Kreditnehmers die Investitionskosten abgedeckt.
Bei Leasingverträgen unterscheidet man zwischen Voll- und Teilamortisation.

– Andienungsrecht

Bei ausgefallenen Fahrzeugen oder Fahrzeugen mit Spezialaufbauten verknüpfen Leasingfirmen die Verträge in der Regel mit einem Andienungsrecht.
Bei einem Leasingvertrag mit Andienungsrecht kann die Leasingfirma nach Ende der Grundmietzeit frei über das Fahrzeug verfügen und verlangen, dass der Leasingnehmer das Fahrzeug zu einem vorab fest vereinbarten Kaufpreis übernimmt.
Der Andienungspreis besteht in der Regel im sogenannten Restwert, also dem in der Grundmietzeit nicht amortisierten Teil der Anschaffungs- oder Herstellungskosten des Leasinggebers.

– Annuitätendarlehen

Ein Annuitätendarlehen ist ein langfristiger Kredit, der als Rückzahlungsmodalität eine Annuität, also eine regelmäßige Rate vorsieht. Da der gesamte Kreditbetrag im Lauf der Zeit sinkt, nimmt der Zinsanteil der Rate ab.

– Anschaffungskosten

Die Anschaffungskosten sind alle Kosten, die mit dem Kauf eines Fahrzeugs verbunden sind. Folglich auch solche, die durch den Zoll, den Transport, die Zulassung und die Übergabe des Fahrzeuges entstehen.

– Avalkredit

Die Bank übernimmt für den als besonders zahlungsfähig bekannten Kunden über einen gewissen Zeitraum eine Bürgschaft.

– Ballonkredit

Beim sogenannten Ballonkredit tilgen die monatlichen Raten nicht den gesamten Kaufpreis sondern wie beim Leasing nur die Differenz zwischen Anschaffungskosten minus Anzahlung und kalkuliertem Restwert.
Die monatliche Belastung fällt daher zunächst deutlich niedriger aus. Dafür muss der Kreditnehmer den am Ende der Laufzeit (meist zwischen 12 und 48 Monaten) offen stehenden Betrag mit einer höheren Schlussrate tilgen. Diese darf den zu erwartenden Marktwert am Vertragsende nicht übersteigen.

– Barwert

Bei der Berechnung des Barwertes werden Leasing- oder Kreditraten inklusive Zinsen und Zinseszinsen berücksichtigt.
Diese so genannte Barwertmethode ist ein hilfreiches Verfahren, um verschiedene Finanzierungsalternativen miteinander zu vergleichen.

– Bereitstellungszinsen

Die Bereitstellungszinsen werden von den Banken bei einem zugesagten, aber noch nicht abgerufenen Kredite berechnet.
Vermeiden lassen sich die Bereitstellungszinsen dadurch, dass man mit dem Kreditinstitut die sofortige Auszahlung des Darlehens vereinbart und diesen Betrag dann beispielsweise auf einem Festgeldkonto anlegt. Dies lohnt sich natürlich nur dann, wenn die Festgeldzinsen ähnlich hoch sind wie die Darlehenszinsen.

– Blankokredit

Ein so genannter Blankokredit ist ein ungesicherter Kredit, für den die Bank vom Kreditnehmer keine besonderen zusätzlichen Sicherheiten – etwa in Form von Immobilien-Grundbucheintragungen – verlangt.
Blankokredite werden nur an Unternehmen mit ausreichender Bonität vergeben.

– Blanko-Wechsel

Eine Wechselübertragung ohne Angabe des Indossatars (durch Indossament ausgewiesener Wechselgläubiger).

– Bürgschaft

Eine Bürgschaft ist die Verpflichtung des Bürgen für eine Person oder Firma gegenüber dem Gläubiger für die Erfüllung der Schuld einzustehen.
Dadurch erhält der Gläubiger die Möglichkeit auch auf das Vermögen des Bürgen zuzugreifen.
Die Haftung des Bürgen kann mit speziellen Vereinbarungen wie zum Beispiel der Höchstbetragsbürgschaft eingeschränkt werden.

– Cashflow

Als Cashflow wird der Betrag bezeichnet der bei der Auswertung der Gewinn- und Verlustrechnung die Wirtschaftskraft des Unternehmens innerhalb einer festgelegten Periode darstellt. Es ist der Nettozugang an liquiden Mitteln.
Die Formel lautet: Gewinn vor Steuern plus Abschreibungsbeträge oder Erlöse minus Aufwand ohne Berücksichtigung der Abschreibungsbeträge.

– Cross-Border-Leasing

Als Cross-Border-Leasing wird ein Leasinggeschäft bezeichnet, bei dem die Beteiligten in verschiedenen Ländern ansässig sind. Dies kann zu steuerlichen Vorteilen, vor allem bei der Mehrwertsteuer, führen.

– Factoring

Verkauf von Forderungen an Kunden an einen Dritten (Factoringbank).

– Franchising

Die Vermietung/Verpachtung einer Produktions- und/oder Vertriebsidee nach festen Regularien.

– Indossament

Die auf der Rückseite eines Orderpapiers angebrachte Erklärung, mit der der jeweilige Inhaber (Indossant) das Eigentum – und damit das Recht aus dem Papier – auf den von ihm, im Indossament-Vermerk genannten Empfänger (Indossatar), überträgt.

– Leasing

Leasing ist eine besondere Form der Langzeitmiete, die in erster Linie für Mobilien verwendet wird. Nachfolgend abgebildet die gängigsten Leasingformen.

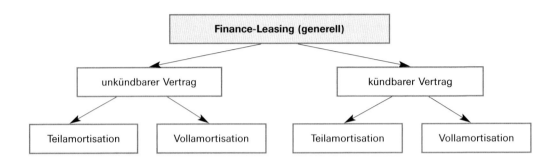

Nutzungszeitraum mindestens 40 % der AfA, maximal 90 % der AfA
Rechtliche Basis Leasingerlass 71/72

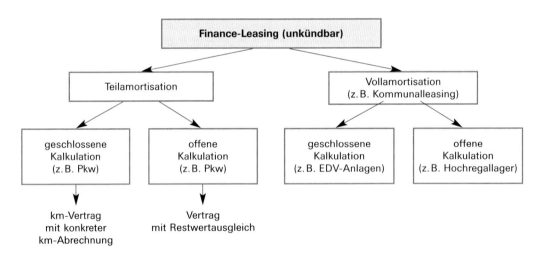

Nachfolgend abgebildet sind die zur Zeit üblichen Formen der Leasingverträge für Kraftfahrzeuge

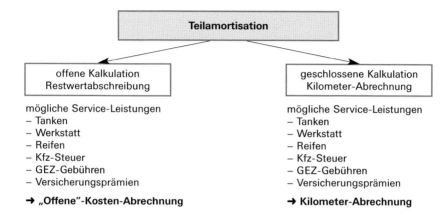

- **Lombardkredit**

Die Bank beleiht die im Besitz des Unternehmens befindlichen Wertpapiere, Waren, Edelmetalle und dergleichen.
Dabei geht die Bank nicht von der Gesamtheit aus, sondern nur von einem bestimmten Prozentsatz, vom Tageswert des Vermögens.

- **Miete**

Ein Objekt wird auf einen festgelegten oder andauernden Zeitraum dem Mieter zur Nutzung überlassen. Vertrags- und steuerrechtlich ist der Vermieter auf Dauer der Eigentümer, der Mieter ist lediglich Besitzer der Mietsache.

- **Mietkauf**

Das Objekt wird zunächst gemietet. Bei Vertragsende wird in der Regel das Eigentum auf den Besitzer zum festgelegten oder bewerteten Preis übertragen.

- **Ratenkauf**

Besitz und Eigentum des Objektes werden übertragen. Wobei in der Regel der Verkäufer einen Eigentumsvorbehalt bis zur Bezahlung der letzten Rate vereinbart.
Der Verkaufspreis wird in Form eines Darlehens in Raten bezahlt.

- **Sale-and-lease-back**

Ein Unternehmen verkauft Mobilien oder Immobilien an eine Leasinggesellschaft und dieses least es dann wieder an. Das Eigentum wechselt zum Leasinggeber, das Unternehmen behält den Besitz.

- **Teilamortisation**

Bei Vertragsende eines Leasingvertrages bleibt ein vorab festgelegter Restwert.

- **Vollamortisation**

Leasingraten und Laufzeit werden so festgelegt, dass am Vertragsende kein Restwert bleibt.

– Wechsel

Der Wechsel ist ein schriftliches Zahlungsversprechen (Orderpapier), das an eine Bank weiterverkauft (diskontieren) oder an einen Lieferanten weitergereicht werden kann, um eigene Rechnungen zu begleichen (indossieren).
Geht ein Wechsel zu Protest (wird zum vereinbarten Zahlungsziel nicht bezahlt) kann ohne Mahnverfahren der Gerichtsweg eingeschlagen werden.

– Zeitwert

Im Gegensatz zum Buchwert der die steuerliche Bewertung des Anlage- und Umlaufvermögens darstellt, ist der Zeitwert der am Markt tatsächlich zu erzielende Verkaufswert von Gütern zum Zeitpunkt der Bewertung.

Rechenbeispiele für Fachkundeprüfungen

Zum Einstieg in die Fahrzeugkosten-Rechnung hier noch einmal ein paar Beispiele aus dem Alltag:

Berechnung der Reifenkosten

Ausgangsdaten:
Pkw, 4 Reifen, 65.000 km Reifenaufleistung, 112,50 Euro Kosten pro Reifen

Berechnung:
4 (Reifen) mal 112,50 Euro = 450,- Euro geteilt 65.000 km
= 0,00692 Euro pro Kilometer
oder
= 0,692 Euro pro 100 Kilometer
oder
= 0,692 Cent pro Kilometer

Berechnung der Treibstoffkosten

Ausgangsdaten:
Verbrauch 28,5 Liter/100 km, 1,05 Euro pro Liter Kosten, gefahrene Kilometer 120.000

Berechnung:
28,5 Liter mal 1,05 Euro
= 29,925 Euro auf 100 Kilometer, geteilt durch 100
= 0,2999 Euro pro Kilometer
oder
= 29,925 Cent pro Kilometer

Berechnung der Abschreibung

Ausgangsdaten:
Kaufpreis des Fahrzeugs mit Reifen 120.910,- Euro, Laufleistung pro Jahr 85.000 Kilometer, gesamte Laufleistung 680.000 Kilometer, Einsatztage 230 pro Jahr, Bereifungskosten 910,- Euro

Berechnung:

- Gesamte Laufleistung 680.000 km geteilt durch 85.000 km Laufleistung pro Jahr
  (= 8 Jahre Einsatzzeit des Fahrzeugs)
- 120.910,- Euro Kaufpreis minus 910,- Euro Reifenkosten
  = 120.000,- Euro geteilt durch 8 Jahre = 15.000,- Euro
  Abschreibung pro Jahr (fix und variabel)
- 15.000,- geteilt durch 2 = **7.500,- Euro je fixe und variable Kosten**
- 7.500,- geteilt durch 85.000 km Jahreslaufleistung
  = **0,08824 Euro Abschreibung pro Kilometer** (variabler Wertverlust)
  oder
  = **8,824 Cent Abschreibung pro Kilometer** (variabler Wertverlust)
- 7.500,- geteilt durch 230 Einsatztage
  = **32,609 Euro Abschreibung pro Einsatztag** (fixer Werverlust)

Berechnung der Mehrwertsteuer

Ausgangsdaten:

Berechne die Vorsteuer (Mehrwertsteuer) die bei einer Reifenrechnung von
1.082,90 Euro brutto enthalten ist und die Umsatzsteuer (Mehrwertsteuer) die für eine
Personenbeförderung im Pflichtfahrgebiet (Taxi) von 100,- Euro brutto enthalten ist.

Berechnung:

- 1.082,90 Euro Reifenkosten geteilt durch 119 mal 19
  = **172,90 Euro Vorsteuer**

  1.082,90 Euro Reifenkosten geteilt durch 119 mal 100
  = **910,- Euro Nettokosten der Reifen**

  und Taxi
- 100,- Euro brutto geteilt durch 107 mal 7
  = **6,54 Euro Umsatzsteuer**

  100,- Euro brutto geteilt durch 107 mal 100
  = **93,46 Euro Nettoeinnahmen**

Fahrzeugkostenrechnungs-Übungsaufgaben für Fach- und Sachkundeprüfungen

Aufgabe Nr. 1

Aus Ihrem Betrieb sind folgende Daten bekannt:

– Steuerliche Abschreibung für Abnutzung (Zeitabschreibung) pro Jahr	€ 7.600,–
– Betriebswirtschaftlicher Wertverlust (nutzenabhängige Abschreibung) pro Jahr	€ 7.600,–
– Aufwendungen für Öl und Schmierstoffe pro Jahr	€ 1.100,–
– Aufwendungen für Instandsetzung und Wartung pro Jahr	€ 4.500,–
– Treibstoffkosten pro Jahr	€ 26.400,–
– Kosten für Bereifung pro Monat	€ 170,–
– Kraftfahrzeug-Steuer pro Jahr	€ 978,–
– Haftpflichtversicherung pro Jahr	€ 6.300,–
– Kaskoversicherung pro Jahr	€ 1.458,–
– Fahrerlohn pro Monat	€ 3.800,–
– Lohnnebenkosten pro Monat	€ 1.500,–
– Garagenmiete pro Monat	€ 250,–
– Einsatztage pro Jahr	230 Tage
– Einsatzkilometer pro Jahr	55.000 km

 Aufgabe

Berechnen Sie aus obigen Angaben

a) die **fixen Kosten** des Lastkraftwagens pro Einsatztag,
b) die **variablen Kosten** pro Kilometer,
c) die **Selbstkosten** für einen Auftrag über 1 Tag und 450 Kilometer.

Aufgabe Nr. 2

Aus Ihrem Betrieb werden Ihnen folgende Daten geliefert:

– Zeitabhängiger Wertverlust des Lkw pro Jahr	€ 14.500,–
– Für den Lkw zu zahlende Kreditzinsen pro Vierteljahr	€ 2.300,–
– Fahrerlohn (brutto) pro Monat	€ 3.300,–
– Lohnnebenkosten pro Monat	€ 1.700,–
– Kraftfahrzeugsteuer pro Jahr	€ 1.026,–
– Haftpflichtversicherung pro Jahr	€ 6.400,–
– Kaskoversicherung pro Jahr	€ 1.600,–
– Allgemeine Verwaltungskosten pro Jahr	€ 2.500,–
– Garagenmiete pro Monat	€ 150,–
– kalkulatorische Zinsen pro Jahr	€ 6.000,–
– Einsatztage pro Jahr	225 Tage
– Treibstoffverbrauch pro 100 km in Liter	27 Liter
– Treibstoffpreis pro Liter	€ 0,95
– Nutzungsabhängiger Wertverlust pro Kilometer	€ 0,18
– Kaufpreis der Bereifung	€ 3.800,–
– Lebensdauer der Reifen in Kilometer	80.000 km
– Aufwendungen für Öl und Schmierstoffe pro km	€ 0,03
– Aufwendungen für Instandsetzung und Wartung pro km	€ 0,18

 Aufgabe

Berechnen Sie aus obigen Angaben
a) die **fixen Kosten** des Lastkraftwagens pro Einsatztag,
b) die **variablen Kosten** pro Kilometer,
c) die **Selbstkosten** für einen Auftrag über zwei Tage und 400 Kilometer.

Aufgabe Nr. 3

Aus Ihrem Betrieb sind Ihnen folgende Daten bekannt:

- Zeitabschreibung pro Jahr € 11.400,–
- Nutzenabhängige Abschreibung pro Monat € 950,–
- Öl- und Schmierstoffkosten pro 1.000 km € 35,–
- Aufwendungen für Instandsetzung und Wartung im Jahr € 4.700,–
- Treibstoffverbrauch auf 100 km 32 Liter
- Treibstoffkosten pro Liter € 0,97
- Kosten der Bereifung € 3.500,–
- Laufleistung der Reifen in Kilometer 67.000 km
- Kraftfahrzeugsteuer pro Jahr € 1.220,–
- Haftpflichtversicherung pro Jahr € 5.780,–
- Kaskoversicherung pro Jahr € 1.489,–
- Fahrerlohn pro Monat € 3.600,–
- Lohnnebenkosten pro Monat € 1.400,–
- Verwaltungskosten pro Jahr € 3.100,–
- Einsatztage pro Jahr 232 Tage
- Einsatzkilometer pro Jahr 75.000 km

 Aufgabe

Berechnen Sie aus obigen Angaben

a) die **fixen Kosten** des Lastkraftwagens pro Einsatztag,
b) die **variablen Kosten** pro Kilometer,
c) die **Selbstkosten** für einen Auftrag über zwei Einsatztage und 520 Kilometer.

Aufgabe Nr. 4

Ein Reiseveranstalter möchte Ihren Omnibus für € 550,– anmieten. Die Reise soll über 210 km gehen und neun Stunden mit einem Fahrer besetzt dauern.

Die Buchhaltung Ihres Unternehmens liefert Ihnen folgende Daten:

– Wertverlust des Omnibus pro Jahr	€ 46.000,–
– Treibstoffverbrauch pro 100 km	33 Liter
– Treibstoffpreis pro Liter	€ 0,98
– Fahrerlohn brutto pro Jahr	€ 43.750,–
– Kaufpreis der Bereifung	€ 4.500,–
– Laufleistung der Bereifung	70.000 km
– Haftpflichtversicherung pro Jahr	€ 8.100,–
– Kaskoversicherung pro Jahr	€ 4.700,–
– Schmierstoffkosten pro Jahr	€ 1.941,–
– Reparaturkosten pro Jahr	€ 9.400,–
– Fahrerspesen pro Jahr	€ 7.500,–
– Verzinsung pro Jahr	€ 12.960,–
– Kfz-Steuer pro Jahr	€ 3.500,–
– Verwaltungskosten pro Jahr	€ 5.600,–
– kalkulatorische Einzelkosten pro Jahr	€ 1.400,–
– Einsatztage pro Jahr	243 Tage
– Laufleistung des Omnibusses pro Jahr	120.000 km

Der Wertverlust soll jeweils zur Hälfte zeitabhängig und nutzungsabhängig angesetzt werden.

 Aufgabe

Berechnen Sie aus obigen Angaben
a) die **fixen Kosten** des Omnibusses pro Einsatztag,
b) die **variablen Kosten** pro Kilometer,
c) ob Sie das vorgenannte Angebot annehmen können.

Aufgabe Nr. 5

Der Krankenhauszweckverband bietet Ihnen für den Einsatz Ihres Mietwagens einen Kilometerpreis von € 0,86 an.

Folgende Zahlen haben Sie berechnet:

- Neukaufpreis des Fahrzeugs (ohne Bereifung) — € 48.000,–
- Abschreibungsdauer (fix und variabel) — 6 Jahre
- Jahreskilometer — 82.000 km
- Einsatztage pro Jahr — 215 Tage
- Zinsen pro Jahr — € 4.140,–
- kalkulatorischer Unternehmerlohn (als Fahrer) — € 48.400,–
- Verwaltungskosten pro Jahr — € 2.300,–
- Kfz-Versicherungen pro Jahr — € 2.400,–
- Kfz-Steuer pro Jahr — € 720,–
- Treibstoffverbrauch auf 100 km — 7,6 Liter
- Treibstoffkosten pro Liter — € 0,98
- Reifenkosten für einen Satz Reifen — € 1.100,–
- Reifenlaufleistung — 55.000 km
- Aufwendungen Schmierstoffe pro Jahr — € 512,–
- Wartungs- und Reparaturkosten pro Jahr — € 2.100,–

Der Wertverlust soll jeweils zur Hälfte zeitabhängig und nutzenabhängig angesetzt werden.

 Aufgabe

Berechnen Sie aus obigen Angaben

a) die **fixen Kosten** pro Einsatztag,
b) die **variablen Kosten** des Mietwagen pro Kilometer,
c) berechnen Sie, ob bei dem Angebot des Krankenhauszweckverbandes ein Gewinn zu erzielen ist.

2 FAHRZEUGSKOSTENRECHNUNGS-ÜBUNGSAUFGABEN

Aufgabe Nr. 6

Von Ihrer Verwaltung bekommen Sie folgende Zahlen geliefert:

- Kaufpreis des Lastzuges ohne Bereifung — € 265.000,–
- Steuerlicher Abschreibungszeitraum — 4 Jahre
- Betriebswirtschaftlicher Abnutzungszeitraum — 8 Jahre
- Zinskosten pro Vierteljahr — € 3.125,–
- Fahrerlöhne (brutto) pro Monat — € 6.600,–
- Lohnnebenkosten pro Monat — € 2.400,–
- Kfz-Steuer pro Jahr — € 3.500,–
- Haftpflichtversicherung pro Jahr — € 7.700,–
- Kaskoversicherung pro Jahr — € 3.200,–
- Allgemeine Verwaltungskosten pro Jahr — € 3.500,–
- Garagenmiete pro Monat — € 400,–
- kalkulatorische Kosten pro Jahr — € 6.000,–
- Einsatztage pro Jahr — 225 Tage
- Treibstoffverbrauch pro 100 km — 38 Liter
- Treibstoffpreis pro Liter — € 1,02
- Autobahngebühr (in Deutschland) — € 1.400,–
- Jährliche Kilometer-Fahrleistung — 120.000 km
- Kaufpreis der Bereifung — € 5.820,–
- Lebensdauer der Reifen — 80.000 km
- Aufwendungen für Öl und Schmierstoffe pro km — € 0,04
- Aufwendungen für Instandsetzung und Wartungen pro km — € 0,18

Sie verwenden für die Zeitabschreibung und die nutzenabhängige Abschreibung je den halben Kaufpreis des Lastzuges.

 Aufgabe

Berechnen Sie aus obigen Angaben
a) die **fixen Kosten** des Lastzuges pro Einsatztag,
b) die **variablen Kosten** pro Kilometer,
c) die **Selbstkosten** für einen Auftrag über zwei Tage und 650 Kilometer.

Aufgabe Nr. 7

Sie bekommen von einer Spedition das Angebot, als „Subunternehmer" zu einem Entgelt von € 1,30 pro Kilometer zu fahren.
Durchschnittliche Jahreskilometer werden voraussichtlich 72.000 km sein.

Einsatztage pro Jahr: 240 Tage.

Ihr Lkw (7,49 t) hat folgende Kostendaten:

- Kaufpreis (ohne Bereifung) € 74.400,–
- Treibstoffverbrauch pro 100 km 13,40 Liter
- Dieselpreis pro Liter € 0,92
- Abschreibungsdauer 6 Jahre

Verwenden Sie den jeweiligen halben Abschreibungsbetrag für die fixen und die variablen Kosten.

- Reifenkaufpreis (Einzelpreis) € 370,–
- Reifenlaufleistung 65.000 km
- Anzahl der Reifen 6 Stück
- Aufwendungen für Öl und Schmierstoffe pro km € 0,003
- Aufwendungen für Instandhaltung und Wartung pro Jahr € 1.256,–
- Fahrerlohn pro Monat € 3.500,–
- Lohnnebenkosten pro Monat € 1.300,–

Kreditzinsen auf die gesamte Kreditsumme bezogen, durchschnittlich 8 % pro Jahr
Kalkulatorische Zinsen auf die gesamte Restsumme bezogen, durchschnittlich 6 % pro Jahr

- Kreditaufnahme von der Bank € 35.000,–
- Kfz-Steuer pro Jahr € 978,–
- Kfz-Versicherung pro Jahr € 5.587,–
- Fracht-Versicherung pro Jahr € 900,–
- Verwaltungskosten pro Jahr € 7.600,–

 Aufgabe

Berechnen Sie aus obigen Angaben

a) Die **fixen Kosten** des Lkw pro Einsatztag,
b) die **variablen Kosten** pro Kilometer,
c) den **Gewinn/Verlust** für das Fahrzeug pro Jahr, wenn Sie o. a. Angebot zu Grunde legen.

2 FAHRZEUGKOSTENRECHNUNGS-ÜBUNGSAUFGABEN

Aufgabe Nr. 8

Ein Kegelclub möchte Ihren Omnibus für einen Ausflug anmieten. Je Person sollte die Reise nicht mehr als € 50,00 netto kosten. 20 Mitglieder wollen mitreisen. Der Ausflug dauert 2 Tage und führt über eine Strecke mit 570 km hin und zurück.

Folgende Zahlen liegen Ihrer Kalkulation zu Grunde,

- Neukauf des Fahrzeuges (mit Bereifung) € 137.000,–
- Jahreskilometer 98.000 km
- Einsatztage pro Jahr 243 Tage
- Treibstoffverbrauch pro 100 km 23,70 Liter
- Dieselpreis pro Liter € 0,98
- Abschreibdauer 5 Jahre
- Reifenkaufpreis (pro Stück) € 415,–
- Reifenlaufleistung 73.000 km
- Anzahl der Reifen 4 Stück
- Aufwendungen für Instandhaltung und Wartung im Monat € 470,–
- Aufwendungen für Öl und Schmierstoffe pro km € 0,021
- Fahrerlohn und Lohnnebenkosten pro Monat € 3.900,–

Kreditzinsen auf die gesamte Kreditsumme bezogen, durchschnittlich 9,5 % pro Jahr
- Kreditsumme € 70.000,–

Kalkulatorische Zinsen auf die gesamte Restsumme bezogen, durchschnittlich 7,4 % pro Jahr
- Kfz-Steuer pro Jahr € 1.970,–
- Kfz-Versicherung pro Jahr € 6.423,–
- Sonstige betriebliche Versicherungen pro Jahr € 1.470,–
- Verwaltungskosten pro Jahr € 2.331,–
- Werbekosten pro Jahr € 781,–

Sie verwenden für die Zeitabschreibung und die nutzenabhängige Abschreibung je den halben Kaufpreis des Omnibusses.

 Aufgabe

Berechnen Sie aus obigen Angaben

a) die **fixen Kosten** des Omnibusses pro Einsatztag,
b) die **variablen Kosten** pro Kilometer,
c) den **Gewinn/Verlust** für das Fahrzeug bei Ausführung der Kegelclub-Reise.

Aufgabe Nr. 9

Ein Notar möchte in Ihrem Taxi innerhalb des Pflichtfahrbereiches regelmäßig Urkunden an das Liegenschaftsamt anliefern. Die Entfernung beträgt 25 km. Der Notar möchte nicht mehr als € 1,40 brutto pro Kilometer zahlen.
Folgende Zahlen sind Grundlage Ihrer Kalkulation:

- Betriebswirtschaftlicher Wertverlust
  (Nutzungsabhängige Abschreibung) pro Jahr   € 4.750,–
- Steuerliche Abschreibung für Abnutzung
  - (Zeitabschreibung) pro Jahr   € 4750,–
- Einsatztage pro Jahr   233 Tage
- Jahreskilometer   58.000 km
- Kosten der Bereifung   € 710,–
- Reifenlaufleistung   52.000 km
- Verwaltungskosten pro Jahr   € 3.700,–
- Kreditsumme   € 35.000,–

Kreditzinsen auf die gesamte Kreditsumme bezogen, durchschnittliche 7 % pro Jahr

- Treibstoffverbrauch pro 100 km   7,4 Liter
- Dieselpreis pro Liter   € 1,22
- Aufwendungen für Öl und Schmierstoffe pro Jahr   € 810,–
- Kalkulatorische Zinsen pro Jahr   € 1.900,–
- Betriebshaftpflichtversicherung pro Jahr   € 510,–
- Kalkulatorischer Fahrerlohn pro Monat   € 3.700,–
- Aufwendungen für Instandhaltung und Wartung pro Jahr   € 3.520,–
- Kfz-Steuer pro Jahr   € 978,–
- Kfz-Versicherung pro Jahr   € 4.120,–

 Aufgabe

Berechnen Sie aus obigen Angaben

a) die **fixen Kosten** pro Einsatztag,
b) die **variablen Kosten** pro Kilometer,
c) den **Gewinn/Verlust** für das Fahrzeug pro Kilometer, wenn Sie o. a. Angebot zu Grunde legen.

2 FAHRZEUGSKOSTENRECHNUNGS-ÜBUNGSAUFGABEN

Aufgabe Nr. 10

Für die Kalkulation Ihres Mietwagens (Pkw) stehen Ihnen folgende Zahlen zur Verfügung:

- Reifenkosten pro Stück € 171,–
- Reifenlaufleistung 45.000 km
- Buchführungskosten pro Monat € 180,–
- Kalkulatorischer Unternehmerlohn pro Monat € 3.400,–
- Kalkulatorische Lohnnebenkosten pro Monat € 700,–
- Dieselverbrauch pro 100 km 8,2 Liter
- Dieselkosten pro Liter € 1,18
- Kfz-Haftpflichtversicherung pro Jahr € 2.410,–
- Kfz-Vollkaskoversicherung pro Jahr € 2.580,–
- Reparatur- und Wartungskosten pro Jahr € 2.910,–
- Betriebshaftpflichtversicherung pro Jahr € 790,–
- Vorsteuer pro Jahr € 4.980,–
- Kalkulatorische Zinsen pro Jahr € 7.920,–
- Kreditzinsen pro Jahr € 6.470,–
- Umsatzsteuerzahllast pro Jahr € 5.840,–
- Einkommensteuer-Vorauszahlung pro Vierteljahr € 4.200,–
- Nutzenabhängige Abschreibung pro Jahr € 6.500,–
- Zeitabhängige Abschreibung pro Jahr € 6.500,–

 Aufgabe

Berechnen Sie aus obigen Angaben
a) die **Fixkosten** pro Einsatztag bei kalkulierten 226 Einsatztagen pro Jahr,
b) die **variablen Kosten** pro Kilometer bei einer kalkulierten Jahreslaufleistung von 62.000 Kilometern,
c) sortieren Sie die Beträge aus, die nicht Gegenstand einer Kalkulation sind.

Aufgabe Nr. 11

Für Ihre Kostenrechnung haben Sie folgende Zahlen zur Verfügung. Die Abschreibung ist je zur Hälfte zeit- und leistungsabhängig zu berechnen.

Der Unternehmerlohn ist sowohl bei den variablen als auch bei den fixen Kosten zu berechnen.

Annahmen:
- Unternehmerlohn   10 %
- Kapitalverzinsung   10 %
- Einsatztage pro Jahr   227 Tage
- Kraftstoffverbrauch pro 100 km in Liter   27 Liter
- Zulässiges Gesamtgewicht   7,49 t
- Lebensdauer der Reifen in Kilometer   98.000 km
- Lebensdauer des Lkw in Kilometer   550.000 km
- Lebensdauer des Lkw in Jahren   8 Jahre

Betriebskapital:
- Umlaufkapital   € 15.000,–
- Betriebsnotwendiges Kapital   € 58.500,–
- Wiederbeschaffungspreis der Reifen   € 3.540,–
- Anschaffungspreis des Lkw inkl. Bereifung   € 87.000,–

Angaben zu den Kosten:
- Kraftstoffpreis pro Liter   € 1,18
- Kraftfahrzeugsteuer pro Jahr   € 1.120,–

Kosten der Schmierstoffe 2,5 % der Kraftstoffkosten

- Haftpflichtversicherung pro Jahr   € 6.780,–
- Kaskoversicherung pro Jahr   € 1.720,–
- Allgemeine Verwaltungskosten pro Jahr   € 6.230,–
- Fahrerlohn und Lohnnebenkosten pro Jahr   € 57.520,–
- Garagenmiete   € 4.200,–
- Instandsetzung und Wartung auf 100.000 km   € 18.450,–

 Aufgabe

Berechnen Sie aus oben aufgeführten Daten die **fixen Kosten** je Einsatztag und die **variablen Kosten** je 100 Kilometer.

Aufgabe Nr. 12

Ihr Taxi wurde bei einem Verkehrsunfall, verursacht durch einen anderen Verkehrsteilnehmer, beschädigt.
Die Reparatur des Kraftfahrzeuges dauerte 4 Tage.

- Einnahmen pro Monat € 5.700,–
- Abschreibung nutzenabhängig pro Jahr € 5.400,–
- Abschreibung zeitabhängig pro Jahr € 5.400,–
- Einsatztage pro Jahr 239 Tage
- Jahreskilometerleistung 67.000 km
- Verwaltungskosten pro Monat € 150,–
- Fahrerlohn inklusive Lohnnebenkosten pro Monat € 3.800,–
- Treibstoffverbrauch auf 100 km 7,9 Liter
- Treibstoffkosten pro Liter € 1,05
- Kosten für einen Satz Reifen € 890,–
- Reifenlaufleistung 51.000 km
- sonstige bewegliche Kosten pro km € 0,29
- sonstige feste Kosten pro Einsatztag € 41,–

 Aufgabe

Berechnen Sie anhand der aufgeführten Daten Ihre Ansprüche an die Versicherung des Unfallgegners für 4 Tage Nutzungsausfall.

Lösungshinweis: Die oben aufgeführten Berechnungsgrunddaten beinhalten keine Mehrwertsteuer.

Aufgabe Nr. 13

 Aufgabe

Sie haben die Aufgabe, aus nachfolgenden Zahlen eine Kalkulation bezogen auf **fixe Kosten** pro Einsatztag und die **variablen Kosten** je 100 Kilometer zu berechnen.

Kalkulierte Voraussetzungen:
- Unternehmerlohn — 6 %
- Einsatztage pro Jahr — 227 Tage
- Lebensdauer des Fahrzeugs — 6 Jahre
- Verzinsung des Kapitals — 8 %
- Kraftstoffverbrauch pro 100 km in Liter — 22 Liter
- Lebensdauer der Reifen — 125.000 km
- Gesamtlaufleistung des Fahrzeugs — 670.000 km
- Zulässiges Gesamtgewicht des Fahrzeugs — 7,49 t

Fahrzeugkosten:
- Haftpflichtversicherung pro Jahr — € 6.870,–
- Kaskoversicherung pro Jahr — € 2.120,–
- Kraftfahrzeugsteuer pro Jahr — € 946,–
- Verwaltungskosten pro Jahr — € 6.400,–
- Fahrerlohn (inkl. Lohnnebenkosten) pro Jahr — € 73.620,–
- Garagenmiete — € 4.400,–
- Kraftstoffpreis pro Liter — € 1,12
- Instandsetzung und Wartung je 100.000 km — € 19.400,–

Kosten für Öl und sonstige Schmierstoffe 3 % der Kraftstoffkosten

Kapital-Angaben:
- Betriebsnotwendiges Kapital — € 76.500,–
- Anschaffungskosten des Fahrzeugs inkl. Bereifung — € 120.000,–
- Umlaufkapital — € 16.500,–
- Wiederbeschaffungskosten der Bereifung — € 4.200,–

Lösungshinweise: Die Abschreibung ist jeweils zur Hälfte zeit- und leistungsabhängig zu berechnen.
Der Unternehmerlohn ist bei den variablen und bei den fixen Kosten zu berücksichtigen.

Aufgabe Nr. 14

Ein Kunde bietet Ihnen einen Transportauftrag über drei Einsatztage und 650 km. Dem Kunden liegt ein Konkurrenzangebot über € 2.100,– brutto vor.

 Aufgabe

Errechnen Sie aus folgenden Daten die **fixen** und **variablen Kosten** sowie die **Gesamtkosten** für o. a. Einsatz. Dabei ist zu beachten, dass nicht alle der aufgeführten Daten für eine Kostenrechnung relevant sind.

Stellen Sie weiter fest, ob es empfehlenswert ist, diesen Auftrag anzunehmen.

- Lkw-Neukaufpreis (inkl. Bereifung) € 128.000,–

AfA-Dauer 6 Jahre (zeit- und leistungsabhängig)

- Treibstoffverbrauch pro 100 km in Liter 34 Liter
- Dieselpreis pro Liter € 0,93
- Reifenwiederbeschaffungswert € 4.770,–
- Reifenlaufleistung 146.000 km
- Kfz-Steuer pro Jahr € 4.738,–
- Haftpflichtversicherung pro Jahr € 9.151,–
- Kaskoversicherung pro Jahr € 6.949,–
- Garagenmiete pro Monat € 280,–
- Vorsteuer pro Monat € 3.320,–
- Verwaltungskosten pro Monat € 480,–
- Beiträge für Sportvereine pro Jahr € 470,–
- Aufwendungen für Öl und Schmierstoffe pro km € 0,007
- Aufwendungen für Instandhaltung und Wartung pro km € 0,174
- Durchschnittliche Jahreskilometer 110.000 km
- Lohnkosten pro Monat € 4.100,–
- Lohnnebenkosten pro Monat € 1.112,–
- Einsatztage pro Jahr 235 Tage
- Durchschnittliche Zinskosten pro Jahr € 8.200,–
- Frachtversicherung pro Jahr € 950,–
- Einkommensteuer pro Jahr € 8.470,–
- Kalkulatorischer Unternehmerlohn für diesen Auftrag € 100,–

Lösungshinweise: Die o. a. Beträge sind rein netto; verwenden Sie den halben AfA-Betrag zeitabhängig und leistungsabhängig.

FAHRZEUGSKOSTENRECHNUNGS-ÜBUNGSAUFGABEN 2

Aufgabe Nr. 15

Ein Verlader bietet Ihnen einen Frachtvertrag für ein Jahr an. Kerndaten des Angebotes sind 226 Einsatztage pro Jahr und 240.000 € netto für eine Sattelzugmaschine samt Auflieger.

Folgende Daten bilden die Grundlage für Ihre Kalkulation:

	Zugmaschine	**Auflieger**
– Fahrzeugkaufpreis (inkl. Reifen)	€ 310.000,–	€ 74.600,–
– Kaufpreis der Bereifung	€ 3.900,–	€ 3.400,–
– Reifenlaufleistung	115.000 km	160.000 km
– Gesamtfahrleistung	750.000 km	1.250.000 km
– Jahresfahrleistung	125.000 km	125.000 km
– Kfz-Haftpflichtversicherung / Jahr	€ 9.410,–	€ 143,–
– Kaskoversicherung pro Jahr	€ 6.112,–	€ 1.714,–
– Kfz-Steuer pro Jahr	€ 3.500,–	€ 1.750,–
– Reparatur und Wartung pro Jahr	€ 19.600,–	€ 6.400,–
– Öl und Schmierstoffe pro Jahr	€ 1.950,–	€ 205,–
– Umlaufkapital	€ 18.600,–	€ 13.000,–
– Lebensdauer der Fahrzeuge	6 Jahre	10 Jahre

- Kalkulatorischer Unternehmerlohn €   18.700,–
- Verzinsung des betriebsnotwendigen Kapitals mit 8,7 %
- allgemeine Verwaltungskosten pro Jahr €   21.000,–
- Kraftstoffverbrauch pro 100 km 37 Liter
- Kraftstoffbetankung:
  - 25 % Fremdbetankung zum Preis/l €   1,13
  - 75 % Eigenbetankung zum Preis/l €   0,94
- Transportversicherung pro Jahr €   5.210,–
- Fahrerkosten: Lohn €   46.400,–
  - Lohnnebenkosten 25 %
  - Spesen €   8.200,–
- Autobahngebühr pro Jahr (EU-Vignette fix) €   2.402,66

 Aufgabe

Berechnen Sie
a) die **festen Kosten** pro Einsatztag,
b) die **beweglichen Kosten** pro 100 km,
c) die **Gesamtkosten** pro Jahr und Einsatztag,
d) den **Gewinn** oder **Verlust** pro Jahr.

Lösungshinweise: Die Abschreibung soll je zur Hälfte zeit- und leistungsbezogen berechnet werden; das betriebsnotwendige Kapital setzt sich zusammen aus dem halben Kaufpreis des jeweiligen Fahrzeugs mit Bereifung und dem Umlaufkapital.

2 FAHRZEUGKOSTENRECHNUNGS-ÜBUNGSAUFGABEN

Aufgabe Nr. 16

Sie müssen ein Angebot, inklusive Mehrwertsteuer, für eine Auslieferung von Lebensmitteln abgeben.

Es stehen Ihnen folgende Daten für die Berechnung eines Angebots zur Verfügung:

Auftragsbezogene Angaben:

- Lademenge: 10 Europaletten
- Ladegewicht: 4,2 t
- Abladestellen: 5
- notwendige Abfahrtzeit: 7.30 Uhr
- berechnete Rückkehrzeit: 17.00 Uhr
- kalkulierte Rüstzeit (Vorbereitungsarbeiten): 30 Min.
- notwendige Kilometerleistung: 325 km

Kalkulationsgrundlagen:

- Treibstoffverbrauch des Lkw auf 100 km — 32 Liter
- Treibstoffkosten pro Liter — € 1,12
- Kosten der Bereifung — € 1.230,–
- Reifenlaufleistung — 140.000 km
- sonstige variable Kosten pro 100 km — € 27,–
- sonstige Fixkosten pro Einsatztag bei durchschnittl. 9 Stunden — € 126,–
- Fahrpersonalkosten pro Stunde — € 27,80

Verwaltungsgemeinkostenanteil: 6 % der gesamten Fahrzeugkosten

kalkulatorischer Unternehmerlohn: 13 % der gesamten Fahrzeugkosten

 Aufgabe

Erstellen Sie eine angebotsbezogene Kalkulation und errechnen Sie den notwendigen Brutto-Rechnungsbetrag.

Aufgabe Nr. 17

In Ihrem Betrieb wird ein Lastzug eingesetzt.
Folgende Daten liegen Ihrer Kalkulation zu Grunde:

1. Kapitaldaten:

	Zugmaschine	Anhänger
– Komplettpreis des Fahrzeugs	€ 232.000,–	€ 72.000,–
– Preis der Bereifung	€ 4.600,–	€ 4.200,–
– Fahrzeugpreis ohne Bereifung	€ ?	€ ?
– 1/2 Fahrzeugpreis ohne Bereifung	€ ?	€ ?

2. Leistungsdaten:

– Lebensdauer der Kfz	6 Jahre	10 Jahre
– Gesamtlaufleistung der Kfz	810.000 km	1.350.000 km
– Laufleistung der Reifen	120.000 km	170.000 km
– mögliche Jahreseinsatztage	235 Tage	235 Tage
– Jahreslaufleistung der Kfz	135.000 km	135.000 km
– Kraftstoffverbrauch pro 100 km	37,6 Liter	–
– Preis des Kraftstoffes pro Liter	€ 1,12	–
– Reparatur- und Wartungskosten pro km	€ 0,28	€ 0,05

3. Weitere Angaben:

– Betriebsnotwendiges Kapital	€ 134.000,–	€ 37.000,–

 Aufgaben

1. Ergänzen Sie nachfolgendes Schema und berechnen Sie die noch fehlenden Zahlen.
2. Ermitteln Sie folgende Daten:
   a) die Kosten pro km für die **km-abhängigen** Kosten,
   b) den Tagessatz der **zeitabhängigen** Kosten,
   c) den **Tagessatz** der Fahrpersonalkosten,
   d) die **Gesamtkosten** pro km, inkl. Verwaltungskosten und Unternehmerlohn.
3. Wie viel müsste die Fahrzeugkombination durchschnittlich umsetzen, damit es die Gesamtkosten pro Einsatztag deckt?
4. Um wie viel würden die variablen Kosten pro Kilometer steigen, wenn der Preis für Kraftstoff von € 1,12 auf € 1,25 angehoben würde?

2 FAHRZEUGKOSTENRECHNUNGS-ÜBUNGSAUFGABEN

Berechnungsschema (auf volle € aufgerundet):

Kostenart	Motorwagen	Anhänger	Gesamt
1. Abnutzung (50%)			
2. Kraftstoffkosten			
3. Schmierstoffkosten (4% von 2.)			
4. Reifen			
5. Reparatur			
6. variable Kosten pro Jahr (1. – 5.)			
7. Fahrerlöhne brutto			€ 48.000
8. Lohnnebenkosten (48% von 7.)			
9. Fahrpersonalkosten pro Jahr			
10. Verzinsung des betriebsnotwendigen Kapitals (10%)			
11. Entwertung (50%)			
12. Kfz-Steuern	€ 4.812	€ 5.900	
13. Kfz-Haftpflichtversicherung	€ 8.400	€ 210	
14. Kfz-Kaskoversicherung	€ 4.810	€ 1.560	
15. Fixe Fahrzeugkosten pro Jahr			
16. Fixe Kosten pro Jahr gesamt			
17. Einsatzkosten (6. – 16.)			
18. Verwaltungskosten (6% von 17.)			
19. Fahrzeugbetriebskosten (17. – 18.)			
20. Unternehmerlohn (8% von 17.)			
21. Fahrzeugkosten gesamt (19. – 20.)			

Aufgabe Nr. 18

Ihre Firma erwägt den Kauf eines Lastkraftwagens; der Neupreis beträgt 150.000,- € netto. Für den Kauf des Lkws kann über ein Eigenkapital in Höhe von 40.000,- € verfügt werden.

Ihre Hausbank gewährt für ein Darlehen mit vier Jahren Laufzeit folgende Konditionen:

        Zinsen: 0,75 % monatlich
        Bearbeitungsgebühr: 1,5 %

 Aufgabe

Berechnen Sie aus obigen Angaben

a) die **kalkulatorischen** Zinskosten bei einem durchschnittlichen jährlichen Zinssatz von 7,5 %,

b) den monatlichen **Aufwand** für das Darlehen während der Laufzeit,

c) die **Gesamtbelastung** insgesamt über die vier Jahre einschließlich der Darlehensrückzahlung,

d) die notwendige durchschnittliche monatliche **Rücklagenbildung** für die Tilgung des Darlehens.

2 FAHRZEUGKOSTENRECHNUNGS-ÜBUNGSAUFGABEN

Aufgabe Nr. 19

In Ihrem Betrieb wird ein Hängerzug eingesetzt, mit Hilfe der Kostenrechnung soll der Break-even-point (die Kosten-Nutzengrenze) ermittelt werden.
Nachfolgende Daten stehen Ihnen zur Verfügung:

Berechnungsgrundlagen	Motorwagen	Hänger
– Kaufpreis mit Bereifung	€ 210.000,–	€ 41.200,–
– Einsatztage pro Jahr	234 Tage	234 Tage
– Gesamtfahrleistung	775.000 km	1.240.000 km
– Laufleistung der Reifen	130.000 km	180.000 km
– Kaufpreis der Bereifung	€ 4.370,–	€ 4.830,–
– Kfz-Haftpflichtversicherung / Jahr	€ 6.240,–	€ 154,–
– Kaskoversicherung pro Jahr	€ 5.870,–	€ 790,–
– Kfz-Steuer mit Hängerzuschlag pro Jahr	€ 3.750,–	–
– Straßenbenutzungsgebühr / Jahr EU-Vignette in Benelux-Staaten	€ 2.500,–	–
– Reparatur und Wartung pro km	€ 0,18	€ 0,04
– Öl- und Schmierstoffkosten / km	€ 0,009	€ 0,002
– Kraftstoffverbrauch pro 100 km	39,20 Liter	
70 % Eigentankung z. Preis von	€ 0,98 pro Liter	
30 % Fremdtankung z. Preis von	€ 1,13 pro Liter	
– Fahrleistung pro Jahr	155.000 km	

Verzinsung des betriebsnotwendigen Kapitals: 9,4 %
- allgemeine Verwaltungskosten € 18.600,–
- Fahrpersonalkosten € 3.700,–
  Lohn pro Monat bei
  13 Monatsgehältern
  Lohnnebenkosten 31,2 %
Spesen pro Jahr € 7.900,–

Lösungshinweise: Die Abschreibung soll je zur Hälfte zeit- und leistungsbezogen vorgenommen werden. Das betriebsnotwendige Kapital errechnet sich aus dem halben Kaufpreis des Hängerzuges mit Bereifung zuzüglich € 16.000,– für Umlaufkapital.

 Aufgabe

Berechnen Sie anhand des folgenden Lösungsschemas
a) die **fixen Kosten** pro Jahr und Einsatztag,
b) die **variablen Kosten** für 100 km und Jahr,
c) die **Gesamtkosten** pro Jahr und Einsatztag.

Lösungsschema:

A. Technische Daten

	Motorwagen	Anhänger	Lastzug
Gesamtfahrleistung in km			
Fahrleistung pro Jahr			
Lebensdauer in Jahren			
Laufleistung der Reifen in km			

B. Kapitalwerte (in €)

	Motorwagen	Anhänger	Lastzug
Kaufpreis mit Bereifung			
Kaufpreis der Bereifung			
Anschaffungswert ohne Bereifung			
Halber Anschaffungswert ohne Bereifung			
Halber Anschaffungswert mit Bereifung			
Betriebsnotwendiges Kapital			

C. Fixkostenberechnung (in €)

	Motorwagen	Hänger	Lastzug
zeitbezogene Abschreibung			
Kfz-Steuer			
Kfz-Haftpflicht			
Kaskoversicherung			
Verzinsung des betriebsnotwendigen Kapitals 9,4 %			
Straßenbenutzungsgebühr			
allgemeine Verwaltungskosten			
Fahrpersonalkosten – Fahrerlohn – Lohnnebenkosten – Spesen			
Summe			
+ 8 % kalkulierter Unternehmerlohn			
fixe Kosten pro Jahr			
fixe Kosten pro Einsatztag			

D. Berechnung der variablen Kosten pro 100 km und Jahr (in €)

	Motorwagen	Anhänger	Lastzug
variable Abschreibung			
Kraftstoff – Eigentankung – Fremdtankung			
Öl und Schmierstoffe			
Reifenkosten			
Reparatur und Wartung			
variable Kosten pro 100 km			
variable Kosten pro Jahr			

E. Gesamtkosten des Hängerzuges pro Jahr und Einsatztag (in €)

	Lastzug
fixe Kosten pro Jahr	
variable Kosten pro Jahr	
Gesamtkosten pro Jahr	
Gesamtkosten pro Einsatztag	

Aufgabe Nr. 20

Sie haben die Aufgabe, folgende Geschäftsvorfälle in das Kassenbuchschema einzutragen und daraus die an das Finanzamt zu bezahlende Umsatzsteuer-Zahllast zu errechnen.

- Der Kassen-Anfangsbestand beträgt   € 1.880,–
- am 12.10. Frachterlöse in Höhe von brutto   € 1.900,–
- am 02.10. Barzahlung der Reparaturrechnung brutto   € 840,–
- am 14.10. Dieselsammelrechnung bar bezahlt brutto   € 760,–
- am 03.10. Spende an den Sportverein in Höhe von   € 100,–
- Privatentnahme am 20.10.   € 380,–
- Bareinnahme Beförderungsentgelt am 15.10. brutto   € 1.200,–
- Bar von Bank an Kasse am 10.10.   € 500,–
- Neukauf von Reifen am 16.10. netto   € 1.800,–

Kassenbuchschema:

Kassenbuch der Firma Habenichts & Möchtegern vom 01.10. bis 31.10.					
Datum	Text	Einnahmen	USt.	Ausgaben	VSt.
Summen					
Kassenbestand					

Aufgabe Nr. 21

Sie arbeiten mit einem Reisebüro zusammen und erhalten nun den Auftrag Reisende im ständigen Transfer von und zum nahe liegenden Flughafen zu transportieren. Da Sie dies nicht alleine bewältigen können, rechnen Sie sich aus, wie viel Sie ein Arbeitnehmer im Jahr kosten würde, wenn er pro Tag 8 Stunden und 6 Tage pro Woche arbeitet und dies an 52 Wochen im Jahr.

Folgende Daten nehmen Sie als Grundlage:

Bruttolohn/Monat	€ 2.500,–
Urlaubsgeld	€ 500,–
Weihnachtsgeld	€ 1.000,–
Arbeitsstunden pro Tag	8
Arbeitstage	6
Urlaubstage pro Jahr	24
Arbeitswochen pro Jahr	52
Krankenversicherung/Arbeitgeberanteil/pro Jahr	€ 2.300,–
Pflegeversicherung/Arbeitgeberanteil/pro Jahr	€ 280,–
Rentenversicherung/Arbeitgeberanteil/pro Jahr	€ 3.200,–
Arbeitslosenversicherung/Arbeitgeberanteil/pro Jahr	€ 990,–
Beitrag zur Berufsgenossenschaft pro Arbeitnehmer/Jahr	€ 640,–

 Aufgabe

Was kostet der Arbeitnehmer im Jahr und wie viel pro Einsatzstunde?
Welche Kosten, die Sie bei Ihrer Berechnung nicht berücksichtigt haben, könnten noch entstehen?

Aufgabe Nr. 22

Sie planen Ihren Reiseprospekt für den Herbst und beabsichtigen eine dreitägige Erlebnisparkreise Europapark Deutschland/Disney-Land Frankreich/Lego-Land Deutschland in Ihr Programm mit aufzunehmen.

Für Ihre Preiskalkulation ermitteln Sie folgende Daten:

- Sie planen einen 46-sitzigen Luxusliner-Bus ein, der in diesem Jahr nur an 150 Tagen im Einsatz war.
- Die Reiseroute beträgt insgesamt 940 km
- Für die Reiseleitung berechnen Sie pauschal mit Spesen 400 €
- Die Mehrwertsteuer wird, soweit möglich, mit 19 % berücksichtigt
- Europapark Rust Eintrittskarte € 25,–
- Übernachtung/Frühstück Rust € 45,–
- Eintrittspreis Disney-Land € 50,–
- Übernachtungspreis/Frühstück Paris € 80,–
- Eintrittspreis Lego-Land € 60,–

1. Kaufpreis mit Bereifung	€ 165.000,–
2. Kaufpreis ohne Bereifung	€ 162.000,–
3. Einsatztage/Jahr	150 Tage
4. Haftpflicht/Kaskoversicherung	€ 4.000,–
5. Kfz-Steuer	€ 1.500,–
6. Kraftstoffverbrauch à 100 km	28 l
7. Preis für Kraftstoff pro Liter	0,90
8. Kilometerleistung	54.000 km
9. Reifenlaufleistung	60.000 km
10. Schmierstoffe (7% der Kraftstoffkosten)	€/km
11. Verwaltungskosten allgemein	€ 2.500,–
12. Sonstige variable Kosten pro km	€ 0,20
13. Nutzungsdauer	9 Jahre
14. Umlaufvermögen	€ 10.000,–
15. Kapitalbindung (durchschnittlich)	€ 12.000,–
16. Verzinsung 5 % Pos. 17	€
17. Betriebsnotwendiges Kapital Pos. 14 + 15	€ 22.000,–
18. Fahrerlohn brutto	€ 15.000,–
19. Lohnnebenkosten 40 % v. Pos. 18	€
20. Fahrerspesen/Tag	€ 16,–
21. Kalkulatorischer Unternehmerlohn = 10 % der fixen Kosten	€

Aufgabe

Ermitteln Sie ein Preisangebot für 1 Person unter Anwendung der Vollkostenrechnung.

Kosten pro km

1. Abnutzung (halber Kaufpreis ohne Bereifung) €
2. Betankungskosten €
3. Schmierstoffkosten €
4. Reifenkosten €
5. sonstige variable Kosten €
6. Summe km-abhängige Kosten €

Kosten pro Einsatztag

1. Wertminderung (halber Kaufpreis ohne Bereifung) €
2. Kfz-Steuer €
3. Kfz-Haftpflicht-/Kaskoversicherung €
4. Verzinsung betriebsnotwendiges Kapital €
5. **Summe fixe Fahrzeugkosten/Einsatztag** €
6. Fahrerlohn/Einsatztag €
7. Lohnnebenkosten/Einsatztag €
8. Spesen/Fahrereinsatztag €
9. **Summe/Fahrerkosten pro Einsatztag** €
10. Verwaltungskosten allgemein pro Einsatztag €
11. **Summe der zeitabhängigen Kosten pro Einsatztag** €
    (Pos. 5., 9., 10.,)
12. Unternehmerlohn (10 % v. Pos. 11) €
13. **Summe der fixen Kosten/Einsatztag** €

2 FAHRZEUGKOSTENRECHNUNGS-ÜBUNGSAUFGABEN

Aufgabe Nr. 23

Wie andere Kleingewerbetreibende sind auch Sie als Taxiunternehmer gem. § 22 UStG. zur Aufzeichnung Ihrer Einnahmen und Ausgaben verpflichtet. Es ist deshalb notwendig, dass Sie sämtliche Einnahmen und Ausgaben schriftlich festhalten und am Jahresende miteinander verrechnen. Diese Verrechnung nennt sich „Einnahmeüberschussrechnung" und dient dem Finanzamt als Kontrolle Ihrer Geschäftstätigkeit.

 Aufgabe

Tragen Sie nachfolgende Geschäftsvorfälle in Ihre „Kassenkladde" ein und errechnen Sie den Kassenbestand, Vorsteuer, Umsatzsteuer und die sich daraus ergebende Umsatzsteuer-Zahllast bzw. -Guthaben.

1. Einnahmen Beförderungen Plichtfahrbereich (7 %) € 210,40
2. Privatentnahme € 250,–
3. Kfz-Reparatur € 360,–
4. Einnahmen Kurierfahrt (19 %) € 110,–
5. Lohn Aushilfe € 50,–
6. Telefonrechnung € 120,–
7. Tanken € 210,–
8. Reifenkauf € 580,–

Alle Beträge sind brutto, also inkl. MwSt.

Datum/Vorgang	Einnahme	USt. 19 %	USt. 7 %	Ausgabe	VSt.
Kassenbestand	3500,–				
01.					
02.					
03.					
04.					
05.					
06.					
07.					
08.					
Summen					
Kassenbestand					

Aufgabe Nr. 24

Sie sind selbstfahrender Unternehmer und erhalten einen Auftrag von Ihrem „Frischdienstpartner" täglich Frischmilch vom Bauern abzuholen und an eine Molkerei zu liefern. Die tägliche Wegstrecke beträgt 240 km. Um diesen Auftrag zu bewältigen müssen Sie einen weiteren Fahrer einstellen. Damit die Lohnkosten in Ihre Kalkulation für diesen Auftrag einfließen können, rechnen Sie sich zuerst den Lohn mit allen dazugehörigen Abgaben aus.

Arbeitszeit: 8 Stunden/Tag, 52 Wochen/Jahr, 5 Urlaubswochen/Jahr

Bruttolohn	€	2.148,–
Weihnachtsgeld	€	1.000,–
Urlaubsgeld	€	500,–
Berufsgenossenschaft/Beitrag für Arbeitnehmer	€	380,50
Sozialversicherungs-Beitragssätze:		
Krankenversicherung		12,9 %
Rentenversicherung		19,1 %
Arbeitslosenversicherung		6,5 %
Pflegeversicherung		1,7 %

Schema für Ihre zu errechnenden Lohndaten:

Bruttolohn pro Jahr	
Sozialversicherung Arbeitgeber-Anteil	
Berufsgenossenschafts-Anteil	
Gesamtkosten	
Kosten für eine Stunde	

Die Kalkulation für diesen Auftrag erstellen Sie gemäß den nachfolgenden Daten sowie des errechneten Stundensatzes und den Gesamtkilometern.
Wichtig sind für Sie die gesamten Kosten pro Einsatztag.

Einsatztage pro Jahr	365 Tage
Kilometerleistung pro Tag	240 km
Kilometerleistung pro Jahr	km
Stundensatz zusätzlicher Fahrer	€

2 FAHRZEUGSKOSTENRECHNUNGS-ÜBUNGSAUFGABEN

Kaufpreis Fahrzeug ohne Bereifung	€ 110.000,–
Kaufpreis Fahrzeug mit Bereifung	€ 112.900,–
Nutzungsdauer	9 Jahre
Reifenlaufleistung	40.000 km
Umlaufvermögen	€ 5.000,–
Kapitalbindung im Durchschnitt	€ 30.000,–
Betriebsnotwendiges Kapital	€ 42.000,–
Verzinsung	6,2 %
Haftpflicht/Kaskoversicherung	€ 4.500,–
Verwaltungskosten allgemein	€ 2.500,–
Kraftstoffverbrauch pro 100 km	28 Liter
Kraftstoffpreis	€ 0,90
Sonstige Kosten pro km (Reparatur, Waschen, etc.)	€ 0,24

Schema für die Berechnung Ihrer Einsatzkosten insgesamt, pro Einsatztag:

Art	€/pro km €/pro Einsatztag
1. Abnutzung (1/2 Kaufpreis ohne Reifen)	
2. Reifen	
3. Kraftstoffkosten	
4. Schmierstoffkosten = 5 % v. 3.	
5. Sonstige variable Kosten	
A. Summe der km-abhängigen Kosten	
6. Wertverlust (1/2 Kaufpreis ohne Reifen)	
7. Haftpflicht-/Kaskoversicherung	
8. Verzinsung d. betriebsnotwendigen Kapitals (6,2 %)	
B. Summe der fixen Fahrzeugkosten pro Tag	
9. Fahrerlohnkosten pro Tag	
C. Summe Fahrerlohnkosten pro Tag	
10. Verwaltungskosten pro Tag	
D. Summe der zeitabhängigen Kosten pro Tag (B., C., 10.)	
11. Kalkulatorischer Unternehmerlohn (10 % von D.)	
E. Summe der fixen Kosten pro Tag	

Aufgabe Nr. 25

Es wird von Ihnen ein Kraftfahrer eingestellt. Ermitteln Sie anhand nachfolgend aufgeführten Daten die Kosten pro Stunde, bei 9 Einsatzstunden pro Tag und 52 Wochen pro Jahr, die für Sie als Arbeitgeber entstehen.

Urlaub pro Jahr	6 Wochen
Arbeitstage/Woche	5
Bruttomonatslohn	€ 1.860,–
Weihnachts- und Urlaubsgeld	€ 500,–

Brutto-Jahreslohn		
Arbeitgeberanteil Krankenversicherung	€	1.255,–
Arbeitgeberanteil Rentenversicherung	€	1.988,–
Arbeitgeberanteil Arbeitslosenversicherung	€	623,–
Arbeitgeberanteil Pflegeversicherung	€	156,–
Arbeitnehmerbezogener Anteil am Berufsgenossenschaftsbeitrag	€	346,–
Gesamtkosten		

Berechnung des Stundensatzes:

Aufgabe Nr. 26

Sie haben die Absicht, ein Unternehmen der Personenbeförderungsbranche zu kaufen. Das Unternehmen ist Eigentümer von zwei drei Jahre alten Taxis sowie den entsprechenden Genehmigungen.

Um feststellen zu können, ob das Unternehmen für Sie attraktiv ist, möchten Sie anhand der Einnahme-/Überschussrechnung den Erfolg des Unternehmens des vergangenen Jahres ermitteln.

Für den Einsatz der beiden Taxen stehen Ihnen folgende Informationen zur Verfügung: Der Jahreseinsatz für beide Fahrzeuge betrug jeweils 270 Tage. Fahrzeug A erreichte eine Jahreskilometerleistung von 48.100 km, Fahrzeug B leistete 49.202 km.

Der Anschaffungspreis für beide Fahrzeuge betrug jeweils 25.230 € inklusive Taxipaket. Die steuerrechtliche Abschreibung erfolgte linear über fünf Jahre.

Der durchschnittliche Erlös pro Kilometer betrug 0,82 €.

Die Kfz-Steuer/Versicherung betrug je Fahrzeug:

Kfz-Steuer	405,– €
Haftpflicht	2.510,– €
Kasko	2.630,– €

Verwenden Sie zur Beurteilung des wirtschaftlichen Wertes des vergangenen Jahres das nachfolgende Schema.

 Aufgabe

a) Ergänzen Sie zunächst die im Schema fehlenden Positionen.
b) Errechnen Sie den Saldo.
c) Stellen Sie den Jahresverlust bzw. Gewinn fest.

I. Betriebseinnahmen

1. Umsätze	.... €	
2. Privater Kfz-Anteil	1.200,00 €	
3. Umsätze aus sonstigen Aktivitäten	2.950,00 €	
4. Zinserträge	570,00 €	
5. Werbeeinnahmen	2.450,00 €	.... €

II. Betriebsausgaben

a) Personalkosten
1. Löhne	24.540,00 €	
2. Ges. soz. Aufwand	8.120,00 €	
3. Unternehmerlohn	1.800,00 €	.... €

b) Gebühren/Abgaben
1. Funk/Zentrale	1.950,00 €	
2. Berufsgenossenschaft	1.412,00 €	
3. Gebühren Behörden	512,00 €	.... €

c) Kfz-Kosten
1. Kfz Steuer	.... €	
2. Kfz-Versicherung	.... €	
3. sonst. Kfz. Kosten	11.100,00 €	
4. Reparaturen/Wartung (0,04 €/km)	.... €	.... €

d) Abschreibungen
1. AfA gesamt	.... €	.... €

e) Steuern
1. Gewerbesteuer	410,00 €	.... €

f) Sonstige Kosten
1. Verwaltungskosten	1.900,00 €	
2. Werbekosten	500,00 €	.... €

Betriebsausgaben: .... €

Saldo: Überschuss/Unterdeckung .... €

Prognose:

Jahresgewinn: .... €   **Jahresverlust:** .... €

Aufgabe Nr. 27

Für das Unternehmen wird ein neues Kraftfahrzeug benötigt. Zu diesem Zweck ist es notwendig, bei der Bank ein Darlehen in Höhe von 35.000,- € zu einem Zinssatz von 8,5 % bei hundertprozentiger Auszahlung aufzunehmen. Aufgrund Ihrer Einschätzung der Geschäftsentwicklung kalkulieren Sie, dass Ihre Firma jährlich eine gleichbleibende feste Rate in Höhe von 10.000,- € (Zins und Tilgung) leisten kann. Diese Rate in Höhe von 10.000,- € ist jeweils am Ende des Jahres fällig. Berechnen Sie anhand der oben genannten Daten, wie hoch die Kreditsumme zu Anfang des 4. Jahres ist.

Jahr	Kreditstand	Zins	Tilgung

Aufgabe Nr. 28

Ein Lastkraftwagen ist mit sechs Reifen zu einem Stückpreis von netto 350,- € bereift. Die gesamte Laufleistung der Reifen wird voraussichtlich bei 150.000 Kilometern liegen.

a) Wie hoch liegt der Kilometersatz der Reifenkosten für diesen Lastkraftwagen?

b) Nennen Sie die Höhe der jährlichen Reifenkosten bei einer Jahreskilometerlaufleistung von 90.000 Kilometern

c) Bei schonender Fahrweise kann die Kilometerleistung auf 200.000 Kilometer gesteigert werden, wie hoch liegt dann der Kilometersatz der Reifenausstattung?

Aufgabe Nr. 29

Für die Entscheidungsfindung bei der Übernahme eines Verkehrsbetriebes möchten Sie die Rentabilität des Betriebes aufgrund der bisherigen Daten prüfen. Folgende Zahlen werden Ihnen vorgelegt:

Umsatz im Jahr	270.000,- Euro
Eigenkapital	45.000,- Euro
Fremdkapital	55.000,- Euro
Fremdkapitalzinsen (8 % pro Jahr)	4.400,- Euro
Gewinn	50.000,- Euro
Durchschnittliche Geldeingangsdauer	3 Monate

a) Wie hoch ist der Prozentsatz der Umsatzrentabilität in diesem Unternehmen?

b) Wie hoch sind die jährlichen Zinskosten für das Umlaufvermögen?

Aufgabe Nr. 30

Die Verzinsung des eingesetzten Kapitals in einem Unternehmen muss in einer Fahrzeugkostenrechung berücksichtigt werden.
Das Vermögen des Unternehmens wurde wie folgt finanziert:
20 % kurzfristiges Fremdkapital (Girokonto)
30 % langfristiges Fremdkapital (Fahrzeugkredit)
50 % Eigenkapital

Für das kurzfristige Fremdkapital sind 16 % Zinsen und für das langfristige Fremdkapital 8 % Zinsen zu zahlen. Für das Eigenkapital wurde ein kalkulatorischer Zinssatz von 4 % berechnet.

 Aufgabe

Berechnen Sie den durchschnittlichen Satz in Prozent für die Ermittlung der „Verzinsung des eingesetzten Kapitals".

Aufgabe Nr. 31

Ein Taxi befördert einen Fahrgast 15 Kilometer innerhalb des Pflichtfahrgebietes zum Krankenhaus.
Die Fahrt wird auf Wunsch des Fahrgastes unterbrochen und der Fahrer muss eine halbe Stunde warten (26 Euro/Stunde). Danach geht die Fahrt weiter zu einem Zielort innerhalb des Pflichtfahrgebietes, Fahrstrecke 20 Kilometer. Der Taxitarif gibt einen Kilometerpreis von 1,40 Euro vor.
Der Fahrgast hatte zwei Gepäckstücke dabei. Der Taxitarif schreibt ab dem zweiten Gepäckstück einen Zuschlag von 1,– Euro vor. Der Grundpreis beträgt 2,50 Euro, der Fahrer bekommt ein Trinkgeld von 4,50 Euro.

 Aufgabe

a) Ordnen Sie den aufgeführten Tarifbestandteilen die Tarifentgelte zu!

Grundgebühr je Fahrauftrag:

Tarifpreis je Kilometer:

Wartezeit (Zeitpreis) pro Stunde:

Zuschläge je Stück:

b) Berechnen Sie den Bruttopreis für den gesamten Fahrauftrag (es sind keine verkehrsbedingten Wartezeiten entstanden)! Führen Sie die einzelnen Rechenschritte auf!

c) Berechnen Sie die Umsatzsteuer aus dem Fahrauftrag.

Aufgabe Nr. 32

Berechnen Sie das Umlaufvermögen und die jährlichen kalkulatorischen Zinskosten für das Umlaufvermögen.
Nachfolgende Daten sind die Basis für die Berechnungen:

- 30 Tage/Monat
- 360 Tage/Jahr
- Jahresumsatz: 200.000,– Euro
- durchschnittliche Geldeingangsdauer: 3 Monate
- Jahreszinssatz: 8%

Lösungen

Musterlösung zu Aufgabe Nr. 1

a) Fixe Kosten:

Steuerliche Abschreibung pro Jahr	€ 7.600,–
Kfz-Steuer pro Jahr	€ 978,–
Haftpflichtversicherung pro Jahr	€ 6.300,–
Kaskoversicherung pro Jahr	€ 1.458,–
Fahrerlohn (€ 3.800,– pro Monat x 12)	€ 45.600,–
Lohnnebenkosten (€ 1.500,– pro Monat x 12)	€ 18.000,–
Garagenmiete (€ 250,– pro Monat x 12)	€ 3.000,–
Fixe Kosten pro Jahr	€ 82.936,–
geteilt durch die Einsatztage	230 Tage
Fixe Kosten des Lkw pro Einsatztag sind	€ 360,59

b) Variable Kosten:

Betriebswirtschaftlicher Wertverlust pro Jahr	€ 7.600,–
Öl- und Schmierstoffkosten pro Jahr	€ 1.100,–
Instandsetzungs- und Wartungskosten pro Jahr	€ 4.500,–
Treibstoffkosten pro Jahr	€ 26.400,–
Kosten der Bereifung (€ 170,– x 12)	€ 2.040,–
Variable Kosten pro Jahr	€ 41.640,–
geteilt durch die Jahreskilometer	55.000 km
Variable Kosten des Lkw pro Kilometer	€ 0,76

c) Selbstkosten:

Fixe Kosten pro Tag	€ 360,59
plus variable Kosten (450 km x € 0,76)	€ 342,–
Selbstkosten für den Auftrag	€ 702,59

Musterlösung zu Aufgabe Nr. 2

a) Fixe Kosten:

Zeitabhängiger Wertverlust pro Jahr	€ 14.500,–
Kreditzinsen (€ 2.300,– pro 1/4 Jahr x 4)	€ 9.200,–
Fahrerlohn (€ 3.300,– pro Monat x 12)	€ 39.600,–
Lohnnebenkosten (€ 1.700,– pro Monat x 12)	€ 20.400,–
Kraftfahrzeugsteuer pro Jahr	€ 1.026,–
Haftpflichtversicherung pro Jahr	€ 6.400,–
Kaskoversicherung pro Jahr	€ 1.600,–
Allgemeine Verwaltungskosten pro Jahr	€ 2.500,–
Garagenmiete (€ 150,– pro Monat x 12)	€ 1.800,–
kalkulatorische Zinsen pro Jahr	€ 6.000,–
Fixe Kosten pro Jahr	€ 103.026,–
geteilt durch die Einsatztage	225 Tage
Fixe Kosten des Lkw pro Einsatztag sind	€ 457,89

b) Variable Kosten:

Treibstoff kosten (27 Liter x € 0,95 : 100 km)	€ 0,257
Nutzungsabhängiger Wertverlust	€ 0,18
Bereifung (€ 3.800,– : 80.000 km)	€ 0,048
Öl- und Schmierstoffkosten	€ 0,03
Instandsetzung- und Wartungskosten	€ 0,18
Variable Kosten des Lkw pro Kilometer sind	€ 0,695

c) Selbstkosten:

Fixe Kosten (€ 457,89 x 2 Tage)	€ 915,78
plus variable Kosten (€ 0,695 x 400 km)	€ 278,–
Selbstkosten für den Auftrag	€ 1.193,78

Musterlösung zu Aufgabe Nr. 3

a) Fixe Kosten:

Zeitabschreibung pro Jahr	€	11.400,–
Kraftfahrzeugsteuer pro Jahr	€	1.220,–
Haftpflichtversicherung pro Jahr	€	5.780,–
Kaskoversicherung pro Jahr	€	1.489,–
Fahrerlohn (€ 3.600,– x 12)	€	43.200,–
Lohnnebenkosten (€ 1.400,– x 12)	€	16.800,–
Verwaltungskosten pro Jahr	€	3.100,–
fixe Kosten pro Jahr	€	82.989,–
geteilt durch die Einsatztage	232 Tage	
fixe Kosten des Lkw pro Einsatztag	€	357,71

b) Variable Kosten:

Nutzenabhängige Abschreibung (€ 950,– x 12 = € 11.400,– pro Jahr 75.000 Jahreskilometer)	€	0,152
Öl- und Schmierstoffkosten (€ 35,– : 1.000 km)	€	0,035
Instandsetzung- und Wartungskosten (€ 4.700,– : 75.000 Jahreskilometer)	€	0,063
Treibstoffkosten (32 Liter x € 0,97 : 100)	€	0,310
Reifenkosten (€ 3.500,– : 67.000 Laufleistung)	€	0,052
Variable Kosten des Lkw pro Kilometer sind	€	0,612

c) Selbstkosten:

Fixe Kosten (€ 357,71 x 2 Tage)	€	715,42
plus variable Kosten (€ 0,612 x 520 km)	€	318,24
Selbstkosten für den Auftrag	€	1.033,66

Musterlösung zu Aufgabe Nr. 4

a) Fixe Kosten:

Zeitabhängige Abschreibung pro Jahr (€ 46.000,– : 2)	€	23.000,–
Fahrerlohn pro Jahr	€	43.750,–
Haftpflichtversicherung pro Jahr	€	8.100,–
Kaskoversicherung pro Jahr	€	4.700,–
Fahrerspesen pro Jahr	€	7.500,–
Zinsen pro Jahr	€	12.960,–
Kfz-Steuer pro Jahr	€	3.500,–
Verwaltungskosten pro Jahr	€	5.600,–
kalkulatorische Einzelkosten pro Jahr	€	1.400,–
fixe Kosten pro Jahr	€	110.510,–
geteilt durch die Einsatztage	243 Tage	
fixe Kosten des Omnibus pro Einsatztag	€	454,77

b) Variable Kosten:

Nutzenabhängige Abschreibung pro Kilometer (€ 46.000,– : 2 = 23.000,– : 120.000 km)	€	0,192
Treibstoffverbrauch pro Kilometer (33 Liter x 0,98 € = 32,34 : 100)	€	0,323
Reifenkosten pro Kilometer (€ 4.500,– : 70.000 Laufleistung)	€	0,064
Schmierstoffkosten pro Kilometer (€ 1.941,– : 120.000 km)	€	0,016
Reparaturkosten pro Kilometer (€ 9.400,– : 120.000 km)	€	0,078
variable Kosten des Omnibus pro Kilometer	€	0,673

c) Auftragskosten:

Fixe Kosten für 1 Tag (9 Stunden = 1 Tag bei einem Fahrer)	€	454,77
plus variable Kosten (0,673 x 210 km)	€	141,33
Gesamtselbstkosten	€	596,10
Verlust (€ 596,10 ./. € 550,–)	€	46,10

Musterlösung zu Aufgabe Nr. 5

a) Fixe Kosten:

Zeitabhängige Abschreibung pro Jahr (€ 48.000,– : 6 Jahre = 8.000,– : 2)	€	4.000,–
Zinsen pro Jahr	€	4.140,–
kalkulatorischer Fahrerlohn pro Jahr	€	48.400,–
Verwaltungskosten pro Jahr	€	2.300,–
Kfz-Versicherung pro Jahr	€	2.400,–
Kfz-Steuer pro Jahr	€	720,–
fixe Kosten pro Jahr	€	61.960,–
geteilt durch die Einsatztage	215 Tage	
fixe Kosten des Mietwagens pro Einsatztag	€	288,19

b) Variable Kosten:

Nutzenabhängige Abschreibung pro Kilometer (€ 48.000,– : 6 Jahre = 8.000,– : 2 = 4.000,– : 82.000 km)	€	0,049
Treibstoffkosten pro Kilometer (7,6 Liter x € 0,98 = 7,448 : 100)	€	0,075
Reifenkosten pro Kilometer (€ 1.100,– : 55.000 km)	€	0,020
Schmierstoffkosten pro km (€ 512,– : 82.000 km)	€	0,006
Wartungskosten pro km (€ 2.100,– : 82.000 km)	€	0,026
variable Kosten pro Kilometer	€	0,176

c) Selbstkosten:

Fixe Kosten umgerechnet auf Kilometerbasis (€ 61.960,– : 82.000 Jahreskilometer)	€	0,756
Plus variable Kosten pro Kilometer	€	0,176
Selbstkosten umgerechnet auf den Kilometer	€	0,932
Angebot des Krankenhauszweckverbandes	€	0,860
Verlust/Unterdeckung pro Kilometer	€	0,072

Musterlösung zu Aufgabe Nr. 6

a) Fixe Kosten:

Zeitabhängiger Wertverlust pro Jahr (€ 265.000,– : 2 = 132.500,– : 4 Jahre)	€	33.125,–
Zinskosten pro Jahr (€ 3.125,– im Vierteljahr x 4)	€	12.500,–
Fahrerlöhne pro Jahr (€ 6.600,– im Monat x 12)	€	79.200,–
Lohnnebenkosten pro Jahr (€ 2.400,– im Monat x 12)	€	28.800,–
Kfz-Steuer pro Jahr	€	3.500,–
Haftpflichtversicherung pro Jahr	€	7.700,–
Kaskoversicherung pro Jahr	€	3.200,–
Allgemeine Verwaltungskosten pro Jahr	€	3.500,–
Garagenmiete pro Jahr (€ 400,– im Monat x 12)	€	4.800,–
kalkulatorische Kosten pro Jahr	€	6.000,–
fixe Kosten pro Jahr	€	182.325,–
geteilt durch die Einsatztage	225 Tage	
fixe Kosten des Lastzuges pro Einsatztag	€	810,33

b) Variable Kosten:

Nutzenabhängige Abschreibung pro Kilometer (265.000,– : 2 = 132.500,– : 8 Jahre = 16.562,50 € : 120.000 km)	€	0,138
Treibstoffkosten pro Kilometer (38 Liter x € 1,02 = € 38,76 : 100)	€	0,388
Reifenkosten pro Kilometer (€ 5.820,– : 80.000 km Lebensdauer der Reifen)	€	0,073
Aufwendungen für Öl und Schmierstoffe pro Kilometer	€	0,040
Aufwendungen für Instandsetzung und Wartung pro Kilometer	€	0,180
Autobahngebühren pro Kilometer (€ 1.400,– : 120.000 km)	€	0,012
variable Kosten pro Kilometer	€	0,831

c) Selbstkosten:

Fixe Kosten (pro Tag € 810,33 x 2 Tage)	€	1.620,66
plus variable Kosten (€ 0,831 x 650 km)	€	540,15
Selbstkosten für den Lastzugeinsatz	€	2.160,81

Musterlösung zu Aufgabe Nr. 7

a) Fixe Kosten:

Abschreibung pro Tag (€ 74.400,– : 6 Jahre = € 12.400,– : 240 Tage = € 51,667– : 2 [halber Satz])	€	25,83
Lohn pro Tag (€ 3500,– x 12 = 42.000,– : 240 Tage)	€	175,–
Lohnnebenkosten pro Tag (€ 1.300,– x 12 = 15.600,– : 240 Tage)	€	65,–
Kreditzinsen pro Tag (8 % von € 35.000,– = € 2.800,– /Jahr : 240 Tage)	€	11,67
Kalkulatorische Zinsen pro Tag (6 % von € 41.620,– (Kaufpreis inkl. Reifen € 76.620,– ./. Kredit € 35.000,– = € 2.497,20 /Jahr : 240 Tage)	€	10,41
Kfz-Steuer pro Tag (€ 978,– : 240 Tage)	€	4,08
Kfz-Versicherung pro Tag (€ 5.587,– : 240 Tage)	€	23,28
Fracht-Versicherung pro Tag (€ 900,– : 240 Tage)	€	3,75
Verwaltungskosten pro Tag (€ 7.600,– : 240 Tage)	€	31,67
fixe Kosten pro Tag	**€**	**350,69**

b) Variable Kosten:

Abschreibung pro Kilometer (€ 74.400,– : 6 Jahre = € 12.400,– : 72.000 km = € 0,17 : 2 [halber AfA-Betrag])	€	0,086
Dieselkosten pro Kilometer (13,4 l x € 0,92 = € 12,33 – : 100 km)	€	0,123
Reifenkosten pro Kilometer (6 x € 370,– = € 2.220,– : 65.000 km [Reifenlaufleistung])	€	0,034
Aufwendungen für Öl und Schmierstoffe pro Kilometer	€	0,003
Aufwendungen für Instandhaltung und Wartung pro Kilometer (€ 1.256,– : 72.000 km)	€	0,017
variable Kosten pro Kilometer	**€**	**0,263**

c) Gewinn / Verlust pro Jahr

Fixe Kosten pro Jahr (€ 350,69 x 240 Tage)	€	84.165,60
Variable Kosten pro Jahr (€ 0,263 x 72.000 km)	€	18.936,–
Gesamtkosten pro Jahr	€	103.101,60
Ertrag pro Jahr (€ 1,30 x 72.000 km)	€	93.600,–
Verlust pro Jahr	**€**	**9.501,60**

Musterlösung zu Aufgabe Nr. 8

a) Fixe Kosten:

Zeitabhängige Abschreibung pro Jahr (€ 137.000,– ./. Bereifung (4 x € 415,–) € 1.660,– € 135.340,– : 5 Jahre = € 27.068,– : 2 [halber Satz])	€	13.534,–
Fahrerlohn pro Jahr (€ 3.900,– x 12)	€	46.800,–
Kreditzinsen pro Jahr (9,5 % auf € 70.000,–)	€	6.650,–
Kalkulatorische Zinsen pro Jahr (€ 137.000,– ./. € 70.000,– = € 67.000,– x 7,4 %)	€	4.958,–
Kfz-Steuer pro Jahr	€	1.970,–
Kfz-Versicherung pro Jahr	€	6.423,–
Sonstige Versicherungen pro Jahr	€	1.470,–
Verwaltungskosten pro Jahr	€	2.331,–
Werbekosten pro Jahr	€	781,–
fixe Kosten pro Jahr	€	84.917,–
geteilt durch 243 Einsatztage	€	349,45
fixe Kosten pro Einsatztag	€	349,45

b) variable Kosten:

Nutzenabhängige Abschreibung pro Kilometer (€ 13.534,– Jahresabschreibung : 98.000 km)	€	0,138
Treibstoff pro Kilometer (23,7 l x € 0,98 = € 23,226 : 100 km)	€	0,232
Reifenkosten pro Kilometer (€ 415,– x 4 = € 1.660,– : 73.000 km Reifen-Laufleistung)	€	0,023
Aufwendungen für Öl und Schmierstoffe	€	0,021
Wartungskosten (€ 470,– x 12 Monate = € 5.640,– : 98.000 km)	€	0,058
variable Kosten pro Kilometer	€	0,472

c) Gewinn / Verlustrechnung:

2 Tage fixe Kosten (€ 349,45 x 2)	€	698,90
€ 0,472 x 570 km	€	269,04
Gesamtkosten für den Auftrag	€	967,94
Gesamteinnahmen (€ 50,– x 20)	€	1.000,–
Voraussichtlicher Gewinn des Auftrages	€	32,06

Musterlösung zu Aufgabe Nr. 9

a) Fixe Kosten pro Einsatztag:

Zeitabschreibung pro Jahr	€	4.750,–
Verwaltungskosten pro Jahr	€	3.700,–
Kreditzinsen (€ 35.000,– x 7 %)	€	2.450,–
kalkulatorische Zinsen	€	1.900,–
Betriebshaftpflichtversicherung	€	510,–
Kalkulatorischer Fahrerlohn (€ 3.700,– x 12 Monate)	€	44.400,–
Kfz-Steuer pro Jahr	€	978,–
Kfz-Versicherung pro Jahr	€	4.120,–
fixe Kosten pro Jahr	€	62.808,–
geteilt durch die Einsatztage	233 Tage	
fixe Kosten des Taxis pro Einsatztag	€	269,56

b) Variable Kosten pro Kilometer:

Nutzungsabhängige Abschreibung (€ 4.750,– : 58.000 km/Jahr)	€	0,082
Reifenkosten pro Kilometer (€ 710,– : 52.000 km/Laufleistung)	€	0,014
Treibstoffverbrauch pro Kilometer (7,4 l x € 1,22 pro Liter : 100 km)	€	0,090
Öl und Schmierstoffe pro Kilometer (€ 810,– : 58.000 km/Jahr)	€	0,014
Aufwendungen für Instandhaltung und Wartung pro Kilometer (€ 3.520,– : 58.000 km/Jahr)	€	0,061
variable Kosten des Taxis pro Kilometer	€	0,261

c) Gewinn/Verlust pro Kilometer:

Variable Kosten pro Kilometer	€	0,261
Fixkosten pro Kilometer (€ 62.808,– : 58.000 km/Jahr)	€	1,083
Nettokosten pro Kilometer	€	1,344
+ 19 % Mehrwertsteuer auf Güterbeförderung	€	0,255
Bruttokosten pro Kilometer	€	1,599
Notarangebot brutto	€	1,40

Bei Annahme des Angebots würde pro Kilometer ein Verlust von € 0,199 entstehen.

Musterlösung zu Aufgabe Nr. 10

a) Fixe Kosten pro Einsatztag:

Buchführungskosten (€ 180,– x 12 Monate)	€ 2.160,–
Unternehmerlohn (€ 3.400,– x 12 Monate)	€ 40.800,–
Lohnnebenkosten (€ 700,– x 12 Monate)	€ 8.400,–
Kfz-Haftpflichtversicherung	€ 2.410,–
Kfz-Vollkaskoversicherung	€ 2.580,–
Betriebshaftpflichtversicherung	€ 790,–
Kalkulatorische Zinsen	€ 7.920,–
Kreditzinsen	€ 6.470,–
Zeitabschreibung	€ 6.500,–
Fixe Kosten pro Jahr	€ 78.030,–
geteilt durch die Einsatztage	226 Tage
Fixe Kosten des Mietwagens pro Einsatztag	€ 345,27

b) variable Kosten pro Kilometer:

Reifenkosten	€ 0,015
(€ 171,– x 4 Reifen : 45.000 km Laufleistung)	
Dieselkosten (8,2 Liter x € 1,18 : 100 km)	€ 0,097
Wartungskosten (€ 2.910,– : 62.000 km pro Jahr	€ 0,047
nutzenabhängige Abschreibung (€ 6.500,– : 62.000 km pro Jahr)	€ 0,105
Variable Kosten pro Kilometer	€ 0,264

c) Beträge, die nicht zur Kalkulation gehören:

Vorsteuer pro Jahr	€ 4.980,–
Umsatzsteuerzahllast pro Jahr	€ 5.840,–
Einkommensteuervorauszahlung pro Quartal	€ 4.200,–

Musterlösung zu Aufgabe Nr. 11

a) Fixe Kosten pro Einsatztag:

Kapitalverzinsung (10 % von € 58.500,– betriebsnotwendiges Kapital)	€	5.850,–
Abschreibung (Anschaffungspreis € 87.000,– ./.Reifen € 3.540,– : 8 Jahre : 2)	€	5.216,25
Kfz-Steuer	€	1.120,–
Haftpflichtversicherung	€	6.780,–
Kaskoversicherung	€	1.720,–
allgemeine Verwaltungskosten	€	6.230,–
Fahrerlohn	€	57.520,–
Garagenmiete	€	4.200,–
Summe	€	88.636,25
Unternehmerlohn (10 % der Summe)	€	8.863,63
Fixe Jahreskosten	€	97.499,88
Fixe Kosten pro Tag (€ 97.499,88 : 227 Einsatztage)	€	429,52

b) Variable Kosten pro 100 Kilometer:

Abschreibung (Anschaffungspreis € 87.000,– ./.Reifen € 3.540,– : 550.000 km : 2 x 100 km)	€	7,587
Kraftstoffkosten (27 Liter x € 1,18)	€	31,860
Schmierstoffe (2,5 % der Kraftstoffkosten)	€	0,797
Reifenkosten (Reifenkosten € 3.540 : Lebensdauer 98.000 km x 100 km)	€	3,612
Instandsetzung und Wartung (€ 18.450,– : 100.000 km x 100 km)	€	18,450
Summe	€	62,306
Unternehmerlohn (10 % von der Summe)	€	6,231
Variable Kosten pro 100 Kilometer	€	68,537

Musterlösung zu Aufgabe Nr. 12

Einnahmen pro Tag:

Einnahmen pro Monat (€ 5.700,– × 12 Monate = 68.400,– € im Jahr)		
(€ 68.400,– : 239 Einsatztage = pro Tag)	€	286,19

Variable Kosten:

nutzenabhängige Abschreibung pro Tag: (€ 5.400,– : 239 Tage)	€	22,59
Treibstoffkosten pro Tag: (7,9 Liter × € 1,05 = € 8,30 auf 100 km 67.000 Jahreskilometer : 239 Tage = 280,34 km/Tag; € 8,30 × 2,8034)	€	23,27
Reifenkosten pro Tag: (€ 890,– Reifenkosten : 51.000 km Laufleistung = € 0,018 × 280,34 km/Tag)	€	5,05
sonstige bewegliche Kosten pro Tag: (0,29 €/km × 280,34 km/Tag)	€	81,30
variable Kosten pro Tag	€	132,21

Anspruch auf Nutzungsausfälle an die Versicherung:

Einnahmenverlust für vier Tage: (286,19 €/Tag × 4 Tage)	€	1.144,76
Abzüglich der variablen Kosten: (132,21 €/Tag × 4 Tage)	€	528,84
Anspruch auf Nutzungsausfall	€	615,92

Die variablen Kosten müssen von den Einnahme-Ausfallansprüchen abgezogen werden, da in der Reparaturzeit keine angefallen sind.

Musterlösung zu Aufgabe Nr. 13

Fixe Kosten:

Zeitabschreibung (halber Anschaffungspreis ohne Bereifung geteilt durch die Lebensdauer des Fahrzeugs in Jahren) (€ 120.000,– ./. € 4.200,– : 2 : 6 Jahre)	€	9.650,–
Haftpflichtversicherung	€	6.870,–
Kaskoversicherung	€	2.120,–
Kfz-Steuer	€	946,–
Verwaltungskosten	€	6.400,–
Fahrerlohn	€	73.620,–
Garagenmiete	€	4.400,–
Kapitalverzinsung (8 % vom betriebsnotwendigen Kapital) (€ 76.500,– x 8 %)	€	6.120,–
Summe	€	110.126,–
Unternehmerlohn (6 % von 110.126,– €)	€	6.607,56
fixe Kosten pro Jahr	€	116.733,56
fixe Kosten pro Einsatztag: (€ 116.733,56 : 227 Einsatztage)	€	514,25

Variable Kosten:

Abschreibung (halber Anschaffungspreis ohne Bereifung geteilt durch die Gesamtlaufleistung des Fahrzeugs) (€ 120.000,– ./. 4.200,– : 2 : 670.000 km)	€	0,086
Kraftstoffkosten (€ 1,12 x 22 Liter : 100 km)	€	0,246
Schmierstoffe (3 % von € 0,246)	€	0,007
Instandsetzung und Wartung (€ 19.400,– : 100.000 km)	€	0,194
Reifenkosten (Wiederbeschaffungspreis der Reifen geteilt durch die Laufleistung) (€ 4.200,– : 125.000 km)	€	0,034
Summe	€	0,567
Unternehmerlohn (6 % von € 0,567)	€	0,034
variable Kosten je Kilometer	€	0,601
variable Kosten auf 100 km	€	60,10

Musterlösung zu Aufgabe Nr. 14

Fixe Kosten:

Zeitabschreibung	€	10.269,17
(halber Kaufpreis ohne Reifen geteilt durch AfA-Zeit)		
(€ 128.000,– ./. € 4.770,– = € 123.230,– : 2 : 6 Jahre)		
Kfz-Steuer pro Jahr	€	4.738,–
Haftpflichtversicherung pro Jahr	€	9.151,–
Kaskoversicherung pro Jahr	€	6.949,–
Garagenmiete (€ 280,– x 12 Monate)	€	3.360,–
Verwaltungskosten (€ 480,– x 12 Monate)	€	5.760,–
Lohnkosten (€ 4.100,– x 12 Monate)	€	49.200,–
Lohnnebenkosten (€ 1.112,– x 12 Monate)	€	13.344,–
Zinsen pro Jahre	€	8.200,–
Frachtversicherung pro Jahr	€	950,–
fixe Kosten pro Jahr	€	111.921,17
fixe Kosten pro Tag	€	476,26
(€ 111.921,17 : 235 Einsatztage)		

Variable Kosten

Leistungsabhängige Abschreibung pro km	€	0,093
(halber Kaufpreis ohne Reifen geteilt durch die AfA-Zeit		
geteilt durch die Jahreslaufleistung)		
(€ 128.000,–./. € 4.770,– : 2 : 6 Jahre : 110.000 km)		
Reifenkosten je km (€ 4.770,– : 146.000 km)	€	0,033
Kraftstoffkosten je km (34 Liter x € 0,93 : 100 km)	€	0.316
Schmierkosten je km	€	0,007
Reparatur-/Wartungskosten pro km	€	0,174
variable Kosten pro Kilometer	€	0,623

Auftragskosten:

3 Tage à € 476,26	€	1.428,78
650 km à € 0,623	€	404,95
Nettokosten	€	1.833,73
+ Unternehmerlohn	€	100,–
notwendiger Auftragserlös netto	€	1.933,73
+ 19 % Umsatzsteuer	€	367,41
notwendiger Auftragserlös brutto	€	2.301,14
Konkurrenzangebot brutto	€	2.100,–

Die Auftragsannahme ist nicht empfehlenswert, da das Konkurrenzangebot um € 201,14 billiger ist als der notwendige Auftragserlös.

Musterlösung zu Aufgabe Nr. 15

a) Feste Kosten:

	Maschine	*Auflieger*
Abschreibung (halber Kaufpreis ohne Reifen geteilt durch die Lebensdauer)	€ 25.508,33	€ 3.560,–
Kfz-Haftpflicht	€ 9.410,–	€ 143,–
Kaskoversicherung	€ 6.112,–	€ 1.714,–
Kfz-Steuer	€ 3.500,–	€ 1.750,–
Verzinsung des betriebsnotwendigen Kapitals	€ 15.103,20	€ 4.376,10
	€ 59.633,53	€ 11.543,10

Zwischensumme für den Sattelzug pro Jahr	€ 71.176,63
allgemeine Verwaltungskosten	€ 21.000,–
Transportversicherung	€ 5.210,–
Lohnkosten	€ 46.400,–
Lohnnebenkosten (25 %)	€ 11.600,–
Spesen	€ 8.200,–
Autobahngebühr (EU-Vignette)	€ 2.402,66
Unternehmerlohn	€ 18.700,–
feste Kosten pro Jahr	€ 184.689,29
feste Kosten pro Einsatztag (226 Tage)	€ 817,21

b) bewegliche Kosten

	Maschine	*Auflieger*
Abschreibung (halber Kaufpreis ohne Reifen geteilt durch die Gesamtfahrleistung)	€ 20,41	€ 2,85
Reifenkosten pro 100 km	€ 3,39	€ 2,13
Reparaturkosten pro 100 km	€ 15,68	€ 5,12
Öl und Schmierstoffe pro 100 km	€ 1,56	€ 0,16
	€ 41,04	€ 10,26

Zwischensumme des Sattelzuges pro 100 km	€ 51,27
Eigentankung pro 100 km	€ 26,09
Fremdtankung pro 100 km	€ 10,45
bewegliche Kosten des Sattelzuges pro 100 km	€ 87,81

c) Gesamtkosten

bewegliche Kosten pro Jahr	€	109.762,50
feste Kosten pro Jahr	€	184.689,29
Gesamtkosten pro Jahr	€	294.451,79
Gesamtkosten pro Einsatztag (€ 294.451,79 : 226 Tage)	€	1.302,88

d) Verlust für den geplanten Einsatz   € 54.451,79

Musterlösung zu Aufgabe Nr. 16

Variable Kosten:

Treibstoffkosten (32 Liter x € 1,12 : 100 km x 325 km)	€	116,48
Reifenkosten (€ 1.230,– : 140.000 km x 325 km)	€	2,86
sonstige variable Kosten (€ 27,– : 100 km x 325 km)	€	87,75
Summe der variablen Kosten für den Auftrag	€	207,09

Fixe Kosten:

Einsatzstunden: (1 Tagessatz = 9 Stunden = € 126,– 7.30 bis 17.00 Uhr = 9,5 Stunden) (€ 126,– : 9 Std. x 9,5 Std.)	€	133,–
Rüstzeit (Arbeitsvorbereitung): (€ 126,– : 9 Std. x 0,5 Std.)	€	7,–
Personalkosten: (€ 27,80 x 10 Std.)	€	278,–
Zwischensumme der fixen Grundkosten	€	418,–
+ variable Einsatzkosten	€	207,09
Summe der Gesamtgrundkosten des Fahrzeugs	€	625,09

+ 6 % Verwaltungsgemeinkostenanteil und
   13 % kalkulatorischer Unternehmerlohn
     (€ 625,09 x 19 %)
	€	118,77

Nettobetrag	€	743,86
+ 19 % Mehrwertsteuer	€	141,33
Angebot an den Kunden (brutto)	€	885,19

Musterlösung zu Aufgabe Nr. 17

	Zugmaschine	Anhänger
Fahrzeugpreis ohne Bereifung	€ 227.400,–	€ 67.800
1/2 Fahrzeugpreis ohne Bereifung	€ 113.700,–	€ 33.900

1. Berechnungsschema (auf volle € aufgerundet):

Kostenart	Motorwagen	Anhänger	Gesamt
1. Abnutzung (50%)	€ 18.950	€ 3.390	€ 22.340
2. Kraftstoffkosten	€ 56.851	–	€ 56.851
3. Schmierkosten (4% von 2.)	€ 2.274	–	€ 2.274
4. Reifen	€ 5.175	€ 3.335	€ 8.510
5. Reparatur	€ 37.800	€ 6.750	€ 44.550
6. variable Kosten pro Jahr	€ 121.050	€ 13.475	€ 134.525
7. Fahrerlöhne brutto			€ 48.000
8. Lohnnebenkosten (48% von 7.)			€ 23.040
9. Fahrpersonalkosten pro Jahr			€ 71.040
10. Verzinsung des betriebsnotwendigen Kapitals (10%)	€ 13.400	€ 3.700	€ 17.100
11. Entwertung (50%)	€ 18.950	€ 3.390	€ 22.340
12. Kfz-Steuern	€ 4.812	€ 5.900	€ 10.712
13. Kfz-Haftpflichtversicherung	€ 8.400	€ 210	€ 8.610
14. Kfz-Kaskoversicherung	€ 4.810	€ 1.560	€ 6.370
15. Fixe Einsatzkosten pro Jahr	€ 50.372	€ 14.760	€ 65.132
16. Fixe Kosten pro Jahr gesamt (9. + 15.)			€ 136.172
17. Einsatzkosten (6. + 16.)			€ 270.697

FAHRZEUGKOSTENRECHNUNGS-ÜBUNGSAUFGABEN 2

Kostenart	Gesamt
18. Verwaltungskosten (6% von 17.)	€ 16.242
19. Fahrzeugbetriebskosten (17. – 18.)	€ 286.939
20. Unternehmerlohn (8% von 17.)	€ 21.656
21. Fahrzeugkosten gesamt (19. – 20.)	€ 308.595

2. a) die Kosten pro km für die km-abhängigen Kosten:

€ 134.525 : 135.000 km = € 0,997

b) der Tagessatz der zeitabhängigen Kosten:

€ 136.172 : 235 Einsatztage = € 579,46

c) der Tagessatz der Fahrpersonalkosten:

€ 71.040 : 235 Einsatztage = € 302,30

d) die Gesamtkosten pro km, inkl. Verwaltungskosten und Unternehmerlohn:

€ 308.595 : 135.000 km = € 2,29

3. Wie viel müsste die Fahrzeugkombination durchschnittlich umsetzen, damit sie die Gesamtkosten pro Einsatztag deckt:

€ 308.595 : 235 Tage = € 1.313,17

4. Um wie viel würden die variablen Kosten pro km steigen, wenn der Preis für Kraftstoff von € 1,12 auf € 1,25 angehoben würde:

37,6 Liter x € 1,12 =	€ 42,11
37,6 Liter x € 1,25 =	€ 47,–
	€ 4,89 / 100 km
	€ 0,05 /km

Musterlösung zu Aufgabe Nr. 18

a) kalkulatorische Zinskosten:

€ 40.000,– x 7,5 % = € 3.000,– x 4 Jahre	€	12.000,–

b) monatlicher Darlehensaufwand:

Neupreis des Lkws	€	150.000,–
./. Eigenkapital	€	40.000,–
Kreditsumme	€	110.000,–
Zinskosten: (€ 110.000,– x 0,75 %)	€	825,–
Bearbeitungsgebühr: (€ 110.000,– x 1,5 % : 48 Monate)	€	34,38
Der monatliche Darlehensaufwand beträgt	€	859,38

c) Gesamtbelastung:

Bankzinsen: (€ 110.000,– x 0,75 % x 48 Monate)	€	39.600,–
Bearbeitungsgebühren: (€ 110.000,– x 1,5 %)	€	1.650,–
Rückzahlungsbetrag	€	110.000,–
Die Gesamtbelastung für 4 Jahre beträgt	€	151.250,–

d) Notwendige Rücklagenbildung für die Tilgung:

€ 110.000,– : 48 Monate	€	2.291,67

Musterlösung zu Aufgabe Nr. 19

A. Technische Daten:

	Motorwagen	Anhänger	Lastzug
Gesamtfahrleistung in km	775.000	1.240.000	
Fahrleistung pro Jahr in km	155.000	155.000	
Lebensdauer in Jahren (Gesamtfahrleistung : Fahrleistung)	5	8	
Laufleistung der Reifen in km	130.000	180.000	

B. Kapitalwerte (in €):

	Motorwagen	Anhänger	Lastzug
Kaufpreis mit Bereifung	210.000	41.200	251.200
Kaufpreis der Bereifung	4.370	4.830	9.200
Anschaffungswert ohne Bereifung	205.630	36.370	242.000
Halber Anschaffungswert ohne Bereifung	102.815	18.185	121.000
Halber Anschaffungswert mit Bereifung	105.000	20.600	125.600
Betriebsnotwendiges Kapital			141.600

2 FAHRZEUGKOSTENRECHNUNGS-ÜBUNGSAUFGABEN

C. Berechnung der fixen Kosten pro Jahr und Einsatztag (in €):

	Motorwagen	Hänger	Lastzug
zeitbezogene Abschreibung	20.563,–	2.273,13	22.836,13
Kfz-Steuer			3.750,–
Kfz-Haftpflicht	6.240,–	154,–	6.394,–
Kaskoversicherung	5.870,–	790,–	6.660,–
Verzinsung des betriebsnotwendigen Kapitals 9,4 %		13.310,40	
Straßenbenutzungsgebühr			2.500,–
allgemeine Verwaltungskosten			18.600,–
Fahrpersonalkosten – Fahrerlohn – Lohnnebenkosten – Spesen			48.100,– 15.007,20 7.900,–
Summe			145.057,73
+ 8 % kalkulierter Unternehmerlohn			11.604,62
fixe Kosten pro Jahr			156.662,35
fixe Kosten pro Einsatztag			669,50

D. Berechnung der variablen Kosten pro 100 km und Jahr (in €):

	Motorwagen	Hänger	Lastzug
variable Abschreibung	13,27	1,47	14,74
Kraftstoff – Eigentankung – Fremdtankung			26,89 13,29
Öl und Schmierstoffe	0,90	0,20	1,10
Reifenkosten	3,36	2,68	6,04
Reparatur und Wartung	18,00	4,00	22,00
variable Kosten Kosten pro 100 km			84,06
variable Kosten pro Jahr			130.293,–

E. Gesamtkosten des Hängerzuges pro Jahr und Einsatztag (in €):

	Lastzug
fixe Kosten pro Jahr	156.662,35
variable Kosten pro Jahr	130.293,–
Gesamtkosten pro Jahr	286.955,35
Gesamtkosten pro Einsatztag	1.226,31

2 FAHRZEUGKOSTENRECHNUNGS-ÜBUNGSAUFGABEN

Musterlösung zu Aufgabe Nr. 20

Kassenbuchschema:

Datum	Text	Einnahmen	USt.	Ausgaben	VSt.
\multicolumn{6}{	c	}{Kassenbuch der Firma Habenichts & Möchtegern vom 01.10. bis 31.10.}
01.	Anfangsbestand	1.880,–	–		
02.	Reparaturbezahlung			840,–	134,12
03.	Spende			100,–	–
10.	Bar von Bank	500,–	–		
12.	Frachterlöse	1.900,–	303,36		
14.	Dieselrechnung			760,–	121,35
15.	Beförderungsentgelt	1.200,–	191,60		
16.	Reifenkauf			2.142,–	342,–
20.	Privatentnahme			380,–	–
Summen		5.480,–	494,96	4.222,–	597,47
Kassenbestand		1.258,–			

Berechnung der Umsatzsteuer-Zahllast:

Summe Umsatzsteuer	€	494,96
./. Summe Vorsteuer	€	597,47
Rückerstattung vom Finanzamt	€	102,51

Musterlösung zu Aufgabe Nr. 21

1. Berechnung des Jahresbruttolohns:

Bruttolohn/Monat	€	2.500,–
Urlaubsgeld	€	500,–
Weihnachtsgeld	€	1.000,–

€ 2500,– x 12 Monate = € 30.000,–
€ 30.000,– + € 500,– + € 1.000,– = € 31.500,– Bruttojahreslohn

Arbeitsstunden pro Tag	8
Arbeitstage	6
Urlaubstage pro Jahr	24 (4 Wochen)
Arbeitswochen pro Jahr	52

2. Berechnung der Gesamtkosten pro Jahr:

Krankenversicherung/Arbeitgeberanteil/pro Jahr	€	2.300,–
Pflegeversicherung/Arbeitgeberanteil/pro Jahr	€	280,–
Rentenversicherung/Arbeitgeberanteil/pro Jahr	€	3.200,–
Arbeitslosenversicherung/Arbeitgeberanteil/pro Jahr	€	990,–
Beitrag zur Berufsgenossenschaft pro Arbeitnehmer/Jahr	€	640,–
Bruttojahreslohn	€	31.500,–
Gesamtkosten pro Jahr	€	38.910,–

3. Berechnung der Arbeitnehmerkosten pro Stunde:

6 Arbeitstage x 8 Arbeitsstunden = 48 Arbeitsstunden pro Woche
52 Arbeitswochen – 4 Urlaubswochen = 48 Einsatzwochen
48 Arbeitsstunden/Woche x 48 Einsatzwochen = 2.304 Einsatzstunden/pro Jahr
€ 38.910,– Jahresgesamtkosten : 2.304 Jahreseinsatzstunden = € 16,89 Kosten pro Stunde

Auflösung:

Was kostet der Arbeitnehmer im Jahr und wie viel pro Einsatzstunde?
€ 38.910,–/Jahr
€ 16,89/Stunde

Welche Kosten, die Sie bei Ihrer Berechnung nicht berücksichtigt haben, könnten noch entstehen?
Weitere Kosten bei Lohnzahlung, wie Überweisungskosten, Lohnabrechnungskosten, Spesen, Lohnfortzahlung bei Krankheit.
Kosten für zusätzliche soziale Einrichtungen: evtl. Miete, Einrichtung, Reinigung, Strom, Wasser, Müllgebühren

2 FAHRZEUGKOSTENRECHNUNGS-ÜBUNGSAUFGABEN

Musterlösung zu Aufgabe Nr. 22

Sie planen Ihr Reiseprospekt für den Herbst und beabsichtigen eine dreitägige Erlebnisparkreise Europapark Deutschland/Disney-Land Frankreich/Lego-Land Deutschland in Ihr Programm mit aufzunehmen.

Für Ihre Preiskalkulation ermitteln Sie folgende Daten:
- Sie planen einen 46-sitzigen Luxusliner-Bus ein, der in diesem Jahr nur an 150 Tagen im Einsatz war.
- Die Reiseroute beträgt insgesamt 940 km
- Für die Reiseleitung berechnen Sie pauschal mit Spesen 400 €
- Die Mehrwertsteuer wird, soweit möglich, mit 19 % berücksichtigt
- Europapark Rust Eintrittskarte € 25,—
- Übernachtung/Frühstück Rust € 45,—
- Eintrittspreis Disney-Land € 50,—
- Übernachtungspreis/Frühstück Paris € 80,—
- Eintrittspreis Lego-Land € 60,—

1. Kaufpreis mit Bereifung	€ 165.000,—
2. Kaufpreis ohne Bereifung	€ 162.000,—
3. Einsatztage/Jahr	150 Tage
4. Haftpflicht/Kaskoversicherung	€ 4.000,—
5. Kfz-Steuer	€ 1.500,—
6. Kraftstoffverbrauch à 100 km	28 l
7. Preis für Kraftstoff pro Liter	€ 0,90
8. Kilometerleistung	54.000 km
9. Reifenlaufleistung	60.000 km
10. Schmierstoffe (7 % der Kraftstoffkosten)	€/km 0,02
11. Verwaltungskosten allgemein	€ 2.500,—
12. Sonstige variable Kosten pro km	€ 0,20
13. Nutzungsdauer	9 Jahre
14. Umlaufvermögen	€ 10.000,—
15. Kapitalbindung (durchschnittlich)	€ 12.000,—
16. Verzinsung 5 % Pos. 17	€ 1.100,—
17. Betriebsnotwendiges Kapital Pos. 14 + 15	€ 22.000,—
18. Fahrerlohn brutto	€ 15.000,—
19. Lohnnebenkosten 40 % v. Pos. 18	€ 6.000,—
20. Fahrerspesen/Tag	€ 16,—
21. Kalkulatorischer Unternehmerlohn = 10 % der zeitabhängigen Kosten	€ 27,66

FAHRZEUGSKOSTENRECHNUNGS-ÜBUNGSAUFGABEN 2

Aufgabe:
Sie ermitteln ein Preisangebot für 1 Person unter Anwendung der Vollkostenrechnung.

Kosten pro km in Euro

1. Abnutzung (halber Kaufpreis ohne Bereifung)	€	0,17
2. Betankungskosten	€	0,25
3. Schmierstoffkosten	€	0,02
4. Reifenkosten	€	0,05
5. sonstige variable Kosten	€	0,20
6. Summe km-abhängige Kosten	€	0,69

Kosten pro Einsatztag

1. Wertminderung (halber Kaufpreis ohne Bereifung)	€	60,–
2. Kfz-Steuer	€	10,–
3. Kfz-Haftpflicht-/Kaskoversicherung	€	26,67
4. Verzinsung betriebsnotwendiges Kapital	€	7,33
5. Summe fixe Fahrzeugkosten/Einsatztag	€	104,–
6. Fahrerlohn/Einsatztag 15.000,– € : 150 Tage	€	100,–
7. Lohnnebenkosten/Einsatztag (40 % vom Fahrerlohn)	€	40,–
8. Spesen/Fahrereinsatztag	€	16,–
9. Summe/Fahrerkosten pro Einsatztag	€	156,–
10. Verwaltungskosten allgemein pro Einsatztag	€	16,67
11. Summe der zeitabhängigen Kosten pro Einsatztag (Pos. 5., 9., 10.)	€	276,67
12. Unternehmerlohn (10 % v. Pos. 11)	€	27,67
13. Summe der fixen Kosten/Einsatztag	€	304,34

Kalkulation der Fahrt:

Fixkosten 304,34 € x 3 Tage	€	913,02
Variable Kosten 0,69 € x 940 km	€	648,60
+ Reiseleitungsspesen	€	400,–
Gesamtfahrtkosten	€	1.961,62

Bei 100 % Belegung aller Sitzplätze beträgt der Fahrpreis:
1.961,62 € : 46 Sitzplätze = 42,64 € pro Sitzplatz
+ 19 % MwSt. = 42,64 + 8,10 (19 %) = € 50,74

+ Übernachtungs- und Eintrittskosten:

Übernachtung Rust	45,– €		
Übernachtung Paris	80,– €	€	125,–
Eintritt Rust	25,– €		
Eintritt Disney	50,– €		
Eintritt Lego	60,– €	€	135,–
Kosten der Reise pro Person		€	310,74

Musterlösung zu Aufgabe Nr. 23

Aufgabe:
Tragen Sie nachfolgenden Geschäftsvorfälle in Ihre „Kassenkladde" ein und errechnen Sie den Kassenbestand, Vorsteuer, Umsatzsteuer und die sich daraus ergebende Umsatzsteuer-Zahllast bzw. -Guthaben.

1. Einnahmen Beförderungen Pflichtfahrbereich (7 %)	€	210,40
2. Privatentnahme	€	250,–
3. Kfz-Reparatur	€	360,–
4. Einnahmen Kurierfahrt (19 %)	€	110,–
5. Lohn Aushilfe	€	50,–
6. Telefonrechnung	€	120,–
7. Tanken	€	210,–
8. Reifenkauf	€	580,–

Alle Beträge sind brutto, also inkl. MwSt.

Datum/Vorgang	Einnahme	USt. 19 %	USt. 7 %	Ausgabe	VSt.
Kassenbestand	3.500,–				
01. Einn. 7 %	210,40		13,76		
02. Priv.entn.				250,–	
03. Rep. 19 %				360,–	57,48
04. Einn. 19 %	110,–	17,56			
05. Lohn				50,–	
06. Telefon				120,–	19,16
07. Tanken				210,–	33,53
08. Reifen				580,–	92,61
Summen	3.820,40	17,56	13,76	1.570,–	202,78
Kassenbestand	2.250,40				

Der Kassenbestand errechnet sich aus Einnahmen minus Ausgaben brutto.
Die Umsatzsteuer beträgt: 17,56 € + 13,76 € = 31,32 € Die Vorsteuer beträgt: 202,78 €
Die Umsatzsteuerzahllast bzw. -Guthaben errechnet sich:

Umsatzsteuer	€	31,32
minus Vorsteuer	€	–202,78
Da die Vorsteuer höher war als die Umsatzsteuer ergibt sich eine Umsatzsteuer-Erstattung vom Finanzamt	€	–171,46

Musterlösung zu Aufgabe Nr. 24

Bruttolohn pro Jahr	2.148,00 x 12 =	25.776,- € + 1.500,- €
Sozialversicherung Arbeitgeber-Anteil	12,9 % + 19,1 % + 6,5 % + 1,7 % = **40,2 %** 40,2 % : 2 = **20,1 %** 27.276,- x 20,1 % =	5.482,48 €
Berufsgenossenschafts-Anteil		380,50 €
Gesamtkosten		33.138,98 €
Kosten für eine Stunde 52 – 5 = 47 x 5 x 8 = 1.880 Arbeitsstunden 33.138,98 : 1.880 = 17,63		17,63 €

Die Kalkulation für diesen Auftrag erstellen Sie gemäß den nachfolgenden Daten und des errechneten Stundensatzes.

Einsatztage pro Jahr	365 Tage
Kilometerleistung pro Tag	240 km
Kilometerleistung pro Jahr 365 x 240 =	87.600 km
Stundensatz zusätzlicher Fahrer	€ 17,63
Kaufpreis Fahrzeug ohne Bereifung	€ 110.000,–
Kaufpreis Fahrzeug mit Bereifung	€ 112.900,–
Nutzungsdauer	9 Jahre
Reifenlaufleistung	40.000 km
Umlaufvermögen	€ 5.000,–
Kapitalbindung im Durchschnitt	€ 30.000,–
Betriebsnotwendiges Kapital	€ 42.000,–
Verzinsung	6,2 %
Haftpflicht/Kaskoversicherung	€ 4.500,–
Verwaltungskosten allgemein	€ 2.500,–
Kraftstoffverbrauch pro 100 km	28 Liter
Kraftstoffpreis	€ 0,90
Sonstige Kosten pro km (Reparatur, Waschen, etc.)	€ 0,24

2 FAHRZEUGKOSTENRECHNUNGS-ÜBUNGSAUFGABEN

Art	€/pro km €/Einsatztag	
1. Abnutzung (1/2 Kaufpreis ohne Reifen) € 110.000,– : 2 : 9 : 87.600,– = 0,06976 €	€	0,07
2. Reifenkosten € 112.900,– – € 110.000,– = 2.900,– € € 2.900,– : 40.000 km = 0,0725 €	€	0,07
3. Kraftstoffkosten 28 : 100 = 0,28 l/km € 0,90 x 0,28 = 0,25 €/km	€	0,25
4. Schmierstoffkosten = 5 % v. 3. 0,25 x 5 % = 0,0125 €	€	0,01
5. Sonstige variable Kosten	€	0,24
A. Summe der km-abhängigen Kosten	€	**0,64**
6. Wertverlust (1/2 Kaufpreis ohne Reifen) € 110.000,– : 2 : 9 : 365 = 16,74277 €	€	16,74
7. Haftpflicht-/Kaskoversicherung € 4500,– : 365 = 12,32876 €	€	12,33
8. Verzinsung d. betriebsnotwendigen Kapitals (6,2 %) € 42.000,– x 6,2 % : 365 = 7,134246 €	€	7,13
B. Summe der fixen Fahrzeugkosten pro Tag	€	**36,20**
9. Fahrerlohnkosten pro Tag € 17,63 x 8 = 141,04 €	€	141,04
C. Summe Fahrerlohnkosten pro Tag	€	**141,04**
10. Verwaltungskosten pro Tag € 2.500,– : 365 = 6,849315 €	€	6,85
D. Summe der zeitabhängigen Kosten pro Tag (B., C., 10.)	€	**184,09**
11. Kalkulatorischer Unternehmerlohn (10 % von D.)	€	18,41
E. Summe der fixen Kosten pro Tag	€	**202,50**
Einsatzkosten pro Tag:		
Kilometerabhängige (variable) Kosten : € 0,64 x 240 =	€	153,60
Feste (fixe) Kosten:	€	202,50
Gesamtkosten pro Tag	€	**356,10**

Musterlösung zu Aufgabe Nr. 25

Es wird von Ihnen ein Kraftfahrer eingestellt. Ermitteln Sie anhand nachfolgend aufgeführten Daten die Kosten pro Stunde, bei 9 Einsatzstunden pro Tag und 52 Wochen pro Jahr, die für Sie als Arbeitgeber entstehen.

Urlaub pro Jahr	6 Wochen	
Arbeitstage/Woche	5	
Bruttomonatslohn	€	1.860,–
Weihnachts- und Urlaubsgeld	€	500,–

Brutto-Jahreslohn	€	22.820,–
Arbeitgeberanteil Krankenversicherung	€	1.255,–
Arbeitgeberanteil Rentenversicherung	€	1.988,–
Arbeitgeberanteil Arbeitslosenversicherung	€	623,–
Arbeitgeberanteil Pflegeversicherung	€	156,–
Arbeitnehmerbezogener Anteil am Berufsgenossenschaftsbeitrag	€	346,–
Gesamtkosten	€	27.188,–

Berechnung des Stundensatzes:
27.188,– € : [9 Einsatzstunden x 5 Tage x (52 – 6 Wochen)] =
27.188,– € : 2.070 Einsatzstunden = 13,13 €/Einsatzstunde

Musterlösung zu Aufgabe Nr. 26

I. Betriebseinnahmen

1. Umsätze	€	79.787,64	
2. Privater Kfz-Anteil	€	1.200,–	
3. Umsatze aus sonstigen Aktivitäten	€	2.950,–	
4. Zinserträge	€	570,–	
5. Werbeeinnahmen	€	2.450,–	€ 86.957,64

II. Betriebsausgaben

a) Personalkosten
1. Löhne   € 24.540,–
2. Ges. soz. Aufwand   € 8.120,–
3. Unternehmerlohn   € 1.800,–   € 34.460,–

b) Gebühren/Abgaben
1. Funk/Zentrale   € 1.950,–
2. Berufsgenossenschaft   € 1.412,–
3. Gebühren Behörden   €   512,–   € 3.874,–

c) Kfz-Kosten
1. Kfz Steuer   €   810,–
2. Kfz-Versicherung   € 10.280,–
3. sonst. Kfz. Kosten   € 11.100,–
4. Reparaturen/Wartung (0,04 €/km)   € 3.892,08   € 26.082,08

d) Abschreibungen
1. AfA gesamt   € 10.092,–   € 10.092,–

e) Steuern
1. Gewerbesteuer   €   410,–   €   410,–

f) Sonstige Kosten
1. Verwaltungskosten   € 1.900,–
2. Werbekosten   €   500,–   € 2.400,–

Betriebsausgaben: € 77.318,08

Saldo: Überschuss/Unterdeckung   € 9.639,56

Prognose:

Jahresgewinn: 9.639,56 €   Jahresverlust: .... €

Musterlösung zu Aufgabe Nr. 27

Für das Unternehmen wird ein neues Kraftfahrzeug benötigt. Zu diesem Zweck ist es notwendig bei der Bank ein Darlehen in Höhe von 35.000,- € zu einem Zinssatz von 8,5 % bei hundertprozentiger Auszahlung aufzunehmen. Aufgrund Ihrer Einschätzung der Geschäftsentwicklung kalkulieren Sie, dass Ihre Firma jährlich eine gleichbleibende feste Rate in Höhe von 10.000,- € (Zins und Tilgung) leisten kann. Diese Rate in Höhe von 10.000,- € ist jeweils am Ende des Jahres fällig. Berechnen Sie anhand der oben genannten Daten, wie hoch die Kreditsumme zu Anfang des 4. Jahres ist.

Rechenformel: 35.000,00 € x 8,5 % = 2.975,00 €;
10.000,00 € Rate minus 2.975 € = 7.025 € Tilgung

Jahr	Kreditstand	Zins	Tilgung
1.	€ 35.000,–	€ 2.975,–	€ 7.025,–
2.	€ 27.975,–	€ 2.377,88	€ 7.622,12
3.	€ 20.352,88	€ 1.730,–	€ 8.270,–
4.	€ **12.082,88**		

Musterlösung zu Aufgabe Nr. 28

a) Wie hoch liegt der Kilometersatz der Reifenkosten für diesen Lastkraftwagen?

6 Reifen à 350,- € = 2.100,- : 150.000 Kilometer = 0,014 €/Kilometer

b) Nennen Sie die Höhe der jährlichen Reifenkosten bei einer Jahreskilometerlaufleistung von 90.000 Kilometern.

0,014 € x 90.000 Kilometer = 1.260,- Euro/Jahr

c) Bei schonender Fahrweise kann die Kilometerleistung auf 200.000 Kilometer gesteigert werden, wie hoch liegt dann der Kilometersatz der Reifenausstattung?

6 Reifen à 350,- € = 2.100,- : 200.000 Kilometer = 0,0105 €/Kilometer

Musterlösung zu Aufgabe Nr. 29

a) Wie hoch ist der Prozentsatz der Umsatzrentabilität in dem Unternehmen?

Gewinn 50.000,- € : Umsatz im Jahr 270.000,- € x 100 = 18,52 %

b) Wie hoch sind die jährlichen Zinskosten für das Umlaufvermögen?

1. Rechenschritt:

Jahresumsatz 270.000,- € x durchschnittliche Geldeingangsdauer in Tagen 90 : bankübliche Tageszahl im Jahr 360 = 67.500,- € Umlaufvermögen.

2. Rechenschritt:

Umlaufvermögen 67.500,- € x 8 % Zinsen pro Jahr = 5.400,- € kalkulatorische Zinskosten für das Umlaufvermögen pro Jahr.

FAHRZEUGKOSTENRECHNUNGS-ÜBUNGSAUFGABEN 2

Musterlösung zu Aufgabe Nr. 30

20 % kurzfristiges Fremdkapital zu 16 % = anteiliger Prozent-Satz   3,2
(100 % : 20 % = 5; 16 % : 5 = 3,2)

30 % langfristiges Fremdkapital zu 8 % = anteiliger Prozent-Satz   2,4
(100 % : 30 % = 3,33; 8 % : 3,33 = 2,4)

50 % Eigenkapital zu 4 % = anteiliger Prozent-Satz   2
(100 % : 50 % = 2; 4 % : 2 = 2)

Durchschnittlicher Zinssatz für die Ermittlung der Verzinsung des eingesetzten Kapitals 7,6 % (3,2 + 2,4 + 2)

Musterlösung zu Aufgabe Nr. 31

a) Ordnen Sie den aufgeführten Tarifbestandteilen die Tarifentgelte zu!

Grundgebühr je Fahrauftrag: 2,50 Euro

Tarifpreis je Kilometer: 1,40 Euro

Wartezeit (Zeitpreis) pro Stunde: 26,- Euro

Zuschläge je Stück: 1,- Euro

b) Berechnen Sie den Bruttopreis für den gesamten Fahrauftrag (es sind keine verkehrsbedingten Wartezeiten entstanden)! Führen Sie die einzelnen Rechenschritte auf!

Grundgebühr: 2,50 Euro
Kilometergeld: 35 km x 1,40 =   49,- Euro
Wartezeit: 26,- Euro/Std. : 2 =   13,- Euro
Zuschlag zweites Gepäck: 1,- Euro

Bruttopreis   **65,50 Euro**

c) Berechnen Sie die Umsatzsteuer aus dem Fahrauftrag wenn der Unternehmer selber gefahren ist.

Fahrpreis 65,50 *plus* Trinkgeld 4,50 = 70,- Euro

70,- Euro : 107 x 7 = **4,58 Euro Umsatzsteuer**

Musterlösung zu Aufgabe Nr. 32

Ermittlung des Umlaufvermögens

$$\frac{200.000 \text{ Euro Jahresumsatz} \times 90 \text{ Tage Dauer}}{360 \text{ Tage/Jahr}} = 50.000,- \text{ Umlaufvermögen}$$

Ermittlung der jährlichen Zinskosten

50.000,– Umlaufvermögen x 8% = 4.000,– Euro jährliche Zinskosten

Begriffsdefinitionen

Abschreiben
Der Kaufpreis eines Anlagegutes wird auf die Jahre der Nutzung verteilt als verbraucht abgeschrieben (reduziert den Gewinn oder erhöht den Verlust).

Absetzen
Ausgaben, die in einem Unternehmen den Gewinn verringern und somit die Steuerlast vermindern.

AfA
Absetzung für Abnutzung ist ein steuerrechtlicher Begriff für die Verteilung von Anschaffungs- oder Herstellungskosten abnutzbarer Anlagegüter auf die Jahre der Nutzung dieser Güter. Steuerrechtlich ist ausschließlich die lineare Abschreibung zulässig.

AG
Die „Aktiengesellschaft" haftet mit Ihrem Gesellschaftsvermögen (Stammkapital mindestens € 50.000,–). Eine AG kann durch mindestens fünf Personen gegründet werden und benötigt einen Vorstand und einen Aufsichtsrat.
Eine Eintragung ins Handelsregister ist erforderlich.
Firmenname: Sachname und Zusatz „AG".

Aktiva
Die Summe der Vermögensteile eines Unternehmens, die auf der linken Seite der Bilanz aufgeführt werden.
Es sind im Einzelnen das Anlagevermögen, das Umlaufvermögen und die Rechnungsabgrenzungsposten.

Akzeptkredit
Die Bank akzeptiert einen auf Sie gezogenen Wechsel und löst diesen bei Fälligkeit ein.

Anlagekapital
Ein in ein Unternehmen eingebrachtes, investiertes und festangelegtes Kapital.

Anlagevermögen
Es wird auf der Aktivseite der Bilanz aufgeführt und beinhaltet betrieblich bedingtes Inventar über € 150,–.

Aufbewahrungsfristen
Für Kaufmannsbücher und Bilanzen: zehn Jahre; die Verjährung beginnt nach dem letzten Eintrag.
Für Handelsbriefe und Rechnungen: zehn Jahre; hier beginnt die Verjährung nach Beendigung des Kalenderjahres.

Aufwand
Gesamter Wertverbrauch einer Periode.

Aufzeichnungspflicht
Ein Begriff aus dem Handels- und Steuerrecht. Jeder Kaufmann (auch selbstständiger Nichtkaufmann) ist zur Aufzeichnung seiner gesamten Geschäftätigkeit verpflichtet.

Außenstände
Buchhalterisch auf Debitorenkonten festgehaltene, noch nicht eingegangene Beträge oder nicht beglichene Ausgangsrechnungen aus Warenlieferungen oder Dienstleistungen.

Avalkredit
Die Bank übernimmt für den als besonders zahlungsfähig bekannten Kunden xy über einen gewissen Zeitraum eine Bürgschaft.

Banküberweisung
Eine bargeldlose Zahlung für einen Kontoinhaber an einen anderen Kontoinhaber irgend eines Geldinstitutes.

Besteuerung
Einzelunternehmen und Personengesellschaften unterliegen der Einkommensteuerpflicht zum Zeitpunkt der Gewinnentstehung. Kapitalgesellschaften sind selbstständige Steuersubjekte und unterliegen daher der Körperschaft- und Vermögenssteuerpflicht.

Bilanz
Die an einem Stichtag (Bilanzstichtag) erfassten Bestände an Vermögen und Kapital, wobei auf der linken Seite die Aktiva (Vermögen) und auf der rechten Seite Passiva (Kapital) aufgeführt sind.

Blanko-Wechsel
Eine Wechselübertragung ohne Angabe des Indossatars (durch Indossament ausgewiesener Wechselgläubiger).

Break-even-point
Der zu berechnende Punkt in der Kostenrechnung, bei dem die Kosten in gleicher Höhe wie die Erlöse sind. Wenn zum Break-even-point gewirtschaftet wird, sind weder Gewinne noch Verluste gegeben. Der Break-even-point wird auch als Kosten-Nutzen-Grenze bezeichnet.

Buchinventur
Bestandsüberprüfung von Forderungen, Verbindlichkeiten, Kassen- und Bankbeständen und Saldenlisten

Buchungen
Die Sortierung von Geschäftsvorfällen nach Mittel-Herkunft und Mittel-Verwendung. Dies geschieht durch Verteilung auf Konten, die nummeriert sind. Diese sind aufgeteilt in „Soll und Haben". Bevor die Buchungen ins Journal einge-

tragen werden, werden sie auf Rechnungen und Belegen notiert. Diesen Buchungsvorgang nennt man Vorkontierung.

Buchwert
Der Wert, der durch die steuerliche Abschreibung von Anlagegut (Inventar) entsteht und auf der Aktivseite der Bilanz verbucht wird.

Cashflow
Der Zugang von baren und unbaren Geldmitteln (Wertschöpfung) in einer Abrechnungsperiode der für die Tilgung von Krediten, der Bildung von Rücklagen und der Gewinnausschüttungen zur Verfügung steht.
Der Gewinn plus Abschreibungen, plus der Zuführung von Rücklagen und Rückstellungen ergibt den Cashflow auch Rohgewinn genannt.

Controlling
Der Controller unterstützt die Steuerung des Unternehmens durch Informationen, die er erarbeitet, aufbereitet und präsentiert.

Debitoren
Schuldner (lat. Debet/Schuld); Debitorenkonten = Kundenkonten, auf denen Forderungen gebucht werden. Debitorenkonten sind Gegenkonten von Erlös- bzw. Umsatzkonten.

Defizit
Ein nicht Kosten deckend erwirtschafteter Betrag (Fehlbetrag).

Defizitär
Mit Verlust arbeiten, ohne einen – im Verhältnis zum investierten Kapital stehenden – erzielten Gewinn (Kostenunterdeckung).

Disagio
Ist der Betrag, den der Kreditgeber (z. B. Bank) beispielsweise eines Darlehens neben den normalen Zinsen verlangt. Die Zahlung eines solchen Disagios, das in der Regel (von der Bank) sofort einbehalten wird, ist auch beim Verkauf von Forderungen, Hypotheken, Pfandbriefen oder Wertpapieren üblich.

Doppelte Buchführung
Im Gegensatz zur einfachen Buchführung (selbstständiger Nichtkaufmann), wo nur Mittelherkunft registriert wird, wird bei der doppelten Buchführung die Mittelverwendung als Gegenpart der Mittelherkunft benannt.

eG
Bei der „eingetragenen Genossenschaft" ist die Haftung auf das Gesellschaftsvermögen beschränkt, das Gesellschaftsvermögen unterliegt der Nachschusspflicht der Mitglieder (Genossen) gemäß den Bestimmungen des Statuts. Die Gründung der eG erfolgt durch mindestens sieben Genossen wovon mindestens zwei den Vorstand und mindestens drei den Aufsichtsrat bilden.
Es muss eine Eintragung ins Genossenschaftsregister erfolgen. Name: Sachname mit Zusatz „eG".

Einnahmen
Vereinnahmte Beträge, ob privat oder betrieblich veranlasst.

Einnahme-Überschussrechnung
Selbstständige die nicht Kaufleute gemäß Handelsgesetzbuch (HGB) sind, können das Wirtschaftsjahr mit einer Einnahme-Überschussrechnung statt einer Bilanz und GuV-Rechnung abschließen.

Einzugsermächtigung
Ermächtigung, dass Forderungen vom Konto des Inhabers abgebucht werden dürfen.

e.K.
Firmennamen mit dem Zusatz e.K. sind Einzel-Unternehmen die im Handelsregister eingetragen sind.

Erlös
Geschäftlich erzielte Netto-Einnahmen.

Ertrag
Gesamter Wertzuwachs. Was eine kaufmännische Tätigkeit, Sach- oder Dienstleistung einbringt.

EU
Ein „Einzel-Unternehmen", welches durch eine Person gegründet wird. Bei dem EU haftet der Inhaber unbeschränkt mit Privat- und Betriebsvermögen.
Es ist keine Eintragung ins Handelsregister notwendig.
Firmenname: Vor- und Zuname des Unternehmers.

Fixe Kosten
Bezeichnung für den Teil der Gesamtkosten, deren Höhe sich bei Veränderungen der Beschäftigung nicht verändert. Man nennt sie auch feste Kosten.

GbR
Bei einer „Gesellschaft bürgerlichen Rechts" haftet jeder Gesellschafter unbeschränkt (mit Privat- und Betriebsvermögen). Es wird keine Eintragung ins Handelsregister vorgenommen.
Firmenname: Name der Unternehmer, oder nur eines Unternehmers, dann jedoch mit Zusatz „GbR"

Gesellschaftsformen
Es gibt Personengesellschaften und Kapitalgesellschaften.

Gewerbesteuer
Sie wird auf Gewerbeertrag über € 24.500,– nach einem bestimmten Hebesatz von den Gemeinden erhoben

Gewinn
Erlös eines Gewerbebetriebes nach Abzug aller Aufwendungen.

Gewinnreduzierende Steuerarten
Gewerbesteuer, Kfz-Steuer, betriebliche Grundsteuer, Versicherungssteuer, Mineralölsteuer, Lohnsteuer.

GmbH
Die „Gesellschaft mit beschränkter Haftung" haftet mit Ihrem Gesellschaftsvermögen (Mindest-Stammkapital von € 25.000,–). Die GmbH kann durch einen Gesellschafter gegründet werden. Eine Eintragung ins Handelsregister ist erforderlich.
Firmenname: Personen- oder Sachname mit Zusatz „GmbH"

GmbH & Co. KG
Die Haftung bei dieser Gesellschaftsform ist wie bei der KG, die volle Haftung übernimmt hier die GmbH. Die Gründung ist durch eine Person möglich, die gleichzeitig Gesellschafter der GmbH und Kommanditist der KG ist.
Eine Eintragung ins Handelsregister ist notwendig.
Firmenname mit Zusatz „GmbH & Co. KG".

Gutschrift
Anzeige, dass ein Geldbetrag einem bestimmten Bankkonto gutgeschrieben wurde

GuV-Rechnung
Die Gewinn- und Verlustrechnung erfasst alle Aufwendungen und Erträge einer Abrechnungsperiode. Die Gliederung wird im Gegensatz zur Bilanz in Staffelform vorgenommen.

Haben
Die rechte Seite der Konten auf der, bei Konten wie Bank und Kasse, eine Lastschrift bzw. eine Ausgabe gebucht wird.

Handelsregistereintrag
Er erfolgt durch eine „öffentlich beglaubigte Form", per Notar und Eintrag in die Handelsregisterrolle unter einer Handelsregisternummer beim Amtsgericht. Gültigkeit erst nach Erfüllung der Publizitätspflicht im Bundesanzeiger und in mindestens zwei überregionalen Zeitungen.

Indossament
Die auf der Rückseite eines Orderpapiers angebrachte Erklärung, mit der der jeweilige Inhaber (Indossant) das Eigentum – und damit das Recht aus dem Papier – auf den von ihm, im Indossament-Vermerk genannten Empfänger (Indossatar), überträgt.

Inventar/Inventarbuch
Ein Bestandsverzeichnis, in dem das betrieblich bedingte Anlagevermögen nach Art, Anzahl, Wert und Abschreibungsmethode festgehalten wird. Hinzu kommen am Ende des Wirtschaftsjahres der Kassenbestand und das Bankguthaben, ebenso die Forderungen und Verbindlichkeiten.
Bei Händlern werden auch die durch Inventur festgestellten Bestände des Handelsgutes darin festgehalten.

Inventur
Körperliche Bestandsaufnahme, die in der Regel am Ende eines Wirtschaftsjahres zur Erstellung des Jahresabschlusses durchgeführt wird (zählen, wiegen usw.).

Investieren
Neuanschaffungen oder sonstige geschäftswertsteigernde Leistungen bzw. Sachen, in einen Betrieb einbringen.

Journal
Ein Kaufmannsbuch, in dem alle baren und unbaren Geschäftsvorfälle, sortiert nach Kontennummern, getrennt nach Soll und Haben, chronologisch festgehalten werden. Auch „Amerikanisches Journal" genannt.

KG
Bei der „Kommanditgesellschaft" haftet der Kommanditist mit seiner Einlage, der Komplementär dagegen haftet voll, d.h. mit Privat- und Betriebsvermögen. Es sind mindestens zwei Gründungsmitglieder nötig.
Firmenname: Name des Vollhaftenden mit Zusatz „KG".

Kapital
Produktionsfaktor neben Arbeit und Boden. Kapital ist ein Geldwert für Investitionszwecke und wird in der Bilanz auf der Passivseite in Eigen- und Fremdkapital unterteilt.

Kapitalgesellschaften
GmbH, AG, eG

Kassenbuch
Ein Kaufmannsbuch, in dem alle baren Einnahmen und Ausgaben, nach Datum geordnet, eingetragen werden.

Kassenkladde
Selbstständige Nichtkaufleute können anstelle des Kassenbuches und des Journals eine Kassenkladde führen.

Kaufmann gem. HGB
Das Handelsgesetzbuch (HGB) unterscheidet zwischen Kaufleuten und selbstständigen Nichtkaufleuten. Die Eigenschaft „Kaufmann" besitzen alle Firmen die im Handelsregister eingetragen sind oder mehr als € 500.000,– Umsatz oder/und € 50.000,– Gewinn vor Steuern im Jahr erwirtschaften.
Bleibt ein Einzelunternehmer oder eine GbR-Gesellschaft unter diesen Werten, genügt es, wenn diese ihre Einnahme-Überschuss-Rechnung erstellen.
Kaufleute dagegen müssen eine ordnungsgemäße Buchführung inklusive einer Bilanz und GuV-Rechnung erstellen.
Kaufmann kraft Eintragung ist, wer seine Firma im Handelsregister eingetragen hat. Dieser Kaufmann kann kein selbstständiger Nichtkaufmann sein. Für ihn treffen die Vorschriften gem. Abgabenordnung (AO) und HGB, wie beim *Kaufmann,* zu.

Kaufmannsbücher
Inventarbuch, Kassenbuch, Journal, Lohnbuch, Wareneingangs- und -ausgangs-Bücher, Lagerbestandsbücher.

Kirchensteuer
Sie muss für Arbeitnehmer und Arbeitgeber an das Finanzamt abgeführt werden und wird von dort weitergeleitet an das Kirchensteueramt.

Kontenrahmen/Kontenplan
Der Kontenrahmen ist eine Empfehlung oder ein Beispiel eines Kontenplans. Der Kontenplan für die Buchhaltung eines Unternehmens ist wie eine Maßanzug und enthält die Konten-Nummern und Konten-Bezeichnungen, die unter Einhaltung der Konten-Klassen ganz speziell für den Betrieb erstellt worden sind. Der Kontenplan enthält Sachkonten, die in Klassen unterteilt sind, und Personenkonten, die nach Kunden und Lieferanten (Debitoren und Kreditoren) gegliedert sind.

Konto
Eine zweiseitige Verrechnungsstelle, auf der Ausgaben wie Einnahmen getrennt werden. Die linke Seite wird als Soll, die rechte Seite als Haben bezeichnet.

Kontokorrentkredit
Er erlaubt das Bankkonto innerhalb der mit der Bank ausgehandelten Grenzen und Fristen zu überziehen.

Kredit
Eine finanzielle oder materielle Vorleistung.
Man unterscheidet zwischen dem kurzfristigen (bis zu sechs Monate), mittelfristigen (bis zu vier Jahre) und dem langfristigen Kredit (über vier Jahre).

Kreditoren
Gläubiger: auf Kreditorenkonten werden noch nicht bezahlte Eingangsrechnungen von den Lieferanten eines Betriebes gebucht.

Lastschrifteinzugsverfahren
Eine Vereinbarung mit einem Kunden, die fälligen Forderungen automatisch per Bank-Einzugsermächtigung abbuchen zu dürfen.

Lombardkredit
Die Bank beleiht die im Besitz des Unternehmens befindlichen Wertpapiere, Waren, Edelmetalle und dergleichen. Dabei geht die Bank nicht von der Gesamtheit aus, sondern nur von einem bestimmten Prozentsatz vom Tageswert des Vermögens.

Mehrwertsteuer
Sie muss nur auf Rechnungen über € 150,- als Betrag ausgewiesen werden, darunter genügt der Hinweis, wie viel Prozent MwSt. (7 % oder 19 %) im Betrag enthalten sind.

Um diesen Bruttobetrag in Nettobetrag und MwSt. aufzuschlüsseln, wird gerechnet (Beispiel mit 19 % MwSt.):

€ 200,- : 119 = € 1,6807
€ 1,6807 x 100 = € 168,07 = Nettobetrag
€ 1,6807 x 19 = € 31,39 = MwSt.-Betrag

Mehrwertsteuer bedeutet für den umsatzsteuerpflichtigen Unternehmer die Untergliederung in Vorsteuer und Umsatzsteuer.
Nur der Endverbraucher trägt die komplette Mehrwertsteuer.

Nachnahme
Die Nachnahme ist eine gebräuchliche Zahlungsweise im Versandhandel. Eine Ware oder Sache wird nur gegen vorhergehende Bezahlung dem Empfänger ausgehändigt.

OHG
Bei einer „Offenen Handelsgesellschaft" haften alle Gesellschafter solidarisch. Es gibt mindestens zwei Gründungsmitglieder. Eine Eintragung ins Handelsregister ist notwendig.
Firmenname: Name eines Gesellschafters mit Zusatz „OHG".

Passiva
Dokumentiert die finanzielle Herkunft eines in einem Unternehmen investierten oder aufgewendeten Kapitals in der Bilanz, sowie die Höhe eines eventuellen Gewinnes.

Personengesellschaften
GbR, Stille Gesellschaft, OHG, KG, GmbH & Co. KG

Personenkonten
Überbegriff für Debitoren- und Kreditorenkonten

Postanweisung
Eine Bargeld-Überweisung auf dem Postweg für Empfänger, die kein Post- oder Bankkonto haben oder das Geld in bar benötigen.

Quittung
Ist ein Beleg in Form eines Lieferscheines oder einer Rechnung, auf dem der Empfang von Geld oder Ware bestätigt wird.

Rabatt
Preisnachlass auf Grund einer bestimmten Abnahmemenge einer Ware/Leistung.

Rendite
Mit einem investierten Betrag in einem Geschäft, Unternehmen oder einem Objekt (z. B. Aktie, Wertpapiere) einen Gewinn erzielen.

Sachkonten
Konten, auf die Ausgaben und Einnahmen, Aufwand und Ertrag ohne Bezug zu Lieferanten oder Kunden gebucht werden.
Dieser Bezug wird erst durch eine entsprechendes Gegenkonto hergestellt.

Saldenvortrag
oder Vortrag wird ein Summen-Übertrag einer zuvor erfolgten Verrechnung zweier Beträge von einer Seite auf die andere bzw. von einer Periode in die nächste bezeichnet.

Saldo
Die Differenz von zwei Beträgen.

Scheck
Der Bank- oder Postscheck ist eine bargeldlose, schriftliche Zahlungsweise, bei der die Bank oder das Postscheckamt angewiesen wird, vom Aussteller-Konto an den Empfänger in bar den Betrag auszubezahlen oder bei einem Verrechnungsscheck den gezeichneten Betrag auf das Konto des Empfängers gutzuschreiben.

Schuldanerkenntnis
Ein Schuldanerkenntnis nach § 781 Bürgerliches Gesetzbuch (BGB) ist ein Vertrag, durch den das Bestehen einer Schuld anerkannt wird. Dabei ist die schriftliche Form vorgeschrieben.

Schuldversprechen
Ein Schuldversprechen nach § 780 Bürgerliches Gesetzbuch (BGB) ist ein Vertrag, aus dem eindeutig eine Schuld zu Gunsten eines Gläubigers hervorgeht. Bei einem gegebenen Schuldversprechen ist ausdrücklich die schriftliche Form vorgeschrieben.

Skonto
Preisnachlass innerhalb einer bestimmten Zahlungsfrist, auf Rechnungen.

Soll
Die linke Seite der Konten auf der, bei Konten wie Bank und Kasse, eine Gutschrift gebucht wird.

Stammkapital
Ein (fest) vorgeschriebenes Gesellschaftskapital (auch Stammeinlage genannt), das bei einer GmbH mindestens € 25.000,– betragen muss.

Stille Gesellschaft
Diese Gesellschaftsform entsteht durch die Gründung eines Unternehmen mit einem vollhaftenden Inhaber und einem stillen Teilhaber (neutrale Person, die Firmenanteile durch Kapital erwirbt und ihre Arbeitskraft im Betrieb nicht zur Verfügung stellt). Eine Eintragung ins Handelsgesetzbuch ist notwendig. Firmenname: Name des vollhaftenden Unternehmers.

Stille Reserve
Die positive Differenz zwischen Buch- und Zeitwert.

Umlaufvermögen
Das Umlaufvermögen wird auf der Aktivseite der Bilanz ausgewiesen. Es beinhaltet Inventurbestände der Handelsware, Barmittelbestände der Kasse, Guthaben auf Bankkonten und Forderungen an Kunden (Debitoren).

Umsatz
Alle (nur) geschäftlich erzielten Einnahmen.

Umsatzsteuer
Die Mehrwertsteuer, die der Unternehmer seinen Kunden auf seine Leistungen aufschlägt und in Rechnung stellt.

Umsatzsteuer-Identifikationsnummer
Sie wird benötigt, wenn innerhalb der EU (Europäische Union) grenzüberschreitende Transporte durchgeführt oder Waren im bzw. exportiert werden und die „Nullregelung" in Anspruch genommen wird.

Umsatzsteuer-Voranmeldung
Umsatzsteuer verrechnet mit der Vorsteuer ergibt die Zahllast an die Finanzbehörde. Diese Meldung muss bis spätestens dem 10. des Folgemonats beim zuständigen Finanzamt eingetroffen sein.

Unkosten
Ein umgangssprachlicher Ausdruck.
Für Kaufleute sind es „Kosten".
Es sind finanzielle oder materielle Ausgaben.

Unterbrechung der Verjährung
Bei Frachtführern (Transportunternehmern) oder Speditionen kann die einjährige Verjährungsfrist durch ein schriftliches Schuldversprechen (ein weiteres Jahr), ein Schriftliches Schuldanerkenntnis (ein weiteres Jahr) oder durch die Einleitung des gerichtlichen Mahnverfahrens (30 Jahre) verlängert werden.
Bei Personenbeförderungen tritt die Verjährung von Forderungen aus dem Personenbeförderungsvertrag, in der Regel, nach zwei Jahren ein und kann deshalb bei Schuldversprechen oder Schuldanerkenntnis auf weitere zwei Jahre verlängert werden.

Variable Kosten
Kosten oder Zahlungen, deren Höhe sich proportional zum Umsatz verhalten (einsatzabhängige Kosten).

Verjährungsfristen bzw. Verbindlichkeiten
Forderungen aus Frachtverträgen oder speditionellen Leistungen verjähren nach einem Jahr (§§ 439 und 463 HGB).
Bei Forderungen über Reparatur-, Warenkaufsrechnungen und Palettenschulden Verjährung nach drei Jahren (§ 195 BGB).
Die Verjährungsfrist beginnt mit der Entstehung des Anspruchs (z. B. Ablieferung der Ware oder Rechnungsdatum) beim Frachtgeschäft.

Verlust
Ein nicht einzubringender Betrag oder Gegenstand.

Vorsteuer
Die Mehrwertsteuer, die der Unternehmer auf seinen Lieferantenrechnungen verrechnet bekommt.

Vortrag
Ein von einer abgeschlossenen Periode übernommener Betrag oder Posten.

Warenausgangsbuch
In diesem Buch müssen Großhändler, die Waren an andere Gewerbetreibende verkaufen, alle ausgehende Warenbewegungen aufzeichnen.

Wareneingangsbuch
Hier muss jeder Minderkaufmann, der nicht buchführungspflichtig ist, seinen Wareneingang aufzeichnen, sofern er nicht freiwillig die „ordnungsgemäße Buchführung" durchführt.

Wechsel
Ein Wertpapier, das auf eine bestimmte Person lautet und ein festversprochenes Zahlungsziel zusichert (Zahlungsversprechen). Ein Wechsel mit der Bezeichnung „an Order" bedeutet, dass bei der Ausstellung des Wechsels keine Person oder Firmenanschrift benannt wird. Der Wechsel ist ein Zahlungsmittel, das weitergegeben werden kann oder an ein Geldinstitut weitergereicht und am Verfalltag zum Einzug beauftragt wird. Kann der Aussteller den Wechsel zum angegebenen Termin nicht einlösen, haftet derjenige, der bei Annahme quergeschrieben (unterschrieben) hat.

Wechselprotest
Eine Beurkundung, die dokumentiert, dass der Wechsel dem Schuldner ordnungsgemäß ohne Erfolg zur Zahlung vorgelegt wurde.

Zahlungsunfähigkeit
Die Zahlungsunfähigkeit wird offiziell durch den Offenbarungseid oder eine eidesstattliche Versicherung festgestellt.

Zahlungsverzug
Bevor gerichtliche Schritte eingeleitet werden, ist der Schuldner in Verzug zu setzen. Dies geschieht durch ein Mahnschreiben, das dem Schuldner eine mindestens zehntägige Zahlungsfrist einräumt. Bei Forderungen, die nach dem 01.05.2000 entstanden sind, entsteht der Zahlungsverzug automatisch nach 30 Tagen nach Erfüllung der Leistung, es sei denn, es wurde eine Zahlungsfrist vereinbart.

Zeitwert
Im Gegensatz zum Buchwert der am Markt tatsächlich zu erzielende Verkaufswert von Gütern zum Zeitpunkt der Bewertung.

Register

A

Ablaufgliederungsprinzip	70
Abschlusskonten	27
Abschreibung	49–54, 229
Abschreibung für Anlagegüter	49–54
Absetzen	229
Absetzung für Abnutzung	51
Absolute Zahlen	134–135
AfA	49–54, 229
AG	229
Agio	149
Aktiva	229
Aktiv-Seite	65, 71
Akzeptkredit	229
Allgemeines Unternehmerrisiko	111
Allphasennettosystem	88
Amortisation	150
Andienungsrecht	150
Anlagekapital	229
Anlagevermögen	14, 229
Annuitätendarlehen	150
Art der Kostenerfassung	105–111
Aufbewahrungsfristen	229
Aufbewahrungspflichten	91
Aufgaben der Bilanz	66
Aufgaben der Buchhaltung	17
Aufgaben des Controllers	139
Aufgabengebiete des Controllings	139
Aufwand	99, 230
Aufwandsgleiche Kosten	105
Aufzeichnungspflicht	230
Ausgangsrechnungen	24
Ausgabe	99
Außenbestände	230
Außenfinanzierung	148
Avalkredit	150, 230

B

BAB	113–115
Ballonkredit	150
Banküberweisung	230
Barwert	150
Begriffsdefinitionen	229–239
Belegnummer	36
Bereitstellungszinsen	151
Beschaffungsplan	142
Bestandsrechnung	56
Bestandsvergleich	59
Besteuerung	230
Betriebliches Informationswesen	142
Betriebliches Rechnungswesen	95
Betriebsabrechnungsbogen	113–115
Betriebsanalyse	78–79
Betriebsbuchführung	97–98
Betriebsbuchhaltung	17–18
Betriebsvermögensvergleich	55
Betriebswirtschaftliche Abschreibung	49–52
Betriebswirtschaftliche Statistik und Vergleichsrechnung	134–138
Bewegliche Kosten	103

Bewegungsbilanz	73
Bewertung der Bilanz	74
Bewertungsmaßstäbe	75
Bewertungsverfahren	75
Bilanz	65–72, 230
Bilanzarten	73–74
Bilanzaufbau	70
Bilanzaufbereitung	79
Bilanzbereinigung	79
Bilanzgewinn	65
Bilanzidentität	69
Bilanzklarheit	68
Bilanzkontinuität	69
Bilanzkritik	78
Bilanzmuster	76–77
Bilanzwahrheit	68
Blankokredit	230
Blanko-Wechsel	230
Break-even-point	98, 230
Buchen von bargeldlosen Vorgängen	43–46
Buchen von Geschäftsvorfällen	39
Buchen vom Kassenbuch ins Journal	42
Buchhalternase	20
Buchhaltungs-Organisationssystem	53–54
Buchinventur	230
Buchungen	39–40, 230
Buchungskreuz	39
Buchungssatz	41
Buchwert	231
Bürgschaft	151

C

Cashflow	84, 151, 231
Controlling	139, 231
Controllingfunktionen	139
Controlling in Verkehrsbetrieben	139–147
Controlling-System	140–147
Cross-Border-Leasing	151

D

Darstellungsarten	135–138
Darstellungsformen	136–138
Debitorenumschlag	83
Deckungsbeitragsrechnung	131–133
Defizit	231
Defizitär	231
Degressive Abschreibung	51
Degressive Kosten	104
Detailkosten	129
Doppelte Buchführung	39, 231
Durchschnittszahlen	135
Dynamische Auffassung	59

E

eG	231
e.K.	232
Eigenkapitalquote	85
Eingangsrechnungen	24
Einnahmen	100, 233
Einnahme-Überschussrechnung	57–60, 234
Einzelbewertung	75
Einzelbilanz	74
Einzelkosten	105

Einzugsermächtigung	232
Entwicklung der Buchführung	11
Entwicklung des Kontenrahmens	26
Erfolgsausweis	67
Erfolgsbilanz	73
Erfolgsrechnung	55
Erlasskontenrahmen	26
Erlös	232
Ertrag	100, 232
Erträge	27
EU	232
Externe Bilanzen	74

F

Factoring	151
Fahrzeugkostenrechnung	119–126
Fahrzeugkostenrechnung Musterlösungen	193–228
Fzg.-Kostenrechnung-Übungsaufg.	157–192
Festbewertung	75
Feste Kosten	102
FIFO-Methode	75
Finance-Leasing	152
Finanzbuchhaltung	17–18
Finanzierung	148-154
Finanzplan	142
Finanzvermögen	27
Fixe Kosten	102, 232
Fixe Kosten d. Fzg.-Kostenrechnung	120–121
Flächendiagramm-Beispiel	137
Formaler Aufbau der Bilanz	76–77
Formelle Bilanzkontinuität	69
Franchising	151
Fugger	11
Funktionssystem	144

G

GbR	232
Gemeinkostenarten	114
Gemeinschaftskontenrahmen	27
Generalbilanz	74
Geringwertige Wirtschaftsgüter	51
Gesamtkostenverfahren	61
Geschäftsbriefe	91
Geschäftsbücher	91
Geschäftsbuchhaltung	18
Gesellschaftsformen	232
Gewerbesteuer	89–90
Gewinn	232
Gewinnreduzierende Steuerarten	233
Gewinn- und Verlustrechnung	59–64, 233
Gliederung der Bilanz	69–70
Gliederungszahlen	135
GmbH	233
GmbH & Co. KG	233
Grafische Darstellungen	136–138
Große Kapitalgesellschaften	63
Grundbuch	35
Grundbuchposten	35–36
Grund-Einnahme	100
Grund-Kosten	99
Grundsätze ordnungsgem. Bilanzierung	68

Grundsätze ordnungsgem. Buchführung	20
Gruppenbewertung	75
Gutschrift	233

H

Haben	39, 233
Handelsbilanz	74
Handelsregistereintrag	233
Hauptkostenstellen	114–115
Hierarchiestruktur	143
Hierarchiesysteme	143–144
HIFO-Methode	75
Hilfskostenstellen	114–115
Hochwertige Wirtschaftsgüter	51

I

Indexzahlen	135
Indossament	151, 233
Informationsquellen	81
Inhaltsverzeichnis	6–7
Innerbetrieblicher Zeitvergleich	116
Interne Bilanzen	74
Inventar	17, 233
Inventarbuch	233
Inventur	17, 234
Investieren	234
Ist-Kontrolle	139

J

Jahresabschluss	55
Jahresbilanz	66
Jahresfehlbetrag	65
Journal	35–37, 234
Journalbuch-Muster	38

K

Kalkulation	118–119
Kalkulationszuschläge	114
Kalkulatorische Abschreibungen	106–109
Kalkulatorische Kosten	106
Kalkulatorische Miete	110
Kalkulatorischer Unternehmerlohn	110
Kalkulatorische Wagnisse	110–111
Kalkulatorische Zinsen	109–110
Kapital	234
Kapitalaufbau	67
Kapitalausweis	67
Kapitalerhaltung	67
Kapitalgesellschaften	234
Kassenbuch	21–24, 234
Kassenbuchblätter	21
Kassenbuch-Muster	22–23
Kassenbuch-Mustereintrag	23
Kassenbuch-Ordner	24
Kassenkladde	21, 234
Kaufmann	234
Kaufmannsbücher	235
Kennzahlen	80–87
Kennzahlen-Analysen	78–79
KG	234
Kirchensteuer	90, 235
Kleine Kapitalgesellschaften	63, 70
Kontenanruf	41
Kontenbenennung	41

Kontenform	60
Kontenkreuz	39
Kontenplan	28
Kontenplan-Muster	29–34
Kontenrahmen	26–27, 235
Konto	26, 39, 235
Kontokorrentkredit	235
Konzernbilanz	74
Körperschaftssteuer	89
Kosten	99
Kostenarten	102–104
Kostenartenrechnung	102–111
Kostenartentrennung	120–122
Kosten-Erlös-Diagramm	98
Kostenermittlungsproblem	119
Kostenkontrolle	97
Kostenrechnung	93–130
Kostenstellen	113–114
Kostenstellenrechnung	112–116
Kostenträger	117
Kostenträgereinteilung	118
Kostenträgerrechnung	117–126
Kostenträgerstückrechnung	118–119
Kostenträgerzeitrechnung	119
Kosten- und Leistungsrechnung	97–101
Kostenzuordnung	112
Kredit	235
Kreditoren	235
Kreditorenumschlag	84
Kritischer Punkt	98
Kurvendiagramm-Beispiel	137
Kurzfristige Erfolgsrechnung	118
Kurzfristige Planungen	141

L

Lagerumschlags-Kennzahl	86–87
Lastschrifteinzugsverfahren	235
Leasing	152
Leistung	102
Leistungsabhängige Abschreibung	50
LIFO-Methode	75
Lineare Abschreibung	51–52
Liniendiagramm-Beispiel	136
Liniensystem	143
Liquiditätsausweis	67
Liquiditätsbilanz	73
Liquiditätskennzahlen	86
Liquiditätsprinzip	70
Logistik	127
Lohnsteuer	90
Lombardkredit	153, 235
Lösungen	193–228

M

Marketingplan	142
Materielle Bilanzkontinuität	69
Matrixorganisation	144
Maximalprinzip	98
Mehrwertsteuer	88, 235
Miete	153
Mietkauf	153
Minimalprinzip	97
Mittelfristige Planung	141
Mittelgroße Kapitalgesellschaften	63
Monatsabschluss	47–48
Monatsüberprüfung	47

Musskaufmann	15
Muster einer Gewinn- u. Verlustrechnung	64

N

Nachkalkulation	119, 129
Nachnahme	236
Negativ sprungfixe Kosten	103
Neutraler Aufwand	99
Neutrale Aufwendungen	27
Nichtkaufmann	15, 235
Nutzenabhängige Wertminderung	107

O

Objektziele	141
OHG	236
Operative Planung	141
Organisation der Buchhaltung	53–54
Organisationsplan	142
Organisationsschema	112

P

Pacioli	11
Partiell retrospektive Kalkulation	119
Passiva	79, 236
Passiv-Seite	72, 79
Periodenbilanz	74
Personengesellschaften	236
Permanent-Erfolgs-Kontrolle	145
Personenkonten	43, 236
Planung	142–143

Planungsmatrix	141
Planungsmethoden	142
Positiv sprungfixe Kosten	103
Postanweisung	236
Preispolitik	97
Preisuntergrenze	98
Primäre Kosten	114
Prinzipschema d. ausgeglichenen Waage	40
Progressive Kosten	104
Proportionale Kosten	104
Prospektive Kalkulation	118
Prozesskostenrechnung	127–130

Q

Quittung	236

R

Rabatt	236
Ratenkauf	153
Rechnungsabgrenzungsposten	65
Rendite	236
Retrospektive Kalkulation	119
Rohergebnis	63
Rückstellungen	65

S

Sachkonten	236
Saldenvortrag	237
Saldo	237
Sale-and-lease-back	153

Säulendiagramm-Beispiel	138
Schär	26
Scheck	237
Schmalenbach	26
Schuldanerkenntnis	237
Schuldversprechen	237
Skonto	237
Soll	39, 237
Sonderbilanz	74
Spezielle Einzelwagnisse	111
Stabdiagramm-Beispiel	138
Stabliniensystem	136, 144
Staffelform	60
Stammkapital	237
Standardbilanz	73
Starre Planung	142
Statische Auffassung	59
Statistisch-tabellar. Abrechnungsmethode	113
Statusbilanz	73
Stelleneinzelkosten	114
Stellengemeinkosten	115
Steuer	90–92
Steuerbilanz	75–76
Steuerliche Abschreibung	49–53
Stille Gesellschaft	237
Stille Reserve	237
Stoff-Bestände	27
Strategische Planung	141
Strichdiagramm-Beispiel	136

T

Taktische Planungen	141
Teilamortisation	154–155
Teilkostenrechnung	131, 133
Teilprozessbetrachtung	128
T-Konto	37

U

Umlaufkennzahl	85
Umlaufvermögen	14, 238
Umsatz	238
Umsatzkostenverfahren	62
Umsatzrentabilitäts-Kennzahlen	86
Umsatzsteuer	90, 238
Umsatzsteuer-Identifikationsnummer	238
Umsatzsteuer-Voranmeldung	47, 89, 238
Umsatzsteuer-Zahllast-Berechnung	89
Unkosten	238
Unterbrechung	238

V

Variable Kosten	103, 238
Variable Kosten der Fahrzeugkostenrechnung	121–122
Verbrauchsfolgebewertung	75
Verhalten der Kosten bei Änderung des Beschäftigungsgrades	102–104
Verhältniszahlen	87, 135
Verjährungsfristen	238
Verlust	238
Vermögensaufbau	85
Vermögensausweis	67
Vollamortisation	153
Vollkostenkalkulation	123–126
Vollkostenrechnung	131

Vorkalkulation	118
Vorkontieren von Belegen	36
Vorsteuer	89, 239
Vortrag	239
Vorwort	5

W

Warenausgangsbuch	54, 239
Wareneingangsbuch	54, 239
Warenflussorganigramm	130
Wechsel	154, 239
Wechselprotest	239
Wertansatzvorschriften	74
Wesen und Aufgaben der Buchhaltung	17–18
Wirtschaftlichkeitsrechnung für Fahrzeuge	119

Z

Zahlungsunfähigkeit	239
Zahlungsverzug	239
Zeitabhängige Abschreibungen	50–52
Zeitabschreibung	108–109
Zeitwert	154, 239
Zusatzbetriebseinnahme	100
Zusatzkosten	106
Zusatz- und Ergänzungskosten	99
Zweck-Aufwand	99
Zweck der Buchführung	13–16
Zweck-Ertrag	99
Zwischenbetrieblicher Vergleich	116
Zwischenkalkulation	119

Notizen

NOTIZEN

NOTIZEN

NOTIZEN

NOTIZEN

NOTIZEN

NOTIZEN

> *Startklar für den Aufschwung!*

Bringen Sie sich jetzt in die beste Position für den kommenden Aufschwung: **Nutzen Sie jetzt die Zeit für die gesetzlich vorgeschriebene Weiterbildung von Lkw- und Busfahrern** nach der Berufskraftfahrer-Qualifikationsverordnung (BKrFQV). Mit den einzigartigen Unterrichtsmaterialien aus dem Verlag Heinrich Vogel sind Sie dafür bestens gerüstet:

- Einfach überzeugend: Das Modulkonzept
- Durchdacht und praktisch: Aufeinander abgestimmte Medien für Trainer und Teilnehmer
- Alles aus einer Hand: Von Medien über Software bis zur Website
- Sofort loslegen: Die Module sind für die entsprechende Stundenzahl maßgeschneidert
- Besser motiviert: Gut geschulte Mitarbeiter arbeiten wirtschaftlicher und sind loyaler

Jetzt gleich bestellen:

Bei Ihrem Verlag Heinrich Vogel Fachberater oder unter
Tel.: (089) 20 30 43 – 1600 • Fax: (089) 20 30 43 – 2100
vertriebsservice@springer.com

www.eu-bkf.de

VOGEL
VERLAG HEINRICH VOGEL